河南省高校哲学社会科学优秀著作资助项目

二/十/大/专/项

教师的课程认同研究

付维维 著

河南大学出版社
HENAN UNIVERSITY PRESS
·郑州·

图书在版编目(CIP)数据

教师的课程认同研究／付维维著. --郑州：河南大学出版社，2023.8
　　ISBN 978-7-5649-5576-2

Ⅰ.①教… Ⅱ.①付… Ⅲ.①基础教育-课程改革-研究-中国 Ⅳ.①G632.3

中国国家版本馆CIP数据核字(2023)第157926号

教师的课程认同研究
JIAOSHI DE KECHENG RENTONG YANJIU

策划统筹	杨国安　谌洪波
责任编辑	陈晓林
责任校对	谢明子
封面设计	史　岩

出　版	河南大学出版社		
	地址：郑州市郑东新区商务外环中华大厦2401号	邮编：450046	
	电话：0371-86059752（自然科学与外语部）	网址：hupress.henu.edu.cn	
	0371-86059701（营销部）		
排　版	郑州市今日文教印制有限公司		
印　刷	广东虎彩云印刷有限公司		
版　次	2023年8月第1版	印　次	2023年8月第1次印刷
开　本	710 mm×1010 mm　1/16	印　张	18
字　数	300千字	定　价	65.00元

(本书如有印装质量问题，请与河南大学出版社营销部联系调换。)

序

  第一次见到本书的作者,是在我的博士生课堂上。有过理工科学习经历的付维维同学自觉负责起了课堂多媒体设备的设置和维护工作,也时不时帮我处理一下电脑中的问题。我研究语文教育,而她对文学有很浓厚的兴趣,于是渐渐地我们之间便有了亦师亦友的情谊。那时她的研究方向并不明朗,我们也曾在课堂中商量或许可以在信息技术与课程整合的领域里选一个课题。

  然而,时隔一年开题报告的时候,她却出乎意料完全转向了一个关于人的情感世界的话题。她试图用质的方法论关注新课程改革进程中教师的内在体验,这个想法也迅速引起了我们导师组的兴趣,相关的研究有很多,但大多是用量化调研的方式进行的,我们也对教师们真实的课程认同体验感到好奇。但教育改革的复杂性不言而喻,要去洞悉这样的问题困难可想而知,因此我们担心她是否能够真正融入田野学校,是否能坚持完成长时间的田野调研,是否能够驾驭后期复杂的理论建构。

  个体体验的丰富性和课程实施的纠葛很难清晰地描述,因此研究行进的过程中她毫无意外地遇到了巨大的困难。例如,当她融入田野学校一段时间后发现,我们这些局外人所感到好奇的问题而局内的教师则完全习而不察,教师们每日被本职工作和非本职工作所淹没,他们没有时间也缺乏自觉去反思自己与课程的缘分和纠葛,或者说这本来就在教师的意识之外。这样的发现使得她深受震撼与打击,在与我的微信交流里她甚至对自己的研究产生了深深的怀疑:"老师,我是否花费了如此大的精力去关注了一个根本不存在的问题?"我提醒她:"一个明明存在的问题,但是当局者却丝毫没有意识到,这就是问题本身。"

就是在这样不断的"思考—怀疑—再思考—再怀疑"的磕绊中,两年之后,她给自己和导师组交上了一份不错的答卷。她对情感、对文字有独特的敏锐力,我很惊异她用解释现象学的立场将自己在田野中变换的情绪也作为了研究的一部分,更将整个研究的文本架构形成一个完整的叙事,让读者跟随她的脚步从校园外到校园内再到校园外,一起经历了带着问题深入现场再到省察问题的全部过程。她所带回的除了近二十万字的学位论文还有近十万字的田野笔记和考察资料,她甚至在这个研究过程中与多个参与者(教师)成了好朋友。事实告诉我,她不仅有做质性研究的潜质,而且有做田野研究的兴趣和执着。她很善于与人共情,总是饱含热情又有着敏锐的理论敏感性,并且她找到了适合自己气质的表达方式。或许正是这些原因,我们之前担心的问题并没有出现。

本书是在她的博士论文基础上修改而成的,文笔流畅且不失真诚,充斥着真实的情感和理性的分析。她首先对哲学、社会学、心理学中的"认同"进行了多学科梳理,向我们解释了这个人人熟知的语词背后所蕴含的价值系统和行为系统,而后用解释现象学的方式诠释了学校生活现场教师们真实的课程认同心态。书中叙述的教师课程认同故事具有吸引力,生动再现了个案学校和教师理想渴求与现实的困境,揭示了基础教育课程改革进程中众人皆知而又鲜为人知的教师课程认同体验,凸显了中国语境下教师课程认同的独特性。

该研究给我们的另一个启示在于,作者用了一种不同的立场去观照教师与课程之间的关系。教师是课程的实施者是不言自明的事实,因此当课程改革来临,人们总是不自觉地想要考量教师对新的课程体系究竟了解几分,又执行几分。这样的思维方式其实不自觉"物化"了教师,我们确实需要反省我们究竟将教师看作什么。她的这项研究给了我们一个警醒,我们真的需要从"人"的立场出发去看待教师的工作,看待教师与课程之间的关系,应该去关注改革洪流中教师的内在情感世界,知晓教师们真正所需,或许这样才能找到让教育理想真正实现的路径。

我想,学术研究不能缺失理性,但也同样需要研究者对一个真问题刨根问底的热情。她既是一个母亲又是一名教师,或许正是因为她既有着身为母亲的坚毅和勇敢,又有着身为教师的激情和纯真,同时又具备了作为学术研究者的问题意识和快速的学习能力,才使得她从自身琐碎的生活里捕捉到了这个人人都知却没有深思的问题,并克服重重困难与阻力去回应自己发现的问题。每个阅读过此书稿的人都会有不同的感受,或会被文中平凡而又真挚的情感所触动,或对教师们真实的课程生活产生好奇,或对作者的某些发现产生疑问。无论是共鸣还是质疑,皆是作者的研究目的之一。

黄　伟
2023年3月于南京随园

前言

"做学术研究到底是为了什么?"研究行进过程中我时常这样追问自己。我们到底为了什么辛辛苦苦撰写二三十万的文字,这些文字又究竟想表达什么?它们会给阅读的人带来什么感悟?会给社会带来什么价值?又会给研究者自身带来什么改变?

我是一个母亲、一个师范院校的教师教育者、一个教育研究者,这些角色决定了我的生活必定时刻围绕着"教育"二字展开,也必定会在教育理想与教育现实之间不断地穿梭。作为一名教师教育者,我常与学生讨论教育的本质以及我国教育改革所描绘的美好育人蓝图,但当回到家将角色转换为一名小学生的母亲,却发现理想要成为现实并非易事。作为一名教育研究者我自然明白任何教育改革都不可能一蹴而就,也明白理想与现实之间总是会有落差的,更明白导致这种落差的原因是复杂的。因此,每天从讲台上走下、从图书馆出来回家的那段路程总是格外难行。

回家的路很长,从市郊到市中心,从安静到喧闹,穿过一个个红绿灯的时候,我时常发生错觉,感觉在梦境与现实的不断交错中自我的影像也变得凌乱起来。三种角色间的冲突使得我对基础教育阶段的校园、对那扇紧闭的大门里发生的一切充满了好奇:新课程改革已轰轰烈烈推行了二十余年,光鲜亮丽的公开课后,热闹非凡的学校开放日后,师生们真实的生活究竟如何?作为改革实施主体力量的教师究竟经历了什么?造成理想与现实之落差的原因究竟是什么?

正是在这种强烈的个人困扰的驱动下,我开始了长达一年多的田野考察。

在此期间我辗转于几个不同的学校，感受到了在校园之外我们看不到的生活，也在不断涌现的各种浓烈的情绪中有了我的博士毕业论文，也就是今天您看到的这本书。

教育改革的核心是课程改革，课程改革的核心是教师的改变。但改革总是以一种直接的方式进入教师的生活，从官方到大众对教师的角色期待是希望他们尽可能快速地领悟改革的种种理念并完美地实施课程，而在真实的学校现场，教师的声音是消散的。我的态度从最初对教师的质疑，到与他们感同身受，再到与他们成为朋友一起寻找解决困难的方法，自己也更加深刻地意识到：教育改革，我们真的需要真正地读懂教师！

而教师们也在渴望着被我们读懂，他们渴望校园之外的家长和专家能够听到自己的心声，能够明白他们在改革行进过程中自我的追求与困惑。正是这样的渴望使得他们无条件地信任我这个"闯入者"，而我也不知从何时起不再将自己看作置身局外的研究者，好像成了他们中的一员，又或者成了他们内在世界的描绘者与传递者。因此，正如到了研究后期我无法准确定位自己的角色，我亦无法对本书的读者进行明确的定位，我希望不经意间看到这本书的您，或是一位教师，或是一位教育研究者，或是一名家长，或是一个对教育问题感兴趣的普通人。无论如何，都希望您能静下心来看看这些文字中所传递的有关教师的真实情感，亦希望能引发您的一些思考。

教育改革总是自上而下的，但改革真正发生的地方一定是在教室。正是那些发生在校园里的不起眼的事，凝聚成我国教育改革最细微之处的血脉，汇入一个时代的历史脉络。整本书由教师们的群体故事和个体故事构架而成，这些故事中蕴含的，是制度所浇筑的日常琐碎与教师自我价值追求之间的冲突与调适，那是一个个平凡的教师在教育改革进程中或调适、或奋斗的历程。

我们需要在校园之内与校园之外、在日常教学与上层政策之间找到交流的渠道。让教师的世界成为我们的世界，进入我们的心中，以此发现教育改革的真实困境，寻找让新的课程转化为教师日常课堂教学的实践路径，让研究者的个人困扰走向一种公共力量。以上，或许便是本书研究的意义所在。

付维维
2023年3月

目录

上篇　遇见教师的课程认同

第一章　课程实施中的教师认同问题……（3）

第一节　研究缘起……（4）
一、个人困扰：对课程愿景与课程现场之落差的追问 ……（4）
二、公共论题：课程实施中教师课程认同问题的发问 ……（7）

第二节　已有研究及反思……（10）
一、两条不同的研究脉络：关注结果与关注过程 ……（11）
二、研究重点：教师课程认同的影响因素与外在表现 ……（16）
三、对已有研究的反思……（23）

第三节　本研究的起点……（27）
一、从教师的立场再出发……（27）
二、研究视域的转向……（29）
三、研究问题的确证……（31）
四、本研究方法论的选择……（32）

第四节　本书研究的过程……（38）
一、进入现场……（38）
二、资料收集……（45）

三、资料分析 …………………………………………………（ 49 ）
第五节　关于研究方法与过程的反思 …………………………（ 51 ）
一、研究效度的反思 …………………………………………（ 52 ）
二、研究结果的推论问题 ……………………………………（ 53 ）
三、研究伦理的观照 …………………………………………（ 54 ）
第六节　本书的纲目架构 ………………………………………（ 56 ）
一、上篇　遇见教师的课程认同 ……………………………（ 56 ）
二、中篇　洞见教师的课程认同 ……………………………（ 57 ）
三、下篇　再反思教师的课程认同 …………………………（ 57 ）

第二章　认同视域中的教师与课程 …………………………………（ 58 ）
第一节　认同的本质溯源 ………………………………………（ 59 ）
一、认同的词源分析 …………………………………………（ 59 ）
二、哲学中的认同：主体自我的价值确认 …………………（ 61 ）
三、心理学中的认同：主体对归属感的本能寻求 …………（ 62 ）
四、社会学中的认同：个体与社会的互动过程 ……………（ 63 ）
五、跨学科立场的认同本质阐释 ……………………………（ 64 ）
第二节　课程的界说 ……………………………………………（ 66 ）
一、课程的立场确定："折中的艺术" ………………………（ 66 ）
二、课程作为"以学科为中心的动态系统" …………………（ 67 ）
第三节　教师课程认同的内涵阐释 ……………………………（ 69 ）
一、概念界定的立场 …………………………………………（ 69 ）
二、教师课程认同的内在意蕴 ………………………………（ 70 ）
三、相关概念的辨析 …………………………………………（ 72 ）
第四节　教师课程认同的历史检视及时代意义 ………………（ 75 ）
一、教师的课程认同是课程领域中的历史性存在 …………（ 75 ）
二、教师的课程认同是课程与教师发展的时代旋律 ………（ 79 ）

中篇　洞见教师的课程认同

第三章　"无意识"的存在：教师课程认同的日常呈现 ……………（ 83 ）

第一节　教师课程认同发生的学校场域 （84）
  一、一所正在重建与发展的学校 （84）
  二、一个新来的校长与学校的课程文化建设 （86）
  三、以"安全"与"纪律"为底色的学校制度 （88）
  四、"规训"与"控制"的心理环境 （89）

第二节　教师课程认同"无意识"存在的日常片段 （91）
  一、被默认的"隐形课程表" （91）
  二、习以为常的公开课表演 （95）
  三、"忙"得根本没有时间备课 （97）
  四、赶课、占课成为家常便饭 （99）
  五、"素质"教育的无暇顾及 （101）

第三节　教师课程认同"无意识"存在的解读 （103）
  一、"无意识"的潜在是教师对课程"应该认同"的个体本能 （103）
  二、"无意识"的潜在是教师对课程"已经认同"的群体惯例 （105）
  三、"无意识"的潜在是教师对课程"必须认同"的社会期待 （106）

第四章　"有我"与"无我"之间:教师课程认同的内在描绘 （109）

第一节　教师课程认同的结果呈现 （110）
  一、以"自我"的存在状态为核心 （110）
  二、以"价值"作为衡量的标准 （113）
  三、在"有我"与"无我"之间流转的教师课程认同 （117）

第二节　不同的课程认同与不同的课程生活 （119）
  一、"教师必须反思和行动":积极的课程认同 （120）
  二、"教学到底以什么为中心":自我的课程认同 （126）
  三、"不出差错就行":消极的课程认同 （129）
  四、"问题很多,但是没有解决的途径":忠实的课程认同 （132）

第三节　"有我"与"无我"的讨论 （135）
  一、两种不同的自我在场 （136）
  二、"无我"的后果 （139）
  三、不断变化的自我立场与不断变化的课程认同 （141）

第五章　断裂与重塑:教师的课程认同危机 （143）

第一节 一个"逃离与寻找"的课程故事 ……………………… (144)
　一、故事的选择以及叙事的方式 ……………………………… (144)
　二、"他者"的讲述：危机产生的关键事件 …………………… (145)
　三、教师的自我叙事：危机中的内在感受 …………………… (150)
第二节 故事中的危机表征 ………………………………………… (155)
　一、无处不在的焦虑 …………………………………………… (155)
　二、空虚的内在世界 …………………………………………… (157)
　三、无声的职业倦怠 …………………………………………… (158)
第三节 危机产生的内在根源 ……………………………………… (159)
　一、方向感的迷失 ……………………………………………… (160)
　二、价值感的弱化 ……………………………………………… (161)
　三、自我同一性的解构 ………………………………………… (163)
第四节 危机所带来的意义 ………………………………………… (165)
　一、危机意味着课程实施中教师自我意识的觉醒 ………… (165)
　二、危机意味着教师对课程生活中自我存在意义的追寻 … (167)
　三、危机建构新一轮的课程认同 ……………………………… (168)

下篇　再反思教师的课程认同

第六章 "生活在这个世界"：教师课程认同的存在制约 ……… (173)
第一节 复杂的"周围世界" ……………………………………… (174)
　一、时代的精神状况 …………………………………………… (174)
　二、不断变化的教育政策 ……………………………………… (176)
　三、规约与控制的学校制度 …………………………………… (179)
第二节 冲突的"人际世界" ……………………………………… (182)
　一、"非其所是"的师生关系 …………………………………… (182)
　二、难以调和的同事关系 ……………………………………… (185)
　三、无法取舍的家庭关系 ……………………………………… (187)
第三节 失落的"自我世界" ……………………………………… (189)
　一、学科知识与学生知识的欠缺 ……………………………… (189)

二、自我物质价值与精神价值的隐匿 …………………………（193）
　　三、放弃与失去追寻自由的勇气 ……………………………（195）
第七章　自我的寻求：一种完备的教师的课程认同建构 ………（198）
　第一节　社会结构对教师课程认同的塑造 ……………………（199）
　　一、教师自我价值的赋予与社会价值的明晰 ………………（200）
　　二、教师言说权利的保证与精神自由的获得 ………………（204）
　　三、教师教学时间的归还与闲暇时间的拥有 ………………（206）
　第二节　美好关系对教师课程认同的支持 ……………………（209）
　　一、包容与自由的学校共同体文化 …………………………（210）
　　二、合作与互促的教师同伴关系 ……………………………（212）
　　三、平等与对话的师生关系 …………………………………（214）
　第三节　自我力量对教师课程认同的实现 ……………………（217）
　　一、主动学习中的意义找寻 …………………………………（217）
　　二、自我价值的澄明 …………………………………………（219）
　　三、拥有追寻自由的勇气与意志 ……………………………（221）
　第四节　在结构—关系—自我之间的实践 ……………………（223）
　　一、在自由与规训之间找到出口 ……………………………（223）
　　二、在个体主义与集体主义之间寻求平衡 …………………（225）
　　三、在反思、叙事与行动中走向自我实现 …………………（228）
结　语 ……………………………………………………………（231）
附录 A ……………………………………………………………（237）
附录 B ……………………………………………………………（239）
附录 C ……………………………………………………………（241）
附录 D ……………………………………………………………（242）
附录 E ……………………………………………………………（244）
附录 F ……………………………………………………………（245）
参考文献 …………………………………………………………（247）
后　记 ……………………………………………………………（267）

上篇

遇见教师的课程认同

提出一个问题(question)是一种理智的活动;而面对一个难题(problem)则是涉及整个人身的一种处境。一个问题是渴求知识的产物;而一个难题则反映了困惑甚至苦恼的状态。①

——A. J. 赫舍尔

难题是处境的产物,是在处境艰难、理智困窘的时刻产生的,是在经历不安、矛盾、冲突时产生的。任何一项研究都无法脱离研究者的自身情感和价值取向,如同个体的生存哲学,生发于自身的生存困境,蕴含着自身的信仰和原则。为何进行此研究?以何种立场、何种方式展开此研究?如何展开这项研究?是研究者的自问自答,亦是在此篇要呈现的内容。

在马丁·布伯的相遇哲学中,因为人的态度有两重,所以人生活在一个二重世界,即"我-你"世界与"我-它"世界。在"我-它"世界中,我与他者的关系是我与物的关系,周遭的一切是自我利用的对象;而在"我-你"世界中,我对周遭全心全意、心无旁骛,它也同样观照与我,我与他者之间的关系变成一种平等的对话与相遇。研究者的世界同样如此,研究方向并非凭空出现,研究的完成也并非一蹴而就,一项学术研究并非研究者的利用对象,而是生发于研究者自身处境中的某种困境。因此,研究本身便是研究者自己与自己、与解开生命之困境的一种相遇。

---

① A. J. 赫舍尔. 人是谁[M]. 隗仁莲,安希孟,译. 3版. 贵阳:贵州人民出版社,2019:1.

第一章
课程实施中的教师认同问题

教师的声音应该被听到、被大声地听到、被清晰地听到。①

——艾沃·古德森

学校教育的现场,教师是"以课程为生"、是"被课程缠住的人"②,对课程进行有效的实施是他们赖以为生的根本,更是外界对教师这一身份的职责赋予。教师好似应该依附课程而存在,"教好自己的课"是教师自我和社会大众对教师这一职业的共同认知,因此在与课程的互动中,教师自觉居于课程之下,忠实执行、保持沉默便成为这一群体共同的特点。

沉默并不意味着就可以被忽略,这群"被课程缠住的人",其内心深处的体验恰恰代表了波澜壮阔的课程改革最真实的状态。想要理解社会与政治,那我们必须得去理解个人与人生经历③,想要了解推行了二十余年的新课程改革的真实状态,我们必须想方设法了解教师。

---

① GOODSON I, WALKER R. Biography, identity, and schooling: Episodes in educational research [M]. London: The Falmer Press, 1991:139.
② 借鉴丁钢教授对教育人的描述,详见:周勇.教育叙事研究的理论追求:华东师范大学丁钢教授访谈[J].教育发展研究,2004(9):56-60.
③ 艾沃·古德森.课程与学校教育的政治学:历史的视角[M].黄力,等译.北京:教育科学出版社,2013:4.

第一节 研究缘起

任何一项研究都并非情感无涉,对于研究者而言,研究最初的缘起必定包含着自己对某个问题最强烈的感触与困惑。这种价值所涉的研究风格,虽然不如索伦·奥碧·克尔凯郭尔(Soren Aabye Kierkegaard)"我所写的一切,其论题都仅仅是而且完全是我自己"①那般浓烈,但研究的初衷、目的、方法、结论却无一不与自身的生活经历及人生立场密切相关。

一、个人困扰:对课程愿景与课程现场之落差的追问

成书过程中,我曾数次将此部分删除,但当研究进入瓶颈难以继续的时候,却总忍不住回望"我究竟因为什么进行此项研究?""我当初为什么会关注这个现象?"此刻想来,研究的动机、勇气与动力无法脱离自身最初的个人困扰。这些困扰"产生于个体的姓(此处应为'性')格之中,产生于他与别人的直接联系之中,这些困扰与他自身有关,也与他个人所直接了解的有限的社会生活范围有关"②。个人的困扰是研究者与自身生活经历的深层对话,是社会、现行制度、体制在个人生活史中打下的深刻烙印,因此"将个人自己的经历问题化,就是一个了解世界的开始"③。

当下的我有三个重要的社会角色:追寻教育本质的学生、育人成师的教育者、一个小学生的母亲。这三个角色决定了我不仅要看见教育愿景的美好,更要亲历教育现实的无奈。"愿景"代表了一个组织想要达到的目标,也反映了这个组织未来的看法……是一种对未来的共同目标的展望。④ 我国第八次课程改革(又称新课程改革)已走过了二十余年的风雨历程,从2001年的"三维目标"到2004年的"综合素质评价",再到2014年的"核心素养"、2017年的

---

① 克尔凯郭尔. 畏惧与颤栗 恐惧的概念 致死的疾病[M]. 京不特,译. 北京:中国社会科学出版社,2013:中文版序2.
② 米尔斯. 社会学的想象力[M]. 陈强,张永强,译. 2版. 北京:生活·读书·新知三联书店,2005:6.
③ 项飙,吴琦. 把自己作为方法:与项飙谈话[M]. 上海:上海文艺出版社,2020:217.
④ 多尔,高夫. 课程愿景[M]. 张文军,等译. 北京:教育科学出版社,2004:4-5.

"关键能力",等等,一个个满载国民期待和憧憬的教育名词被提出,一幅波澜壮阔的教育画卷呈现在大众眼前。然而当我回到家中,将角色切换为一个小学生的母亲,看到的却是另一番景象。

求学的这些年,社会上涌现很多新的名词,"鸡娃""牛娃""内卷"……教育焦虑困扰着中国的大多数父母和孩子,我和自己的孩子自然也逃脱不开。每次从图书馆出来或从讲台上走下,"回家"这两个字于我而言总是忧虑多于喜悦,因为就在刚刚我还在看学者们对教育目的讨论,或者与学生对未来的教育进行畅想,而"回家"则意味着迎接我的是充满着无尽焦虑的真实生活。孩子上学之前我曾坚持孩子的健康和快乐是最重要的,然而,这份笃定从他入学起便开始一点点动摇。要不要买学区房择校?要不要去巴结老师?周围的孩子琴棋书画样样精通,要不要让他上兴趣班?九十多分都是倒数,要不要给他报补习班?"双减"政策出台,补习班被叫停,有的家长开始找私教,我们要怎么办?就这样,小学生母亲的这个角色让我在图书馆和讲台上的那份淡然荡然无存,对教育理想的向往也一点点沉入谷底。

与此同时,更令我难过的事情也在一点点发生,在统一的、标准化的教育模式中,在各种或明或暗的好与坏、优与劣的外部标签中,我的孩子正在慢慢学会不按自己的意愿去选择,正在渐渐失去自由表达和自主选择的能力。面对一个简单的数学问题,他不敢说出自己的答案,而是在不断地猜测为什么这道题如此简单,正确的答案绝不可能这么简单;阅读理解的题目他不敢写出自己真实的想法,因为他隐约知道答案的模板……当我为孩子的这些表现苦恼时,不少人认为这并非什么大不了的问题,多数上学的孩子都会有这样的情况。但于我而言,不能自由表达、不会自主选择是自己人生最大的缺失和遗憾,不知道学习是为了什么、不教人明白人生的价值和意义,也是自己对长达十几年的受教育经历最为失望的地方。因此,当发现孩子在一点点变成自己当年的模样,一种发自内心的恐惧便油然而生。几十年过去了,高考机器人十几分钟便可击败一个辛苦求学十二年的高考状元,怎么教育现场还是如此模样?以剥夺学生的自由表达、以知识和世界隔绝、以身体和精神的超负荷承载等为代价,换来面对选择茫然无措,但拥有好成绩的"好孩子",真的值得吗?"教育"在作为万物之灵的人的生存中,其价值和意义究竟何在?

教育理想的实现依托教育的变革,教育变革的核心是课程变革。我国自

2001年便开始正式推行的以素质教育为途径及目标的新课程改革不正是要改变以往传统应试教育的诸多弊端吗？不是要以培养"全面发展的人"，具有人文底蕴、科学精神、学会学习、健康生活、责任担当、实践创新①的人为目标吗？可是，为什么我的孩子带着对学习的美好向往雀跃着走进校园，学习的热情却在一点点消失？为什么班级的微信群里还是会有隐晦的排名？为什么平日的课堂教学还是讲授灌输居多？我不明白已推行二十余年的新课程改革，其所描绘的美好教育蓝图，为何在实施现场遭遇重重问题，是什么原因造成了课程理想与现实之间的落差？

很多人提醒我，我所谓的困惑不过是自身所处的阶层使然。刘云杉教授曾指出，新课程改革的目的是要从"应试教育"走向"素质教育"，而在二十余年的改革演进历程中，学校教育内部却逐渐出现了"精约教育"与"博放教育"的分化。②"博放教育"意味着孩子的学习自主性得以发挥，"精约教育"则意味着"分数仍是一切，应试仍是途径"。两种不同的教育形态蕴藏在不同的社会阶层之中，朋友说，"若你身处精英阶层，你的孩子也就不用参与高考的筛选与区分，你所谓的焦虑也即不复存在了。正是由于自身所处的城市以及社会阶层，决定了周围的学校必然要迎合'功利主义'的教育文化。所以，你所谓的个人困扰不过是'中下阶级焦虑'这一社会问题中的一粒尘埃而已"③。

为什么课程现实与新课程的理念有如此大的落差？这确实是一个复杂的社会问题，其根源或许不仅仅是阶层问题，政府角色、领导意愿、价值标签、考试竞争、区域差异、关系网络、社会基础等④，都是中国场域教育改革的要素。但关键在于，若将困惑的解答只停驻于宏大的社会叙事，试图用一种"通则式"的解释模式，忽略个案式的解释，那么问题的解决又是否会陷入"一刀切"的强制或"没办法"的漠视中呢？课程改革是一个宏大的社会事件，但这一社会事件的组成来自涡旋于其中的每一个个体，如米尔斯所言："他生活在自己的生活历程之中，而这个历程又存在于某个历史序列之中。因为他正在生活

---

① 核心素养研究课题组.中国学生发展核心素养[J].中国教育学刊,2016(10):1-3.
② 【专访】北大教育学院刘云杉:今天的教育已经变成了赌场.(2019-07-23)https://baijiahao.baidu.com/s?id=1639823358214305074&wfr=spider&for=pc.
③ 2020年12月20日与朋友的微信交谈.
④ 吴康宁.教育改革的"中国问题"[M].南京:南京师范大学出版社,2015:3.

这一事实,他就对社会的发展和历史的演进做出了贡献,无论这贡献多么微不足道……"①

自我的困扰并非庸人自扰,并非不值一提,深处改革洪流中的个体感受恰恰代表了这一社会事件最细微、最深层之处的真实样态。因此,兜兜转转,在不断地发现、思考、摒弃、失落后,我仍然忍不住将研究的目光投注在这一问题的追问之中。

二、公共论题:课程实施中教师课程认同问题的发问

自我的角色困境并非单纯的个人困扰,亦是课程改革进程中的公共论题,"一个论题往往包含了制度安排中的某个危机,或是马克思主义者所说的'矛盾'或'对立'"②。"究竟是什么原因造成了课程方案与课程现实之间的落差?"这是世界课程改革史中一个一直存在的热点论题,也正是对这一问题的追问,自20世纪70年代以来,关于课程实施的研究开始兴起。

一项课程方案想要转化为真实的课堂教学实践,需要一系列的步骤。兰德社团在1973—1977年对美国联邦政府资助的教育变革展开了三个阶段的研究,研究者们提出课程变革的过程包括启动阶段、实施阶段和合作阶段,并提出决定着课程变革过程和结果的来自课程的实施。③ 我国此次课程改革2001年开始推行,2004年便已步入全面实施阶段,通过二十余年的实践,它"改变了教育教学方式,确立了全新的教育管理制度框架,重塑了1 700万教师的教育生活方式,改变了2.8亿学生的学习方式"④。但同时,变革必然会伴随着裂变、震荡与无时无刻出现的各种危机,这场在我国教育现代史中有着思想启蒙意义的、划时代的课程改革亦是如此,其进行得越深入,便愈发艰难和复杂,"丛林遍野、荆棘横生"⑤。2014年4月,教育部颁发了《关于全面深化课程改革落实立德树人根本任务的意见》,以此为标志,新课程改革步入了全

---

① 米尔斯.社会学的想象力[M].陈强,张永强,译.2版.北京:生活·读书·新知三联书店,2005:4.
② 米尔斯.社会学的想象力[M].陈强,张永强,译.2版.北京:生活·读书·新知三联书店,2005:7.
③ 张华.课程与教学论[M].上海:上海教育出版社,2000:350-351.
④ 康丽.新课程改革击中了教育的靶心:专访北师大中国教育创新研究院院长刘坚[N].中国教师报,2021-01-06(02).
⑤ 丹尼尔·坦纳,劳雷尔·坦纳.学校课程史[M].崔允漷,等译.北京:教育科学出版社,2006:译者前言Ⅰ.

面深化阶段,有学者将此阶段称为"波涛汹涌"的"深水区"①。深水区的课程实施现场充斥着浓重的焦虑,"这场改革扑朔迷离,充满了复杂性,因为尽管国家层面上推进教育改革的决心从未显露丝毫动摇,但就教育改革实际状况来看,起初轰轰烈烈、其后冷冷清清、继而徒有虚名、最终偃旗息鼓的现象相当普遍,……以至于我们很难仅凭各种公开的文件、仪式、会议、活动以及相应的媒体报道,便可准确判断教育改革实际进程与实际效果"②。有学者提出,新课程的理念虽然已得到了广泛的认同,但理念和现实之间仍然存在着严重的"两张皮"现象。③

究竟是什么在影响着课程改革方案的实施?富兰和庞弗雷特(M. Fullan & A. Pomret)等认为,教师参与变革的积极性和主动性越高,课程方案的实施程度就会越大,教师是实现有效变革的动力。④ 课程学者古德莱德(John I. Goodlad)将课程分为五个层次:第一,理想的课程,其是指由研究机构、学术团体和课程专家提出应该开设的课程。第二,正式的课程,其是指由教育行政部门规定的课程计划、课程标准和教材,即学校课程表中的课程。第三,领悟的课程,其是指教师所领会的课程。第四,运作的课程,其是指教师在实际的教学过程中实践的课程。第五,经验课程,其是指学生实际体验到的东西。⑤ 钟启泉教授认为,这五个层次是现代课程改革在通常意义上必然要经历的推进阶段或者实施步骤。⑥ 理想与正式的课程只有转化成为学生真实的课程体验才意味着变革的真正发生与完成,而教师承接上层的课程设计和底层的学生经验获得,也即是说教师在课程实施中有着举足轻重的地位和作用。

一项课程方案必然要通过教师、通过日常的课堂教学才能称为真正的实施,如果课堂教学没有跟随课改的步伐发生相应的改变,或许首先应该问询的便是教师,他们到底经历了什么。美国课程史学者坦纳夫妇(Daniel Tanner & Laurel Tanner)对近代美国课程改革历程进行总结后追问:"为什么课程改革

---

① 吴康宁.理解"深化教育领域综合改革"[J].清华大学教育研究,2013,34(1):6-9.
② 吴康宁.教育改革的"中国问题"[M].南京:南京师范大学出版社,2015:自序1.
③ 崔允漷.基于课程标准:让教学"回家"[J].基础教育课程,2011(12):51-52.
④ 迈克尔·富兰.变革的力量:透视教育改革[M].中央教育科学研究所,加拿大多伦多国际学院,译.北京:教育科学出版社,2004:13.
⑤ 施良方.课程理论:课程的基础、原理与问题[M].北京:教育科学出版社,1996:9.
⑥ 钟启泉.国外课程改革透视[M].西安:陕西人民教育出版社,1993:22-23.

如此脆弱？为什么有那么多的课程改革进行得支离破碎？"他们认为美国近代历次课程改革失败的主要教训之一便是教师的参与、问题识别、问题解决等意识的缺失，是教师没有在课程改革中进行积极的自我投入。① 自上而下的改革路径中，外部结构性的因素可以调整，显微镜可以购买，新教科书可以订购，课程表可以修改，能力分组可以被拆除，不同的年级可以被结合在一起，教师可以组成团队，甚至墙壁都可以被拆除。但是这里的任何一种改变都不会等同于课程的变革②。真正的变革来自课堂、来自教学、来自教师的改变及对学生的影响与发展，只有千百万教师的改变才是教育改革成功的最根本问题。

当课程改革的方案进入教师的日常课堂教学，便意味着课程改革到了最艰难的时刻。十年前就有学者对课程改革中教师的主体地位问题进行过论述：从课程的开发、实施到实践中的反思及课程的评价……教师的主体地位被悬隔。③ 十年后的今天，在笔者与一线的教师交流中，此问题仿佛变得更加尖锐。教师们在繁杂的规章制度、理论话语中无所适从，专家、学者等在上层振臂高呼，教师们却在日常繁杂的工作中束手无策，好似任谁都可以来指挥他们的课堂教学。在一浪高过一浪的各种理念、各种检查中，教师们或无动于衷，或茫然不知所措等待具体执行手册的到来，或按部就班如同机器机械执行来自上层的改革指令，总是"丧失历史的透视感，草率地屈从于暂时的当代思潮，在惊慌失措中放弃那些具有永久性价值的无法估量的东西"④。形形色色的教学形式主义好比新瓶装旧酒、跟风赶时髦、脚踩西瓜皮⑤，课程改革的理念在课堂教学中变成一种表演，是在"穿新鞋走老路"⑥。

但对教师的问询不应该是责难，而应该是对教师个体情感的关注。艾沃·古德森曾深有感触地说："为什么全球范围内轰轰烈烈开展的、以提高学校效率以及满足不同社会阶层群体教育需求为目标的课程改革与教育改革大部分都失败了？"究其根由是对教师个体关注的缺失，是教育政策制定者对教师考

---

① 丹尼尔·坦纳,劳雷尔·坦纳.学校课程史[M].崔允漷,等译.北京:教育科学出版社,2006:英文版序.
② 乔治·J.波斯纳.课程分析:第3版[M].仇光鹏,等译.上海:华东师范大学出版社,2007:209.
③ 吴永军,徐华丽.新课改中教师主体地位的社会学审视[J].教育发展研究,2009,29(6):51-53.
④ 丹尼尔·坦纳,劳雷尔·坦纳.学校课程史[M].崔允漷,等译.北京:教育科学出版社,2006:26.
⑤ 朱文辉,陈佳.教学形式主义:是耶? 非耶? [J].教育理论与实践,2017,37(22):61-64.
⑥ 郭华.新课改与"穿新鞋走老路"[J].课程·教材·教法,2010,30(1):3-11.

虑得不充分和教育理论研究者对作为最主要教育实践者的教师的忽视。[1] 教师不能游离于改革之外，只有教师的真正认同，才可能做出真正的改变，才能助力于课程改革及课程发展。因此，对个人困扰的回应，最终需要回到课程改革进程中教师的内在体验上。新课程改革已经实施了二十余年，当年新入职的教师已经成长为学校的教学骨干，如今新入职的教师更是只知"新课程"而不知"老课程"，教师们在新课程中成长，对新课程的理念耳熟能详，教师对新课程的认同或成为政府、学者、大众心中的先在意识，以至于出现指责教师的课程实践跟不上课程改革理念的言论不绝于耳。但无论是来自现实的个人困扰，还是学者们来自理论的反思与追问，始终发生在学校场域的外围。真实的学校现场师生们的课程生活究竟是何种样态？作为课程实施主体力量的教师在真实的教学现场到底经历了什么？他们真的已经认同新课程了吗？

第二节　已有研究[2]及反思

想要求得问题的答案，对已有的研究进行回顾是首要之举。在对文献进行检索时发现，与问题相关的直接研究并不多，但是凡涉及教师发展与课程改革的研究多多少少都会对此问题进行提及，也可以说虽然直接的研究不多，隐性的相关研究却非常多。教师对课程的认同并非一个新问题，是在课程实施范畴之内的话题，因此，文献的阅读及梳理大致限定在课程实施研究的脉络中，将视野扩展至课程改革中的教师发展、课程改革进程中的教师认同（teacher identity）、教师与课程之间的互动关系等领域。

---

[1]　艾沃·古德森.课程与学校教育的政治学[M].黄力,杨灿君,等译.北京:教育科学出版社, 2013:译序 3.

[2]　此部分的数据来自学位论文数据库（CALIS）、中国社会科学引文索引（CSSCI）、中国知网（CNKI）、国家哲学社会科学学术期刊数据库（NSSD）和大学数字图书馆国际合作计划数据库（CADAL），以及 Web of Science（WOS）、Education Source（ES）、EBSCOhost、JSTOR 回溯数据库、ProQuest 学位论文全文检索平台（PQDD）、Springer Link、SAGE 回溯库等数据库，结合文献回溯法收集文献。对收集到的中英文图书、学位论文、期刊论文进行梳理，分析教师课程认同研究的发展脉络、内容、方法及立场。

一、两条不同的研究脉络:关注结果与关注过程

通过对已有研究的分析,笔者发现有关此论题的研究脉络大致可以分为两条:一条是关注教师对课程改革的认同感(或称接受度),采用量化的方法进行;另一条是关注课程改革中的教师认同建构,通过理论思辨及质性研究的方式分析教师与课程之间的互动。在此笔者将其分为关注结果的教师课程认同研究与关注过程的教师课程认同研究,这两种不同的研究立场及发展脉络,如图 1-1 所示。

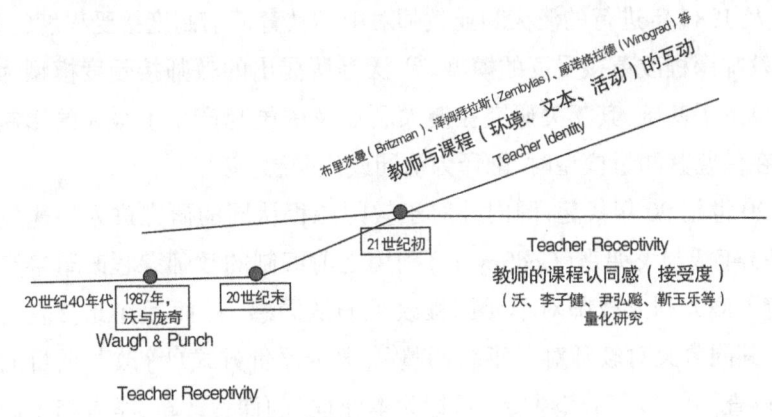

图 1-1　教师课程认同已有研究的脉络

(一) 关注结果:教师的课程认同感研究

此种立场关注的核心问题是"教师是否认同新的课程",这是一个扎根于课程实施中的问题,而课程实施研究的兴起始自美国结构主义课程运动的失败。20 世纪 60 年代末,美国教育界对历时十年的结构主义课程运动怨声载道,作为领导运动第二号旗手的施瓦布(Schwab)在自责中深思:学术中心的课程到底有没有被教师认同过?① 自此,关于课程实施的研究开始受到关注。20 世纪 70 年代以后,课程实施研究的焦点不断下移,从关注课程方案与教材设计的"采用"到关注学校与课程方案之间的"调适",逐步走向关注教师的个体因素。② 以 20 世纪 80 年代中期为界限,课程领域的研究范式从"课程"正

---

① 张华.课程与教学论[M].上海:上海教育出版社,2000:19.
② 尹弘飚.香港教师对课程改革政策的回应:20 年文献回顾[J].教师发展研究,2018,2(4):65-75.

式走向了"教师",①教师的课程认同研究逐渐进入学者们的视野。

教师的个体因素如何影响课程的实施?在对此问题的追问中,学者们专注于"教师对课程改革的态度如何?"他们依据"态度—行为"之间的关系,测量教师对课程改革的接受程度(receptivity),探询教师是否能够顺应、适应新课程改革,教师是否能够正确地领会、执行新课程。其实早在1987年,澳大利亚学者沃(Waugh R. F.)与庞奇(Punch K.)便开始关注此问题,两位学者对20世纪40年代至20世纪80年代间关于课程实施中教师态度研究的文献进行了回顾,结合40年间10多项对教师课程改革态度的实证研究,以及自身在1983年及1985年进行的澳大利亚教师对中学教育证书制度接受程度的研究,提出了教师课程改革接受度的模型。② 沃等所提出的教师接受度模型为后续的研究奠定了基础,其相关研究在澳大利亚及中国都产生了很大的影响。国内学者在借鉴其测量模型时,翻译为认同或认同感。③

自20世纪90年代起,国内外对于教师课程认同的研究进入快速发展阶段。1993年沃与戈弗雷(Godfrey J.)利用之前编制的教师课程改革接受度模型,评定了澳大利亚教师对单元课程改革的认同感。④ 而后在此量表的基础上,沃及其同事又对教师对于年级调整⑤、学生评价方式⑥等改革项目的认同感进行调查。1990年香港发起"目标为本课程"的课程改革,学者李子健对沃等人提出的评定模式进行修订,研究香港小学教师对目标为本课程的认同程度,随后又调查了教师对于环境课程改革项目的认同现状⑦。2001年香港迎

---

① 佐藤学.课程与教师[M].钟启泉,译.北京:教育科学出版社,2003:384.
② WAUGH R F, PUNCH K F. Teacher Receptivity to System-wide Change in the Implementation Stage [J]. Review of Educational Research, 1987, 57(3):237-254.
③ 沃等将教师的课程认同定义为:"教师对课程的主观感知与行为意向",用来指向教师对课程的认同感与接受程度。而后我国学者,如李子建(2000;2003;2011)、尹弘飚(2003;2004;2007;2008;2011)、靳玉乐(2008)、王嘉毅(2012)等都借鉴了此定义,并采用沃等的评测量表,对我国香港地区、华东地区、西北地区等区域教师的课程认同感进行测量。
④ WAUGH R F, GODFREY J. Teacher Receptivity to System-wide Change in the Implementation Stage [J]. British Education Research Journal, 1993, 19(5):565-578.
⑤ COLLINS P R, WAUGH R F. Teachers' receptivity to a proposed system-wide educational change [J]. Journal of Educational Administration, 1998, 36(2):183-199.
⑥ MOROZ R, WAUGH R F. Teacher receptivity to system-wide educational change[J]. Journal of Educational Administration, 2000, 38(2):159-178.
⑦ LEE C K. Teacher receptivity to curriculum change in the implementation stage: The case of environmental educational in Hong Kong[J]. Journal of Curriculum Studies, 2000, 32(1):95-115.

来了第一轮课程改革"学会学习 1.0",我国的第八次课程改革也于当年启动,国内关于教师课程认同的研究开始快速发展。

我国关注结果的教师课程认同研究,以沃等的研究为基础,国内代表学者有李子健[1]、尹弘飚[2][3][4]等,依据沃的量表及李子健教授修订后的中文版量表,对我国新课程改革中的教师认同感进行调研。王嘉毅等依据尹弘飚博士提供的教师课程认同测试量表,分别于 2003 年、2011 年对西北农村地区基础教育课程改革的成效与问题进行纵向研究对比;[5][6]2009 年李臣之等在对此量表进行略微修改的基础上,对我国深圳市的中学教师进行新课程认同感调查;[7]后续学者们在关于教师课程认同感的研究中,几乎都提及了此量表,即便是自编量表[8]也是在对其进行参考的基础上进行的。

学者们通过大量的量化调研用高或低等评价方式进行结果的呈现,研究的目的旨在表明我国教师对新课程的认同程度如何。此类研究中,教师是以集体的形象呈现,精准的数据统计想要得到的是教师究竟在多大程度上实现了改革对教师的期待以及教师自身应该具有的"角色规范"。

(二) 关注过程:课程变迁中的教师认同体验研究

关注教师课程认同感的研究脉络清晰而直接,与此同时,关注教师课程认同体验及建构过程的研究也在悄然发展。此条路径中学者们不再局限于只关注教师对于课程改革的接受程度,而是关注教师与课程(课程环境、课程文本、

---

[1] LEE C K, et al. Teacher Empowerment and Receptivity in Curriculum Reform in China[J]. Chinese Education & Society, 2011, 44(4):64-81.

[2] 尹弘飚,李子建,靳玉乐. 中小学教师对新课程改革认同感的个案分析:来自重庆市北碚实验区两所学校的调查报告[J]. 比较教育研究,2003(10):24-29.

[3] 尹弘飚,靳玉乐,马云鹏. 教师认同感的结构方程模型[J]. 教育研究与实验,2008(3):62-66.

[4] YIN H B, LEE C K, JIN Y L. Teacher Receptivity to Curriculum Reform and the Need for Trust: An Exploratory Study from Southwest China[J]. The Asia-Pacific Education Researcher, 2011, 20(1):35-47.

[5] 王嘉毅,赵志纯. 西北农村地区新课程适应性的纵向研究:基于 2003 年与 2011 年调查的实证分析[J]. 课程·教材·教法,2012,32(1):3-11.

[6] 赵志纯,安静. 西北地区农村中小学教师课程改革认同特点:基于甘青宁三省(区)样本的实证[J]. 教育学术月刊,2014(02):96-104.

[7] 帅飞飞,李臣之. 中学教师对新课改认同感的调查研究[J]. 全球教育展望,2009,38(5):8-14.

[8] 王连照. 西北农村小学教师新课程认同情况研究[D]. 兰州:西北师范大学,2005;李冬雪. 高中数学教师对新课程改革认同感的调查研究[D]. 长春:东北师范大学,2010;李冰. 高中数学教师对数学新课程认同现状的调查与分析[D]. 长春:东北师范大学,2010;朱芳红. 幼儿教师课程改革认同现状研究[D]. 兰州:西北师范大学,2007;刘梦影. 小学语文教师对"核心素养"引领的课程改革认同研究[D]. 杭州:杭州师范大学,2018.

课程活动)之间的互动过程。他们认为人的心理变化是一个长期的、复杂的过程,教师内心深层的、历时的复杂变化,是难以测量的。① 此种立场的学者关注课程实施中教师的认同转变历程,呼吁教师要保持自我的清醒,强调教师自我的重要性。

关注过程的教师课程认同研究成果非常庞杂,研究方法多为理性思辨与质性研究,学者们强调制度变革中教师的能动作用,此研究脉络可以追溯至20世纪80年代以来世界范围内几次大规模的教育改革浪潮。随着诠释学、现象学、后经验主义、后结构主义、后实证主义、后现代主义等非实证主义思潮的兴起,越来越多的学者关注教育改革中的教师认同体验。20世纪70年代,学者洛蒂(Dan C. Lortie)指出,有关教师应然形象的研究大量涌现,但是关于学校实际生活情况和教师工作情况以及教师实然形象的真实记录却少之又少。② 20世纪80年代开始,越来越多的研究转移到了教师工作中的限制性因素,鲍尔(Stephen Ball)和古德森认为,教师不应该被视作数量上的总和、历史的脚注和忠实的角色扮演者,他们将教师视为受制度情境约束的"受害者"。③

此后相当一部分学者站在批判理论的视角,从教师个体的处境出发,将课程改革所带来的外部变革当作对教师自我的入侵。布里茨曼(Britzman)④呼吁教师要对塑造认同的环境和关系有一定的意识,他劝告老教师要"抵制"承载着过多他人意志的外在标准,要根据"自我信念、投入和欲望"主宰自我的认同。他认为教师作为学习者的过往经历、对成为某种类型教师的欲望和自我形象的体验等多种力量的交汇,形成了教师个体的观点,而个人观点的确立,意味着不让他人他物(如教科书、研究者、领导)代言,不因权威或教师应该如何的规范观念而噤声,从而成为自我认同的主人。泽姆拜拉斯

---

① 尹弘飚,李子建.课程实施与教师心理变化[J].全球教育展望,2006,35(10):20-25;77.
② LORTIE D. Schoolteacher: A sociological study[M]. Chicago: The University of Chicago Press, 1975:vii.
③ BALL S, GOODSON I F, et al. Teachers' lives and careers[M]. London: The Falmer Press, 1985:7.
④ BRITZMAN P. The terrible problem of knowing thyself: Toward a post-structural account of teacher identity[J]. Journal of Curriculum Theorizing, 1992, 9(3):23-46.

(Zembylas)、威诺格拉德(Winograd)同样持此种观点[1][2],认为教师应该对规范力量有所觉醒,并进行抵抗。

国内亦有学者持同样的立场,他们认为要从教师内在的角度审视教师的主体性问题[3],强调教师应该在制度、关系、自我体验之间进行认同建构[4],只有教师的认同才能够促进变革的顺利进行。学者们强调从存在论的角度去看教师的发展问题、去审视教师与课程之间的关系,课程应被理解为"学习者与知识'对话'的可能情境",教材的功能应定位为一个"对话者",而不是学习的"支配者"。[5] 教师不是复原课程设计者的工具,从作为人的教师的立场出发才能构成教师生命存在的方式。[6]

关注教师认同体验的学者们大多采用倾听教师故事的形式,来揭示教师的认同历程。他们认为认同的形成是一个将个人经历进行阐释与再阐释的持续进程[7],是教师赖以为生的故事的独特呈现[8]。普鲁萨克(Prusak)认为认同与故事是等同的概念,他阐明了身份认同的"三分法",认为认同是通过某人讲述自身故事或由他人讲述故事的方式得以阐释和建构的。[9] Dale 和 Carrie Marie 通过传记性的访谈,倾听教师的教育生活故事,描述教师生活和工作中的关键事件并分析这些事件对于教师认同形成的意义。他们发现在研究的过

---

[1] ZEMBYLAS M. Emotions and Teacher Identity: A post-structural perspective[J]. Teachers and Teaching, 2003, 9(3):213-238.

[2] WINOGRAD K. The Functions of Teacher Emotions: The Good, the Bad, and the Ugly[J]. Teachers College Record, 2003, 105(9):1670.

[3] 靳玉乐,尹弘飚. 课程改革中教师的适应性探讨[J]. 全球教育展望,2008(09):37-42;59. 靳玉乐,于泽元. 文化—个人视角下教师对新课程改革的适应性探讨[J]. 西南大学学报(社会科学版),2009, 35(2):128-133.

[4] 李茂森. 自我的寻求[D]. 上海:华东师范大学,2010.

[5] 郭晓明. 课程知识与个体精神自由[D]. 南京:南京师范大学,2003.

[6] 王明,姜琪瑞. 教师课程理解的生存论意蕴:哲学解释学的视角[J]. 现代教育管理,2012(9): 76-80.

[7] BEIJAARD D, VERLOOP N, VERMUNT J D. Teachers' perceptions of professional identity: An exploratory study from a personal knowledge perspective[J]. Teaching and Teacher Education, 2000, 16(7): 749-764.

[8] CLANDININ D J, HUBER. Shifting stories to live by: interweaving the personal and professional in teachers' lives[A]//BEIJAARD, et al. Teacher professional development in changing condition. The Netherlands: Springer, 2005:44.

[9] PRUSAK S A. Telling Identities: In Search of an Analytic Tool for Investigating Learning as a Culturally Shaped Activity[J]. Educational Researcher, 2005, 34(4):14-22.

程中教师通过对自我故事的讲述、洞察自我的教育哲学,从而影响着教师在课堂中的教学活动和与他人的互动关系。[1] 因为叙事和认同之间的关系,国内亦有学者提出用自我叙事的形式消解教师的认同危机[2],在叙事中建构教师在课程改革中的自我认同[3]。

二、研究重点:教师课程认同的影响因素与外在表现

无论关于教师课程认同感的量化研究,还是关注课程改革中教师认同体验的质性及思辨研究,其影响因素及教师们在课程实施中的行为表现都是学者们探讨的重要内容。

(一)教师课程认同的影响因素研究

对文献进行梳理后发现,影响教师课程认同的因素主要包括环境、关系、教师价值、学生价值等方面。

1. 环境对于教师课程认同的影响研究

很多研究都提及了环境对于教师认同建构的重要性。科德伦和史密斯(Coldron & Smith)指出:环境是空间和地点的产物,教师的认同是一个特定的人在关于职业的一系列可能性的环境中的产物。[4] 环境会影响我们关于"自我感知"和"他人对我们的感知"的认识,布里茨曼认为"环境力"具有标准意义,受环境中的权威人士支配,每一种环境中都有一系列准则。[5] 教师的认同依赖教师自我浸入的环境。这些环境包括学校、教师培训项目、研究团队、家庭、政治团体中的制度结构、空间环境等硬环境,还包括环境中的准则、文化、氛围等软环境。克兰迪宁和休伯(Clandinin & Huber)将环境定义为教师过去

---

[1] DALE, MARIE C. Teacher identity: Its formation and reformation across the lifespan[D]. Michigan: Michigan State University, 1999.

[2] 刘英,阮艳花.教育革新视角下教师身份认同危机与消解策略的研究[J].中国成人教育,2017(9):137-139.

[3] 金琦钦,张文军.课程变革中教师情绪的叙事研究:基于杭州市C高中的案例[J].教师教育研究,2016,28(4):77-82.

[4] COLDRON J, SMITH R. Active location in teachers' construction of their professional identities[J]. Journal of Curriculum Studies, 1999, 31(6):711-726.

[5] BRITZMAN P. The terrible problem of knowing thyself: Toward a post-structural account of teacher identity[J]. Journal of Curriculum Theorizing, 1992, 9(3): 23-46.

和当下生活、工作期间的全景①。菲茨杰拉德(Fizgerald)认为,认同就是自我所在环境的理论化比喻。②

教师周遭的环境是多样化的,如果教师缺乏对环境中准则的认识,就会被迫屈从环境的力量,其能动性、创造性将会被弱化,同时其提意见的权利也会被剥夺。张新海在对我国教师的课程阻抗情况进行调查时也提出了此观点,他认为学校的新课程支持环境会对教师的课程实施产生最为重要的影响,学校内部的环境气候是教师实施新课程的必要条件。③ 宋萑等在对我国安徽省中学体育教师课程改革认同感现状调查后,提出想要提升教师的课改认同感,学校管理层应提供更多支持、更多课改学习机会和更多参与课改校务决策的机会。④

环境中的文化和关系影响着教师的情感,使得教师产生不同的认同体验。教育学教授威诺格拉德曾用一年的时间回到小学从事教学工作,担任小学教师期间,他受到很多挑战,特别是课堂管理的挑战。这本是新手教师都会遭遇的困境,然而他所处的学校文化给出的结论为:这种失败或挣扎,错在教师一人而已;较之结构条件,教师个人对失败这一结果有更大的影响。这使得他对自身作为一名"有效教育者"的认同产生怀疑。⑤ 张文军等借鉴情绪地理学等理论视角,通过田野调查,探索了我国教师对课程变革的情绪体验,认为学校中的道德文化困境、制度困境、专业困境使得教师消极情绪比较明显,使得教师的认同产生危机。⑥

2. 关系对教师课程认同的影响研究

关系是影响教师课程认同的又一关键要素,学者们认为在不同的环境中

---

① CLANDININ D J, HUBER. Shifting stories to live by: interweaving the personal and professional in teachers' lives [A]//BEIJAARD, et al. Teacher professional development in changing condition. The Netherlands: Springer, 2005: 44.

② FITZGERALD T K. Metaphors of identity[M]. NY:State University of New York Press, 1993:03.

③ 张新海. 新课程实施中的教师阻抗研究[D]. 兰州:西北师范大学,2008.

④ 赵丹,宋萑. 安徽省中学体育教师课程改革认同感现状调查[J]. 课程·教材·教法,2011,31(6):92-95.

⑤ WINOGRAD K. The Functions of Teacher Emotions: The Good, the Bad, and the Ugly[J]. Teachers College Record, 2003, 105(9):1641-1673.

⑥ 金琦钦,张文军. 课程变革中教师情绪的叙事研究:基于杭州市 C 高中的案例[J]. 教师教育研究,2016,28(4):77-82.

会产生不同的关系,而不同的关系建立产生不同的情感。布里茨曼认为学校结构对教师应该如何感知、如何行动的期待,与教师自我已有的生活经历和"我是谁"的真实的情绪之间会产生摩擦,从而产生不同的情感。① 哈格里斯夫(Hargreaves)对加拿大中小学的53名教师进行访谈后,提出五种不同的"情感地理"模型,认为教师的情感与工作环境及工作中的人员交往息息相关,人类相互作用、相互关系的亲疏远近所体现出的空间、经验结构,帮助人们创造、构成和渲染我们对自我、世界和彼此的感觉与情感。② 关系疏远将会产生分裂,关系紧密则产生团结。泽姆拜拉斯在此基础上,提出了"情感劳动"的观点,认为教师必须努力遵守学校的情感规则:教师的认同和情感话语是在特定的学校政治安排下形成的,与特定的期待、要求有关,教师应该遵守特定的情感规定,如自己的情绪需要停留在课堂之外。③④

认同如果被环境、关系等所塑造,则教师的认同必然是多样的、变化的、易变的。贝佳德(Beijaard)等指出教师的认同是关系性的,必然是变化的;在认同形成过程中,这种变化是经常发生的。⑤ 吉(Gee J. P.)认为:"在某个特定时间、特定地点,被认定为存在的某人,属性能在相互作用、不同环境中不时发生变化。"认同发生于主体间领域,其特点是一个持续的、动态的、变化的过程,在此过程中,人们对自我进行不断的解释。⑥ 特伦德(Trent)通过对香港4名双语教师和4名学科教师之间的合作关系来讨论教师的认同建构问题,得出同样的结论,教师与同伴之间关系的变化时刻影响着教师的认同建构。⑦ Seifert 和 Rachael 通过观察、访谈描述一位教师的认同历程,发现教师的认同

---

① BRITZMAN P. The terrible problem of knowing thyself: Toward a post-structural account of teacher identity[J]. Journal of Curriculum Theorizing, 1992, 9(3):23-46.

② HARGREAVES A. Emotional Geographies of Teaching[J]. Teachers College Record, 2001, 103 (6):1056-1080.

③ ZEMBYLAS M. Emotions and Teacher Identity: A post-structural perspective[J]. Teachers and Teaching, 2003, 9(3):213-238.

④ ZEMBYLAS M. "Structures of Feeling" In Curriculum and Teaching: Theorizing the Emotional Rules [J]. Educational Theory, 2005, 52(2):187-208.

⑤ BEIJAARD D, MEIJER P C, VERLOOP N. Reconsidering research on teachers' professional identity [J]. Teaching & Teacher Education, 2004, 20(2):107-128.

⑥ GEE J P. Identity as an Analytic Lens for Research in Education[J]. Review of Research in Education, 2000, 25(1):99-125.

⑦ JOHN T. Teacher identity construction across the curriculum: promoting cross-curriculum collaboration in English-medium schools[J]. Asia Pacific Journal of Education, 2010, 30(2):167-183.

在其人生的不同阶段不断地发生着变化,而造成其认同变化的原因来自受访者的人际关系、结构之间的互动以及人生中的各种机遇。① 叶菊艳通过叙事研究的形式,得出同样的结论,在不同的境遇中教师的认同会建构出不同的身份,教师的认同在制度、他人关系和个人因素中不断地协商变化。②

3. "教师价值"对教师课程认同的影响研究

教师价值即教师通过课程改革所获得的教学满足感、自我价值及意义感。澳大利亚学者沃与庞奇1987年提出了影响教师对教育改革认同感的6个主要变量:一是对教育的基本态度,二是缓解变革给教师带来的担忧和不确定性,三是变革的实用性,四是对变革的期望和信念,五是学校对教师的支持,六是教师对变革的成本效益评估。③ 学者莫利斯(Morris)将成本效益变量中的内容进行总结,提出了教师参与课程改革需要的9种成本以及可能获得的10项效益,而其中涉及金钱利益的只有增薪、升职。④ 1993年沃及其同事戈弗雷将教师课程认同感的相关变量调整,同时将非金钱成本效益置于首位。⑤ 后续的教师课程认同感研究几乎都以此量表为依据,学者们在研究结果中纷纷表明:非金钱成本效益是影响教师对课程改革认同感的最重要因素,即教师通过课程改革所获得的教学满足感。⑥

2000年,沃根据十余年来的研究发现,将影响教师课程认同感的变量调整为9个,合并为四类,这四个分类如下。其一,变革特征:与先前体系的比

---

① RACHAEL L. A Portrait of a Practicing Teacher: Exploring Teacher Identity[D]. Ohio: Kent State University, 2019.
② 叶菊艳. 中国教育中的教师身份构建[D]. 香港:香港中文大学,2011.
③ WAUGH R F, PUNCH K F. Teacher receptivity to system-wide change in the implementation stage [J]. Review of Educational Research, 1987, 57(3):237-254.
④ MORRIS P. Curriculum innovation and implementation: A cautionary note[J]. Educational Research Journal, 1987(2):49-54.
⑤ WAUGH R F, GODFREY J. Teacher Receptivity to System-wide Change in the Implementation Stage [J]. British Education Research Journal, 1993, 19(5):565-578.
⑥ LEE C K, YIN H B, ZHANG Z H, et al. Teacher Empowerment and Receptivity in Curriculum Reform in China[J]. Chinese Education & Society, 2011, 44(4):64-81;LEE C K. Teacher receptivity to curriculum change in the implementation stage: The case of environmental educational in Hong Kong[J]. Journal of Curriculum Studies, 2000, 32(1):95-115; WAUGH R F. Towards a model of teacher receptivity to planned system-wide educational change in a centrally controlled system[J]. Journal of Educational Administration, 2000, 38(4):350-367;帅飞飞,李臣之. 中学教师对新课改认同感的调查研究[J]. 全球教育展望,2009, 38(5):8-14,等等。

较、新课程的实用性。其二,学校中的变革管理:缓解忧虑、了解变革、参与决策。其三,变革对教师的价值:个人成本评价、与其他教师合作、教师发展的机会。其四,对学生的价值:新课程对学生的价值。① 以上四个分类中,"成本评价、教师合作、发展的机会"被划分到"变革对教师的价值"中,从教师自身角度出发,课程改革对于教师自我的价值发展是促使教师进行课程认同的重要因素。

一些学者的质性研究同样也佐证了教师价值对教师认同和教育改革的影响。张释元以重庆市的一所普通中学为个案来论述教师的价值取向如何在影响着教育改革,他认为没有教师价值取向的改变就没有教育改革的真正发生,以教师价值取向为核心成分的教师文化是教育改革的关键因素。②

4."学生价值"对教师课程认同的影响研究

这里所说的学生价值,指的是改革自身将会对学生带来哪些改变,对学生的发展产生怎样的价值。佛瑞德(Fred)在探讨如何成为好教师的文章里,提出了一个教师改变的洋葱头模型,认为教师根本性的改变依赖于内层的信念、认同和使命,③如图1-2所示。

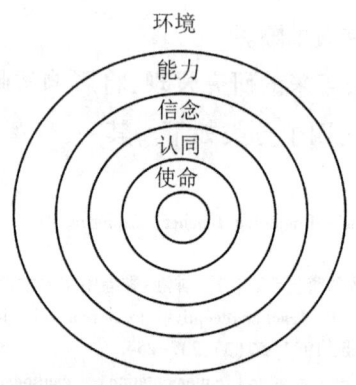

图1-2 佛瑞德提出的教师改变的洋葱头模型

佛瑞德认为,外界的环境容易改变,而内层的改变非常艰难。真正的改革

---

① WAUGH R F. Towards a model of teacher receptivity to planned system-wide educational change in a centrally controlled system[J]. Journal of Educational Administration, 2000, 38(4):350-367.
② 张释元. 教师价值取向:学校教育变革之"基"[D]. 重庆:西南大学,2013.
③ FRED A J K. In search of the essence of a good teacher: towards a more holistic approach in teacher education[J]. Teaching and Teacher Education, 2004(20):77-97.

正是来自观念和行为的改变,那么,又有什么因素会对教师的内层改变产生影响呢? 古斯基(Guskey)等在其提出的教师改变模型中给出了答案,他认为学生的学习成就是教师评判自我教学实践的重要因素,当学生的学习结果发生转变,教师才会发生内层的信念转变。① 古斯基专门对学生的学习成就做出了界定,学生的学习成就转变不仅包括学生的标准化成绩,而且包括学生行为,如出勤率、课堂参与度、课堂行为、学习动机以及他们对学校、课堂和自身的态度等。换句话说,学习成就指学生在成绩、态度、情感、行动等任何方面的好的转变,而正是这些来自学生的改变成为影响教师转变的直接因素。

(二) 教师课程认同的外在表现研究

教师的课程认同内隐于教师自我的心理转变过程,外在则呈现为教师在课程改革中的各种表现,如教师的参与②、教师阻抗③、教师成长④等。教师的课程认同分为不同的层次,学者们普遍认为可以分为认知、情感、行为三个层面⑤⑥。操太圣等将教师的认同表现分为依从、认可、认同,处于不同层次的认同,也就会有不同的认同表现类型。⑦

1. 认知层面的认同表现

认知即知道、了解。当教师的课程认同处于认知层面,即对课程的理念或文本只停留在"知道、了解"的层面时,教师们大多数的外在表现为"依从",且会有不同类型的依从表现。

第一种为我们常说的"从众、随大流"。此种认同类型的教师最常见的反应是"毫无反应",麦卡洛克(Mcculloch)等认为这可能是因为教师认为其工作已经符合改革的要求,也可能是漠视或拒绝新政策。⑧ 尹弘飚等将此种认同

---

① GUSKEY T R. Professional Development and Teacher Change[J]. Teachers & Teaching, 2002, 8(3):381-391.
② 杨明全. 论教师参与课程变革[D]. 上海:华东师范大学,2003.
③ 张新海. 新课程实施中的教师阻抗研究[D]. 兰州:西北师范大学,2008.
④ 吴国平. 新课程行动中的教师成长:教师专业成长的案例研究[D]. 上海:华东师范大学,2008.
⑤ 何博. 认同的本质及其层次性[J]. 大理学院学报,2011,10(1):61-65.
⑥ 尹弘飚,李子建. 课程实施与教师心理变化[J]. 全球教育展望,2006,35(10):20-25;77.
⑦ 操太圣,卢乃桂. 论学校组织变革中的教师认同[J]. 华东师范大学学报(教育科学版),2005,23(3):43-48.
⑧ MCCULLOCH G, HELSBY G, KNIGHT P. The Politics of Professionalism:Teachers and the Curriculum[M]. London:Continuum, 2000:81.

类型的教师称为"小卒子"型的教师,认为自己只是改革的执行者,对实施进程来说无足轻重,他们逃避课程改革所赋予的自由,机械趋同课程改革的潮流及口号。① 马新英等认为此类型的教师并没有对课程进行过理性分析,就表现出盲动与盲从。②

第二种为虚假认同。这一认同层面的教师表面上服从学校的改革,但内心深处可能持完全相反的个人意见。尹弘飚等认为此种类型的教师是"演员"型的,在许多公开场合,他们都会"把课堂搞得很热闹、体现活力",给人们留下一个顺应改革的好印象。③ 麦卡洛克指出,处于此种认同层面的教师在课程改革中的表现为虚应故事,只做些点缀式的调整,而不做实质性的改变。④ 马新英等认为此种认同类型的教师对课程改革仅是一种空口的应允而很少甚至根本不将改革的理念运用于自己的教学实践中。⑤ 当有应急性的任务出现,如公开课展示等,就会表现出虚假的认同,而当应急性任务结束,大多数人又选择了之前自己习惯的教学行为,但在日常的课堂教学中,他们仍然是"新教材、老思路",出现"穿新鞋走老路"的现象。

2. 情感层面的认同表现

情感层面的认同表现即"理解、承认、许可"。操太圣等提出"认可"表现的人,其主要目的在于获取社会尊重和自我情感的满足,他们做出决定是因为自己是学校组织的一员。⑥ 尹弘飚等将处于此种认同层面的教师,称为"适应性"的教师,认为改革中此类教师为数众多,此种认同类型的教师对传统教育的弊端有着清晰的认识,对新课程描绘的理想家园充满了憧憬。⑦ 然而,随着

---

① 尹弘飚,操太圣.课程改革中教师的身份认同:制度变迁与自我重构[J].教育发展研究,2008(2):35-40.
② 马新英,程良宏.试论教师在课程改革中的虚假认同及其改善[J].教师教育研究,2010,22(3):32-36.
③ 尹弘飚,操太圣.课程改革中教师的身份认同:制度变迁与自我重构[J].教育发展研究,2008(2):35-40.
④ MCCULLOCH G, HELSBY G, KNIGHT P. The Politics of Professionalism: Teachers and the Curriculum[M]. London:Continuum, 2000:81.
⑤ 马新英,程良宏.试论教师在课程改革中的虚假认同及其改善[J].教师教育研究,2010,22(3):32-36.
⑥ 操太圣,卢乃桂.论学校组织变革中的教师认同[J].华东师范大学学报(教育科学版),2005,23(3):43-48.
⑦ 尹弘飚,操太圣.课程改革中教师的身份认同:制度变迁与自我重构[J].教育发展研究,2008(2):35-40.

改革的展开,他们遇到了一系列问题、冲突和矛盾,不折不扣地执行改革变成了难以企及的事情。当无法按照预定的设想实施改革时,他们会改变自己以适应环境就成为无奈而又合理的选择。尹弘飚等亦同时提出属于认可类型的教师也会在课程改革中遭遇更多的认同危机。

3. 行为层面的认同表现

教师真正认同课程的理念与价值,其外在行为会发生相应的改变,能够改变原先持有的深层认知和假设,能够将自身价值观与课程价值保持一致,并按照这一价值观体系所规定的行为规则办事。① 此种认同类型的教师称为"领头羊"型的教师,在课程改革中他们能够进行主动改变,成为课程改革的积极拥护者。操太圣等将此种教师的认同称为积极认同或完全认同。② 只有当教师真正地认同课程,才会在变革运动中显示自我的真正力量与价值。

尽管学者们将认同分为不同的层次,但认同是一个动态变化的过程,人的认知、情感、行为三者之间有很多重叠地带,因此想要对教师的课程认同进行明确的结果判断与层次划分并非易事。

三、对已有研究的反思

(一) 对研究立场的反思

通过对文献的梳理不难发现,21 世纪以来,国内外教师课程认同研究取向有着比较明显的差异:国内多数关于教师课程认同的研究,确切地说应该是教师课程认同感的研究,其默认立场为教师是否符合制度变迁的要求;国外21 世纪以来的一些研究强调教师自我在改革中对自我意志的保持,强调教师的能动性及自我转变,强调自我的认同应该从结构控制走向"自我主宰"。

不同的研究目的代表着不同的研究立场,若从课程的立场出发,教师课程认同研究的目标即是询问教师是否符合课程变迁的要求。研究多关注教师对课程改革的接受程度,围绕着课程改革中"教师应该如何?教师是否如何?"的规范性逼近,关注的是教师的"类"存在,想要得出某一区域、某一学科、某

---

① 操太圣,卢乃桂.论学校组织变革中的教师认同[J].华东师范大学学报(教育科学版),2005,23(3):43-48.

② 操太圣,卢乃桂.论学校组织变革中的教师认同[J].华东师范大学学报(教育科学版),2005,23(3):43-48.

一生涯期、某种性别的教师课程认同程度,群体中的个体感受并不是考察的重点。

不同于将教师的课程认同看作一种结果来考量,关注教师在课程实施中内在体验的研究关心的问题是教师自我的觉醒及其与课程发展的相互作用,关注在此过程中教师如何进行"自我的再建构"。① 此类研究多将课程界定为"经验、经历",教师对课程的认同不局限于对课程文本的认识和接受程度,而是在课程建设发展过程当中,各层面的课程主体通过斗争、协商、妥协、理解、领悟、反思,最终使课程达到一种被接受、认可的改造、修正、构建和发展的状态。② 此类研究关注教师真实的生存状态与境况,将教师看作一个独立而真实的生命个体,强调结构中教师的能动性及自我转变,将教师的课程认同看作教师与自我、课程文本、环境及关系、学生的互动过程,关注教师如何在与课程的互动过程中进行自我的建构。

两种不同的立场,两种不同的面向。一个站在课程的角度审视教师,一个站在教师的角度反思自我与课程的关系。站在课程的角度调查教师对课程的认同程度,所采用的研究框架来自教育系统上层管理人员和精英阶层的知识运作,通过数据来推测教师的动机与意愿,普通教师的声音没有被系统地记录。但是,我国这次新课程改革对教师的课程角色进行了新的期待与赋权,改革希望教师能够成为课程的建设者和开发者,希望教师能够从教科书和教学大纲的束缚中走出,希望教师不再是单纯的课程执行者。这些新的期望、来自外部的结构,既有制约、要求的特性,又对教师自身的发展产生使动性,它要求并激发着教师重构自我在课程实施中的角色与身份;但同时,作为行动者的教师自身,对于突然来自外部结构期望的回应,既可能是顺应又可能是抗拒或超越。③ 日日处在课改一线的教师的真实声音需要被倾听,教师的课程教学困

---

① 吴国平.新课程行动中的教师成长:教师专业成长的案例研究[D].上海:华东师范大学,2008;孙宽宁.教师课程理解中的自我关怀[D].济南:山东师范大学,2009;李茂森.自我的寻求[D].上海:华东师范大学,2010;宋维玉.教师是怎样理解课程的?:青海省某县九位教师课程理解的叙事探究[D].长春:东北师范大学,2017;尹弘飚,操太圣.课程改革中教师的身份认同:制度变迁与自我重构[J].教育发展研究,2008(2):35-40,等等。

② 解月光.高中信息技术课程实施阶段的教师课程认同研究[J].中国电化教育,2006(1):20-24.

③ 尹弘飚,操太圣.课程改革中教师的身份认同:制度变迁与自我重构[J].教育发展研究,2008(2):35-40.

境需要被关注。国内已有的相关研究,从制度本身、从课程的立场出发,以自上而下的视角了解教师对新课程的顺应程度的研究居多,而从教师的立场、从微观层面探讨教师对课程认同体验的研究却并不多。步入深化阶段的课程改革,需要有更多关切的目光转向教师的真实生活与困境,真正从教师的立场出发,去反思他们对于已经实施二十余年的新课程的真实态度。

(二) 对研究概念的反思

国内对于教师课程认同的关注来自教师对课程改革接受程度的研究,学者们在借鉴沃等人的研究量表时,将其翻译为教师课程认同感,研究内容指向教师对于课程改革的接受程度。但无论是英文中的"identity"和"receptivity",还是中文中的"认同"和"接受"都有很大的区别。"认同"是主体对客体的主动互动,目的是与客体寻求价值同一,从而进行自我价值定位;而"接受"的主体处于被动的地位,两者之间有本质的区别。

因此,教师的课程认同感、教师的课程接受度不能等同于教师的课程认同。但后续研究在借鉴学者们的研究成果时,部分研究并没有关注到此细节。例如,有研究想要探询小学语文教师对核心素养引领下的课程改革接受程度,却使用了 identification,忽视了中英文概念之间的对照关系;[1]而另一研究想要探询教师课程认同的内在转变,却依旧沿用"教师对课程改革的主观感知和行为意向"这一概念界定,[2]研究目的与概念表述之间不够恰当;亦有研究使用质性研究询问"是否认同"的问题,显然是方法与目的之间的不适切。[3]

教师的课程认同研究须要依据不同目的及立场给予严谨的概念界定,否则便会导致研究的方法、目的、概念三者之间出现不恰当、不适切的现象。不同的概念代表着不同的立场,也意味着需要匹配适切的研究方法,而并非字词之间的模糊引用。

(三) 对研究结果及方法的反思

国内已有的相关研究中,学者们多利用沃的量表对我国西南及西北地区、城市及乡村地区、小学及中学学段的教师课程认同感进行调研。自20世纪初

---

[1] 刘梦影. 小学语文教师对"核心素养"引领的课程改革认同研究[D]. 杭州:杭州师范大学,2018.
[2] 王洁珲. 高中教师课程认同现状的个案研究[D]. 兰州:西北师范大学,2014.
[3] 刘倩倩. 高中数学新手教师课程认同的个案研究[D]. 兰州:西北师范大学,2013.

以来,亦有不少学者利用自编问卷结合访谈等方法对此问题进行研究①,研究的范围也愈加广泛,包括教师对课程标准的认同感②、教师对教研活动的认同感③,甚至有具体的教学内容的认同感研究④。

对这些研究结果总结如下⑤。第一,我国教师对新课程认同程度总体较高。第二,教师的课程改革认同在地域、性别、学段、入职前后、学科性质等方面都存在不同程度的差异性:相较于西北地区,我国西南地区的教师课程认同感相对较高;相较于其他地区,华东地区的教师认同感更高;相较于中学老师,小学教师的认同感较高;相较于男性教师,女性教师对课程改革的信任度、接受度和感知效果的评价普遍较好;相较于城市教师,农村教师更愿意参与课程改革;新课程改革实施后入职的教师对其他政策的认同要显著高于新课程改革实施前入职的教师,新课程改革实施后入职的教师在推行新课程改革的行为意向上也显著高于新课程改革实施前入职的教师。

对以上研究结论进行反思不免疑问重重,既然多数研究结果都表明我国教师对新课程认同程度总体较高,为何来自自身的生活体验与这些研究结论有着较大的出入? 2009 年吴永军教授对关于新课程改革实施问题进行研究的两千多篇文献进行梳理时,发现一些大规模问卷调研所反映教师的新课程接受程度,与专家学者的理论思辨有较大的出入。⑥ 用量表测出的结果与人

---

① 王连照.西北农村小学教师新课程认同情况研究[D].兰州:西北师范大学,2005;李冬雪.高中数学教师对新课程改革认同感的调查研究[D].长春:东北师范大学,2010;李冰.高中数学教师对数学新课程认同现状的调查与分析[D].长春:东北师范大学,2010;朱芳红.幼儿教师课程改革认同现状研究[D].兰州:西北师范大学,2007;刘梦影.小学语文教师对"核心素养"引领的课程改革认同研究[D].杭州:杭州师范大学,2018.

② 韩佳文.初中语文教师对新课标认同情况的调查研究[D].长春:吉林大学,2014;张天玉.小学教师对《小学教师专业标准(试行)》"核心理念"认同程度的调查研究[D].长春:东北师范大学,2014.

③ 李梅园.中小学教师对教研活动的认同感的调查研究[D].上海:华东师范大学,2018.

④ 谷士晴.小学教师对数学口试认同情况的调查研究[D].长春:东北师范大学,2017.

⑤ 对已有研究结论的总结,来自以下文献(由于篇幅限制,没有完全列举):LEE C K, YIN H B, ZHANG Z H, et al. Teacher Empowerment and Receptivity in Curriculum Reform in China[J]. Chinese Education & Society, 2011, 44(4):64-81;尹弘飚,李子建.基础教育新课程实施的影响因素分析:重庆北碚实验区的个案调查[J].南京师范大学学报(社会科学版),2004(2):62-70;赵志纯,安静.西北地区农村中小学教师课程改革认同特点:基于甘青宁三省(区)样本的实证[J].教育学术月刊,2014(2):96-104.杨莉娟,项纯,李铁安.我国教师适应新一轮课程改革现状的调查研究[J].课程·教材·教法,2012,32(2):32-40;王丽,张俊列,薛文俊.新课改:来自教师的评价[M]//杨东平.中国教育发展报告:2012.北京:社会科学文献出版社,2012:66-74.

⑥ 吴永军.我国新课改反思:成绩、局限、展望[J].课程·教材·教法,2009,29(7):17-24;36.

的主观感受之间产生悖论,同时缺乏对研究结果更深层次的追问也是量化研究的不足之处。教师对课程的认同说到底是一种对价值的认同,对人的价值问题的考量,仅仅依靠调查、统计、分析、标准差等方式是难以实现的。

不同的研究取向遵循不同的研究范式,课程研究在20世纪80年代经历了从课程研究向教师研究的范式转换,这一转换的重点为:从内部瞄准课堂教学,重新审视教师的角色及地位。考量我国教师对新课程的认同亦需要转变立场及方法。教师的课程认同体验,不能被分解为支离破碎的若干阶段或层面,而应该从整体上去把握,需要从微观的角度去发现,关注课程场域中的教师个体存在,转向个体教师的生活世界与个人话语。

第三节 本研究的起点

在对已有研究的立场、概念、结果及方法进行反思之后,需要审思本研究将站在何种立场、投向哪些视域、采用何种方法来探询教师的课程认同,对此类问题的反思与确证也正是本研究的起点与开始。

一、从教师的立场再出发

教师究竟有着怎样的课程认同体验?这一问题里面包含着几个重要的元素:教师、课程,以及两者之间的关系认同,同时还有表达内在认同转变的体验。论题的核心其实是教师与课程之间的关系问题,站在不同的立场,论题便有了不一样的内涵与意义。站在课程的立场,对教师"是否认同"课程的追问,意味着教师处于一种"被要求、被规范的他律状态",从民众、媒体到教育专家,好似任谁都可以"站在特定的利益和价值立场对教师提出太多的甚至是不切实际的要求和期待,并由此产生对教师各种各样的复杂情感——敬重与轻视,憧憬与逃避,歌颂与批判,期待与失望"[①]。而若站在教师的立场,对"教师是否认同"的追问,则需要教师对自身日常课程生活进行反思,对课程价值和自我价值进行问询,意味着课程实施中教师主体性的彰显。

---

① 阮成武.主体性教师学[M].合肥:安徽大学出版社,2005:3.

国内已有的相关研究多站在课程的立场,以实证主义的态度问询教师对新课程的认同感。但认同是个体内在的心理转变,这种深藏于内心深处的感觉真的可以通过测量获得所谓的"真实"与"有效"的结果吗？一项研究的"真实性"到底如何进行评价？一项大规模的问卷调查,收上来几千份白纸黑字的问卷,这些问卷确实是有效的,但这些有效的问卷中又有多少回答是真实的？一项以访谈为主要研究方法的研究中,一个人、几个人甚至上百人的访谈确实真实地发生过,对同一个案一次两次三次的所谓深度访谈也确实进行了,但是这些访谈中被访者说出的话语又有多少是真实的？无论研究对象的人数如何增加或是问卷的设计如何精细,都无法提供教师在课程生活中"真实"行为的完整画面,无法呈现教师内心深处的"真实"体验,这一研究现状是"令人沮丧的"。

因此,本研究从教师的立场出发,从人文主义与阐释主义的角度关注课程实施现场教师的生存处境,通过对教师的日常生活、课程行为以及他们对自我行为的意义解释入手,寻得他们对课程的认同体验。但以此为立场,并不代表研究就可以逃避对真实与有效的考验,"教师究竟有着怎样的课程认同体验？"我如何确保教师所告知与我的或者我所观察到的体验是真实的？我又如何确保我能够将所谓的真实体验用一种真实的形式表达出来？"真实"永远只是客观实体的一部分或者一种表象,是随着历史、地域、情境、个人经验等的变化而变化,教师对课程的认同亦不是一个预先给定的客体世界,而是一个由主体的行为所创造的世界①。因此,本研究虽然从人文主义的立场出发关注教师的个体存在状态及内在的心理转变,但我不可能进入参与者的头脑,而只能凭自己的直觉与各方对话来反思所要描述和解释的行为及意义,研究并非为了预测或者描述所谓的客观事实,而是"为了理解和建构——在人我之间、个体和世界之间、过去和现实之间建构起理解的桥梁"②,以建构、对话、反思,以及文本表述和伦理责任为轴心展开,因此本研究亦有着建构主义的取向所在。

---

① 安东尼·吉登斯.社会学方法的新规则:一种对解释社会学的建设性批判[M].田佑中,刘江涛,译.北京:社会科学文献出版社,2003:译者序.
② 陈向明.质的研究方法与社会科学研究[M].北京:教育科学出版社,2000:17.

二、研究视域的转向

从教师的立场出发,即从"人"的立场出发,研究的视域究竟要转向哪里?答案是转向教师的课程生活与内在体验。

(一)聚焦日常,转向教师的课程生活

个体的日常生活是其在世的基本形态,是日常的、知觉地给予的世界,因其处于人的背后,所以并没有被人纳入人们的视野中。然而,日常生活却是人生的支持力量,如安东尼·吉登斯所言(Anthony Giddens):人类通过"进行"每天的日常生活来"回答"本质存在的问题,他们借助所从事的活动的本质来完成这种回答。① 对教育问题的关注同样如此,需要回到教育的生活世界,回到极其具体的、真实的生活情境中②。同样,教师的本质、价值、情感亦渗透于其动态绵延的日常课程生活中,但令人惋惜的是,这些用以回答教师存在的日常生活往往被漠视,繁忙的工作中,很多事情变得习以为常、司空见惯,"失去了对日常教育生活的追问,也就失去了对人存在的价值和意义,人的自由与解放,人的发展与幸福的追问"③。

个体的日常生活映射着社会的结构变革,"社会变革无法仅仅在宏观尺度得以实现,进而,人的态度上的改变无论好坏都是所有变革的组成部分",赫勒(Agnes Heller)认为任何社会的再生产均离不开个体的再生产,而日常生活就是"使社会再生产成为可能的个体再生产要素的集合"④。课程改革这一宏大的社会事件正是由千千万万个体教师的课程生活汇聚而成,因此关注教师的课程生活世界,不仅是对教师个体在课程改革之中可能得到的机会与所受限制的体察,而且是对课程改革这一宏大社会事件最深处的感受和触摸。正如康德所言:"对于人类进步的可预见性特征,我们不应只从那些伟大事件中去寻找,而应到那些更为不显赫、更难以察觉的事件中去搜索。"⑤

---

① 安东尼·吉登斯.现代性与自我认同:晚期现代中的自我与社会[M].夏璐,译.北京:中国人民大学出版社,2016:45.
② 马克斯·范梅南.教学机智:教育智慧的意蕴[M].李树英,译.北京:教育科学出版社,2001:43.
③ 胡春光.规训与抗拒:教育社会学视野中的学校生活[M].武汉:华中师范大学出版社,2017:31.
④ 阿格妮丝·赫勒.日常生活[M].衣俊卿,译.重庆:重庆出版社,2010:译者序.
⑤ 马维娜.局外生存:相遇在学校场域[D].南京:南京师范大学,2002.

(二) 关注故事,倾听教师的内在体验

对教师课程认同的体察,不仅仅要走进其日常生活,更要深入教师的内心去理解它。因为观察只在外部,还有很多内隐的深藏在教师内心深处的体验无法察觉。课程实施中教师到底作为何种存在?教师的自我价值是否在与课程的互动之中体现?教师遭遇哪些困境与挣扎?对此类问题的追问,不能仅停留在外围的观察,而要倾听他们的生命故事,从他们对自我故事的诠释中理解其生命意义。"理解人们经历(experience)什么比单纯关注人们做(do)什么更重要。让教师和学生按提供的路径去执行是可能的,但同时他们可能和教与学的乐趣无缘;设计高信度的用以评定教师和学生行为的观察表是可能的,但可能失去他们生命中的大部分有价值的东西——他们要做的事情的意义。"[1]

在心理学和社会学的前沿,个人的叙事和认同被视为等同[2],故事"为自我提供了连续性,一个完整的故事可以告诉我们昨天的你如何成为今天的你、明天的你。在故事中,我们可以建构过去、体验现在、期待将来。故事意味着自我的统一与整合"[3]。人是天生的讲故事者,故事给个人经历提供了一致性和连续性,在我们与他人的交流过程中扮演核心角色。要了解人的内在世界,最直接的渠道便是听他说关于自己的故事。故事不仅向外部展现一个真实的内心世界,而且同时也塑造和建构叙述者的个性和生活现状,因此叙事(即讲述故事),给人类提供了获悉自我认同和个人性格的机会。正是由于叙事与认同之间的内在联系,想要对教师的课程认同进行诠释,最直接的途径莫过于倾

---

[1] 康纳利,等.教师成为课程研究者:经验叙事[M].刘良华,等译.杭州:浙江教育出版社,2004:序言2.

[2] 叙事和认同之间的关系复杂,从心理学、社会学到哲学等诸多领域都有学者探讨两者之间的关系,篇幅有限及笔者视域所至不做详述。20世纪80年代起,以心理学家萨宾(Sarbin)为首的后现代主义心理学流派提出要用叙事的范式取代传统心理学的实证主义范式。他们认为人的生活故事应该成为心理学的主要研究对象,人们通过话语来建构自我,任何一种体验只有通过语言的建构才得以存在。详见:西奥多·R.萨宾.叙事心理学:人类行为的故事性[M].何吴明,舒跃育,李继波,译.北京:北京师范大学出版社,2020。在哲学和社会学领域,很多学者都对叙事和认同之间的关系进行过论述,如理查德·罗蒂、查尔斯·泰勒、保罗·利科等。可参见:张容南.叙事的自我:我们如何以叙事的方式理解自身[M].上海:华东师范大学出版社,2020;艾米娅·利布里奇,等.叙事研究:阅读、分析和诠释[M].王红艳,主译.释觉舫,审校.重庆:重庆大学出版社.2008。

[3] 人格心理学家麦克亚当斯(Dan McAdams)对"人生故事"的意义阐释。转引自:马一波,钟华.叙事心理学[M].上海:上海教育出版社,2006:序2.

听教师的课程故事。教师在叙事的过程中,将生活经验进行整合,从而理解自我的个体性和社会性。叙事中教师进行反身性思考,帮助其对生命历程进行回顾、对未来进行计划与想象。

从研究者的角度而言,教师的叙事能够获得最直接的教师课程认同体验;对于参与研究的教师而言,自我的叙事又帮助他们进行自我的课程认同建构。因此,俯下身去倾听教师内心深处的挣扎、困惑以及自我的意义诠释,感受教师的欢乐与喜悦、柔弱与危难,从"冰冷的纸堆"中寻找"生命的温度",关注教师的内在转变,方能洞察教师真实的课程认同体验。

三、研究问题的确证

即便从教师的立场来审视教师与课程之间的关系,也仍然可以有着不同的透视角度。"作为教师的人"与"作为人的教师"有着本质的不同,前者强调教师这一社会身份的道德规范与制度规范,以此立场来看"教好自己的课"便是对教师最起码的要求,教师存在价值的基础便是要实现课程的价值、忠实地传递课程内容。但若从"作为人的教师"来看教师与课程之间的关系,则教师首先是个人,其次才是教师,作为一个普通人的教师,有着寻求自我价值及存在意义的内在追求,而对课程的实施便是教师自我价值得以彰显的途径。

本研究从"作为人的教师"的立场出发,转向教师们的真实生活与内在体验,研究的最终目的是拟探询在我国新课程改革如火如荼的当下,教师们对新课程究竟有着怎样的认同体验,他们在课程实施现场内心经历了怎样的困惑、挣扎、冲突与转变。本研究的研究路径如图1-3所示。

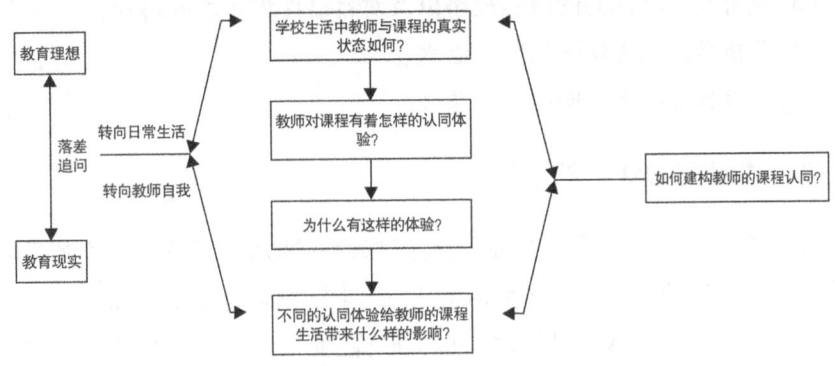

图1-3 本研究路径图

由图1-3可知,研究的路径始自疑问,而后转向问题内在本质的求证与解决,其中具体研究问题为:

(1)真实的学校现场,教师有着怎样的课程生活?他们的课程认同以一种怎样的状态存在于其日常生活中?

(2)教师究竟有着怎样的课程认同体验?课程实施中教师遭遇怎样的困境又得到哪些支持?他们如何评价课改政策、课程目标、课程价值、教材文本?如何进行课程的运作?如何在自我、学校制度与课改文化之间进行互动与调适?他们是否在课程实施中产生认同危机?他们如何在危机中进行自我调适?

(3)课程实施现场的教师为何有这样的课程认同体验?是什么在影响着他们的课程认同建构?

(4)如何促进他们的课程认同建构?

本研究的目的不在于告知读者当下我国的教师课程认同达到了哪种程度,更不对教师们已有的课程认同做出价值判断,而在于描述教师在课程改革实施现场的真实课程生活,以及日常生活中的认同体验,发现他们内心经历的困惑、挣扎、冲突与转变,分析并解释他们为何会有如此的内在体验,并尝试与教师一起寻找课程认同的建构路径。最终目的是探究教师、课程乃至课程改革的现实问题并寻找一种共同发展的可能性路径。

具体研究内容如下:

(1)观察并呈现教师真实的课程生活;

(2)了解教师赖以生存的课程环境和现实的工作处境;

(3)倾听并理解他们的课程故事以及对自己课程行动的解释;

(4)分析教师课程认同的影响因素;

(5)寻找教师课程认同的建构路径。

四、本研究方法论的选择

方法论是指导或选择方法的理论,方法论的选择要澄清的是本研究使用某些方法及使用的原因。面向生活世界、面向内在体验,以此所确立的研究立场定然不可能选用自然学科惯常的量化研究,而对被研究者的个人经验和意义建构做出"解释性的理解"或"领会"的质性研究自然最合适不过。但质性研究又可以分成不同的研究范式,从扎根理论到民族志再到叙事研究,几经更迭,每种取径都好似适合,却又好似"觉得不对劲儿"。虽然哲学家伽达默尔在《真理与方法》一书中称,沉醉于客观方法或技巧的追求实际上是对人文科学精神的背离,①但对方法论的明晰仍然是一项学术研究的根本。

(一)以解释现象学作为方法选择、资料分析、呈文方式的落脚点

现象学是一种哲学态度,也是一种反省研究,它认为必须如其所是地研究人类世界,要回到事情本身。从现象学的观点来看,一项研究是研究者对自我感受到的世界和理解世界的方式提出疑问,研究的目的是让自己更好地成为世界的一部分,甚至融入这个世界之中。② 也就是说,现象学研究认为,做研究并非为了他者,而是自我的一种渴望,一种对日常生活之意义的渴望,一种对我们所关爱之人的真正理解的渴望。它的目的不在于对特定文化(人种志)、对社会群体(社会学)或对个人生活历史(传记)加以明确的意义解释。相反,现象学想要阐明的是人们日常生活经验的意义,其目的在于获得对我们日常生活体验的本性或意义更深刻的理解,它试图询问"这种体验是什么样子的?"因此,现象学研究通过对我们在世界中前反思性的体验方式进行细腻的描述,并试图揭示和描述生活经验中的内在意义或结构。③

现象学研究又可以分为描述现象学和解释现象学。描述现象学是对生活经验特点的描述,研究者要尽力悬置自己的一切观念;解释现象学却是对生活经验所传达的意义的描述,要求要承认研究者先在观念的存在,正是因为这种先在观念使得研究(理解、对话)永久地存在,且研究本身并不存在确定的结论。④ 在解释现象学试图对生活世界的某一方面进行完整的阐释学描述,但同时也深刻知晓用描述来完全地还原生活是不可能的,其所感兴趣的是生活世界里形形色色的现象。在解释现象学研究的具体过程中,研究者需要不断地检查自己的目的和方法,力图使它的方法和成就中的长处和缺点协调一致,

---

① 马克斯·范梅南.生活体验研究:人文科学视野中的教育学[M].宋广文,等译.李树英,校.北京:教育科学出版社,2003:3.
② 张廷国.现象学不是什么是什么[J].江海学刊,2009(5):5-9.
③ 马克斯·范梅南.生活体验研究:人文科学视野中的教育学[M].宋广文,等译.李树英,校.北京:教育科学出版社,2003:11-14.
④ 郭本禹,崔光辉.现象学心理学的两种研究取向初探[J].南京师大学报(社会科学版),2004(6):86-90.

因此它又是一种自我批评。而同时,解释现象学研究亦是主体间性的,与他者的对话保证了研究的有效性。

以此,解释现象学的方法论基础成为整个研究过程中具体资料收集、资料分析与文本呈现的落脚点。范梅南认为如果要对现象学的特点进行一个整体概况,那么这个语词应该是"周全反思",这种周全的反思是对生命、生活、生存意义的探询,力求将生活中不同社会角色对生活的实际思考和行动加以展现,其最终的目的在于找到人的意义与价值。他将解释现象学研究视为以下6种研究活动之间的动态结合:①

(1)转向对一个深深地吸引我们并使我们与世界相连的现象的关注;

(2)调查我们真实经历过的经验而不是我们所抽象的经验;

(3)反思解释现象特点的根本主题;

(4)通过写作和改写的艺术方式来描述这一现象;

(5)保持与这一现象的强烈而有目的的教育学关系;

(6)通过考虑部分与整体之间的关系来协调整个研究。

教师的课程认同是一种内在的心理体验,且这种体验在不断地流动和变化。在教师心中,课程改革本身以及课程都是国家意志的化身,了解他们的对国家意志的认同本就是个敏感问题。想要知晓教师真实的认同体验,必须深入教师的日常生活中去,在与教师的日常互动中,以研究者的好奇、直觉、勇气、洞察力与敏感性去捕获,以一种强烈的反身性去反思所见所闻,捕捉与教师互动中彼此所产生的情绪,以此来呈现教师的课程认同体验究竟是什么样子的。

(二)以教育民族志作为收集资料的策略

研究的困惑来源于教师们日常教学行动与外在呈现之间的差异,因此,深入教师们的日常生活,成为他们中的一员,观察他们的日常处境并获得真实的感受是研究目的达成的必然路径。观察、访谈、问卷是实证研究者收集资料的重要途径,但不可否认的是,很多时候人们不愿意将自我内心真实的体验告知他人,教师也同样如此。他们的真实想法总是隐藏于教师本人的内心深处,教师们外显的及可以言说的话语只是冰山一角。因此,研究者不能仅仅处于外

---

① 马克斯·范梅南.生活体验研究:人文科学视野中的教育学[M].宋广文,等译.李树英,校.北京:教育科学出版社,2003:15-38.

围,必须亲身经历,不能只在这里,必须"到过那里"且"在那里",如何获取局内人的真实体验?教育民族志应该是最为适切的方法了。"学术并非都是绷着脸讲大道理,研究也不限于泡图书馆。有这样一种学术研究,研究者对一个地方、一群人感兴趣,怀着浪漫的想象跑到那里生活,在与人亲密接触的过程中获得他们生活的故事,最后又回到自己原先的日常生活,开始有条有理地叙述那里的所见所闻。"①

民族志的方法给了我"亲历"教师们当下课程生活的可能,"民族志"的英文为"ethnography",由希腊文"ethnos"(民族、一群人、一个团体)和"graphic"(描绘)组成,可以将其翻译为"对常人的生动记述或描绘"。②但民族志研究并非"闲暇一日的丛林漫游"。早期的民族志研究立志于对"其他种族的异文化"进行描述,将在异地人群中的所见所闻写给自己本文化的人阅读作为研究旨趣。③舒茨(Alfred Schutz)将从事这一研究旨向的研究者们引向"日常生活",而今的民族志研究已不再是马林诺夫斯基(Malinowski)所说的"罗曼蒂克式的逃避",而是研究者们从他者的视角中透析更丰富或许也更真实的世界④。教育民族志便是民族志在多元发展阶段的跨学科产物,是教育学者运用"民族志"这一研究方法,在学校或课堂进行田野工作,完成理论分析对教育问题剖析的过程。⑤

但基于教育学立场的教育民族志与人类学立场的民族志有着本质区别。人类学的田野研究,要求研究者始终保持冷静、客观,到田野中去不过是为了打捞自己想要的资料,而当资料打捞完成便可抽身而出,回到自己的本文化开始向世人描述自己在田野中的所见所闻,研究对象不过是研究者想要完成研究的工具。而教育学的立场视野中,研究者不是旁观者而是参与者与介入者,其任务不仅仅是理解和解释教育场域中人的存在样态,更以人的发展和相互影响为本质目的,是以理想的人的图像为价值标准,对教育生活中的人生命发

---

① 詹姆斯·克利福德,乔治·E. 马库斯.写文化:民族志的诗学与政治学[M].高丙中,吴晓黎,李霞,等译.北京:商务印书馆,2006:总序1.
② 巴战龙.教育民族志:含义、特点、类型[J].湖南师范大学教育科学学报,2008,7(3):10-13.
③ 高丙中.民族志发展的三个时代[J].广西民族学院学报(哲学社会科学版),2006,28(3):58-63.
④ 刘云杉.学校生活社会学[M].南京:南京师范大学出版社,2000:16.
⑤ 樊秀丽.教育民族志方法的探讨[J].教育学报,2008,4(3):80-84.

展的实际参与和深度参与,以达到观察对象、描述对象以及双方生命共同成长的影响和改变①。

教育学立场的教育民族志研究中,作为研究者的"我"既有自己的研究目的又有着教育学的自我意识,蕴含着教育学的立场和理想。② 研究者并非只想要打捞资料,而是希望与田野中的教师们一起共同进行一段生命体验。致力用教育民族志的方法研究教育问题的学者,即便是早期的教育民族志研究者,也难以让自己如同带有科学主义立场的人类学家一样只是单纯的描述和旁观。例如,美国学者杰克逊在厌弃教育心理学的实证主义的研究方法后,怀揣着对人类学田野工作的好奇和热情进入学校,在长时间的课程观察中,尽管他尽力想让自己成为中立的观察者,但自我却很容易产生对时代精神的义愤和同情,想加入那些向学校投掷砖块的人③。教育学立场的教育民族志研究更多地有了行动研究的取向,其是以社会改进为目的,强调行动者做研究、在行动中研究、为行动而研究④,行动取向的融入是对人类学田野研究伦理关系的教育学改造。

在此要强调的是,本研究只是以教育民族志为收集资料的主要策略,⑤无论是从文本的呈现方式还是对研究问题的解释都不是严格意义上的民族志文本。

(三) 以叙事研究为主体关注教师的故事与体验

现象学是质性研究的哲学基础,因此质性研究中的不同取径其实都有现象学的精神所在。尽管专门从事研究方法的学者会将质性研究中的不同取径进行细致的划分,但众多想要利用或已经利用质性研究方法论解决研究问题

---

① 李政涛.基于"教育学立场"的教育人类学初探[M]//叶澜,等.基础教育改革与中国教育学理论重建研究.北京:经济科学出版社,2009:442.
② 李政涛.基于"教育学立场"的教育人类学初探[M]//叶澜,等.基础教育改革与中国教育学理论重建研究.北京:经济科学出版社,2009:436.
③ 菲利普·W.杰克逊.课堂生活[M].丁道勇,译.北京:北京师范大学出版社,2021:再版序言.
④ 大卫·M.费特曼.民族志:步步深入:第3版[M].龚建华,译.重庆:重庆大学出版社,2013:11.
⑤ 民族志研究是质性研究中的一种范式,强调的是对某一社会单元的文化解读,对于一项人类学的研究而言,"民族志"这个词所包含的第一层含义,首先便是指一套收集数据的方法,其次才是民族志方式的资料分析及文本撰写。详见:麦瑞尔姆.质化方法在教育研究中的应用:个案研究的扩展[M].于泽元,译.重庆:重庆大学出版社,2008.本研究中,虽采用教育民族志的方法且秉持教育民族志的立场进入现场收集资料,但从研究的成文方式及研究旨趣来说都非严格意义上的民族志研究。

的学者都会发现,质性研究的众多取径在某些时刻并不能做出明显的划分。现象学是质性研究的一种具体研究方法吗?它既是一种具体的方法同时也是质性研究的基础吗?两者之间的关系至今在学界没有统一的定论。① 现象学家也曾言,现象学的方法就是没有方法。② 研究方法终是为了回应研究的初衷和研究的问题,因此,为了能够达到研究目的,可以将多种方法进行融合。

有学者对现象学研究与叙事研究之间的区别进行了详细的论述,③但也同样有学者认为现象学精神是浪漫的、艺术的、个体性的,④它所专注的回忆、传记等,恰恰就是叙事研究的道路。教育民族志的资料收集方式给了我亲历教师课程生活的机会与策略,但倾听教师们的课程故事、教师在课程改革中的成长经历、教师们对自我的理解,寻找这些来自他们亲身的讲述仍是资料收集和现场文本撰写的重点。因此,研究者通过教育民族志的方式进入现场之后,便以叙事研究为主体关注教师的课程故事及内在体验。之所以如此,源自叙事研究的如下 2 个特点:

(1)叙事研究的本质特点。关注个人,通过搜集故事来建构田野文本数据,报告个人生活经历,并探讨这些经历对于特定个人的意义。⑤ 研究者通过收集和讲述相关主体的教育故事,勾勒相关主体的教育生活图景,在解构和重构教育叙事材料的过程中对相关主体行为和经验建构获得解释性理解的一种活动。⑥ 教育叙事研究的意义在于:它提醒研究者面向实事本身或从实事本身中寻找内在的"结构",而不过多地用外在的框架有意无意地歪曲实事或滥用实事。⑦ 本研究想要发现个体教师在真实学校情境中的个人课程认同经历,叙事研究能够提供来自田野的真实材料,发现这些材料背后的个人困惑,从而对研究现象获得解释性的理解。

---

① 叶晓玲,李艺."方法"还是"方法论"?:现象学与质性研究的关系辨析[J].教育研究与实验,2018(4):15-22.
② 伽达默尔等的观点。转引自:马克斯·范梅南.生活体验研究:人文科学视野中的教育学[M].宋广文,等译.李树英,校.北京:教育科学出版社,2003.
③ 朱光明,陈向明.教育叙事探究与现象学研究之比较:以康纳利的叙述探究与范梅南的现象学研究为例[J].北京大学教育评论,2008,6(1):70-78.
④ 刘良华.从"现象学"到"叙事研究"[J].全球教育展望,2006,35(7):40-43.
⑤ 张希希.教育叙事研究是什么[J].教育研究,2006,27(2):54-59.
⑥ 傅敏,田慧生.教育叙事研究:本质、特征与方法[J].教育研究,2008(5):36-40.
⑦ 刘良华.教育叙事研究:是什么与怎么做[J].教育研究,2007(7):84-88.

(2)叙事研究的重要特点。允许研究者和研究对象参与对事件和现象意义的主观建构并不断反思和讨论这一过程。研究者在对叙事资料进行分析时需要"对话式地倾听",至少三种声音:以录音或文本呈现的叙述者的声音,提供诠释之概念和工具的理论框架,对阅读和诠释的反思性监控。① 因此,叙事研究并不是单纯的故事描述,更是一个建构与行动的过程。

总之,本研究的方法论整合如下:采用解释现象学的方法论基础,即强调研究者自身的反身性,不摈弃研究者的前反思与前理解,以研究者在现场的感悟、反思为轴心去形成主题;以教育民族志的方式进入现场、融入教师的课程生活并收集资料;遵从叙事研究的主旨,关注教师们的故事与内在体验。这种方法论的混合源自教师课程认同的复杂性,不能只从任何单一视角来观察或者谈论,只能毫不犹豫地糅合各种方法以求解决研究问题。

第四节 本书研究的过程

在一份质性研究报告的评价中,"是否明确陈述了研究过程"是一项重要的评价标准。② 从田野地点的选择到参与者的合作关系建立,一年多的时间里我不断地对研究问题、目的、方法等进行反省。而方法和问题的调整必然带来研究结论的变化,因此需要将研究的历程清晰地记录和呈现,让读者能够身临其境般地沿着研究者的足迹感受研究的始末,以此对研究的效度进行判断。

一、进入现场

(一)田野地点的选择③

为了对人们的生活进行深入细致的研究,研究者有必要把自己的调查限

---

① 艾米娅·利布里奇,等.叙事研究:阅读、分析和诠释[M].王红艳,主译.释觉舫,审校.重庆:重庆大学出版社,2008:9.

② 梅瑞迪斯·高尔,乔伊斯·高尔,沃尔特·博格.教育研究方法:第6版[M].徐文彬,侯定凯,范皑皑,等译.北京:北京大学出版社,2016:495.

③ 我国新课程改革自2001起开始推行,率先改变的是义务教育阶段的课程标准及教材,因此田野地点的选择便首要考虑小学与初中。已有研究中,有学者的研究结论表明小学教师的课程认同感比中学教师更高(尹弘飚等,2003;赵志纯等,2014;等等),但研究的缘起来自自身生活体验中对小学教师课程认同感的质疑,因此便选择进入小学校园,对研究缘起进行回应。

定在一个小的社会单位内来进行。① 于本研究而言,这个能够提供教师与课程关系完整切片的最小社会单元即是学校。根据《2020 年全国教育事业发展统计公报》,截至 2020 年底,我国共有小学 15.8 万所,专任教师 643.42 万人,一所怎样的学校、一群怎样的教师才具备研究的典型性?为了寻求这份典型与代表,从 2020 年 10 月至 2021 年 3 月,我耗费了非常多的精力辗转于不同的小学,期望能够选择一个最佳的田野地点。在这几个月里,我先后进入了四所小学,从全国课程改革实验区中的名校,到普通地级市的市实验小学、区重点小学,最终却选择了非常普通甚至称得上"薄弱"的 X 小学。

衡量一个研究现场是否合适有三个要求:第一,能否进入现场;第二,研究者有可能充当的角色范围;第三,该角色能否较深入地接触研究对象。② 但"进入并不等于融入",在这四所学校的选择过程中,我深刻地理解了这句话,也对质性研究的真实性、效度等问题有了更为深入的思考。最初,我将目光投向我国新课程改革首批实验区的学校,认为这种类型的学校更具代表性。经过多方努力联系到了郑州市课程改革实验区某小学的一位语文教师,她请示校长同意后我进入了现场。但进场后发现,校长忙得分身乏术,根本没空见我,教师们行色匆匆,没有一个知心的"中间人",亦没有得到"守门员"的官方认可,我在这所学校的身份和角色有些尴尬,仿若一个突然闯入的"陌生人"。经过一段时间的努力仍然无果,我决定放弃这个学校。

我将第一次田野选择失利的主要原因归于与中间人不太熟络的私人关系,因此我从省会郑州回到 A 市期望能用自己身在"熟地"的便利条件,进入一个能够完全接纳我的田野地点。孰料,即便在"熟地",想要选择一个合适的田野地点仍然不易。在第二次和第三次进行田野选择的时候,我以自己的亲戚、朋友作为中间人先后进入了 A 市的 Y 小学和 S 小学,与之前遭遇的"冷待"不同,这两所学校的教学负责人都非常热情地接待了我,但看似完美的进场,在后期调研中却遭遇了另外一种意想不到的角色困境。以 S 小学为例,这所学校主管教学的副校长与我的亲戚是多年的老同事,因此当其得知我想去学校调研时毫不犹豫地就答应了。见面之初,我没有直接说明自己的研究目

---

① 费孝通.江村经济:中国农民的生活[M].北京:商务印书馆,2001:17.
② 乔金森.参与观察法[M].2 版(修订本).张小山,龙筱红,译.重庆:重庆大学出版社,2015:35.

的,只向校长说明是为了了解中小学课程实施现状,这位校长自豪地说"我们学校的课程建设及实施状况非常好",之后便带我去参观学校的各种场馆。当我提出可能要在学校待半年左右时,校长表示没有问题,并将我安排到了一间没有人办公的名师工作室。我委婉地提出想与教师和学生多一些接触,能否到教师们的办公室去办公,校长以教师们办公室太拥挤婉转地拒绝了我。而当我提出能否听一听老师们的日常课时,这位校长仍然非常热情地将我引荐给一位负责教学的老师,让这位老师把每周的公开课安排提前发给我,说学校的开放日、公开课活动非常多,可以随时去听。就这样,在这所学校待了近一个月的时间,听了很多公开课,可我的身份依然是一个局外人,老师们见到我非常客气,校长也同样如此。没有一个合适的身份我无法自然而然进入教师们的办公室,无法旁听教师们的日常课堂,无法接触到教师的真实生活,更无法与他们进行深入的交流。

在经历了田野选择的屡次失利后,我终于明白,最容易接近被调查者以便能够亲自进行密切的观察①的田野,才是最合适的田野地点,也终于从寻找典型性与代表性的执念中走出。在教育资源雄厚的学校中我的存在是一个名校的参观者、访问者,对于这样的学校而言,他们对我这个突然闯进的外人的角色期望是能够对学校课程文化进行宣传,对领导在课程改革中的政绩进行弘扬,因此对我展现的空间仅限于学校的前台空间,我想融进此类学校,想要看到学校的幕后生活是一种奢望。就在我不知所措之时,一位对我的研究方向同样感兴趣的同事帮我解了燃眉之急。同事的同学在 A 市的 X 小学任校长,且两人之间的关系非常要好,在同事心中,这位校长是一位胸怀坦荡、敢作敢当的女强人。X 小学在当地属于教育资源比较薄弱的学校,校长刚刚接任这所学校,教学改革中遇到很多困难需要人帮忙,所以当其听说同事提出我想要到 X 小学调研时,便毫不犹豫地答应了。但这位校长也同时担心,X 小学是否具有研究的典型性与代表性,好在同事知晓我先前的进场经历以及我的研究目的,因此在与其的电话联系中便首先打消了对方这方面的顾虑,表示任何一所学校都有研究的意义,只要能够真心地接纳我们。

2020 年 3 月初,我来到了 X 小学,在校长办公室,第一次见到了胡校长和

---

① 费孝通.江村经济:中国农民的生活[M].北京:商务印书馆,2001:24.

叶兰、韩玫、马凌。见面之初,我便说出了自己的身份期待并尽力表达自己所能带来的仅有的"互惠"关系:"我想了解一线教师日常的课程教学现状,想知道大家在平日的教学中会遇到什么问题。请您和各位老师千万别把我当一个外人,我很想成为学校的一分子,竭尽所能为学校做一点贡献,为老师们的专业成长提供力所能及的帮助。"当她们对我的成长经历感到好奇时,我便从一个女性的角度将自己的成长历程讲与她们听,一样的社会性别,有着某种相似的成长困惑拉近了我们之间的距离。谈话结束后,校长亲自带我到叶兰她们的办公室,给我安排了一张办公桌,并让叶兰给我拿来了印有学校标志的笔记本、水杯和钢笔。韩玫负责学校的教科研以及教师的培训工作,校长便让我协助韩玫一起负责学校的这些事情。而后叶兰陪着我对学校进行了参观,带我到其他办公室与老师们见面,至此,我在田野中终于有了一个合法的、正式的身份。我可以自由地出入校园,每天按时按点正常上下班,参与学校的各种活动,包括全校例会和各教研室会议。

X 小学在 A 市属于比较薄弱的学校,没有什么特色。校园面积不大,教学设施不先进,没有额外的经费补给,学生多来自普通家庭。但是,一位力求改变现状的校长、一个相互合作的学校领导班子、没有评职称等利益竞争的教师团体,给予了我一个友好、宽松、充满信任的研究场域。对于本研究而言,X 小学无疑是一个合适的田野地点。

(二)"我"在田野中的身份

研究者在田野中的身份有四种:完全的观察者、作为参与者的观察者、作为观察者的参与者、完全的参与者。[①] 后两种身份是隐蔽的甚至是类似间谍,适用于对特殊文化现象的研究,而前两种身份则是公开的。但完全的观察者是一个局外人,在研究对象的活动之外进行观察;而作为参与者的观察者,研究身份虽然也是公开的,由于获得了在现场的某种正式身份,便可参与到群体的日常活动中进行观察。在前面三所学校中,因为无法获得正式的身份,我是一个完全的观察者,且是"被防备"的观察者,研究的最终结果或许只能停留在对学校及教师现状的描述上。

在 X 小学,我的身份是"作为参与者的观察者",但此种身份的弊端在于,

---

① 风笑天.论参与观察者的角色[J].华中师范大学学报(人文社会科学版),2009,48(3):39-44.

因为研究者的身份是公开的,所以如何保证进入现场之后参与者不会因为研究者的身份而进行防备或者表演,造成无法获取真实的材料是最大的困难。因此,能否获得教师们的信任,并与他们保持良好的关系,如何知晓他们"真实"的想法,如何验证所获资料的"真实性",用何种方式及角度言说老师们的故事,我的研究会给教师们带来怎样的作用等,是研究必然要面临的问题,而解决这一系列难题的根本方法便是与老师们建立亲密的合作关系。进入现场之初,恰逢有教师要参加区里的公开课比赛,校长希望我能够对教师的教学设计提出一些意见,我非常珍惜这样一个与教师们近距离接触的机会,便与参赛教师们一起,对教学设计的整个流程甚至教学活动中的每一句话进行不断的推敲。正是这样真心的付出,换来了教师们的信任,在以后的相处过程中,当他们遇到问题或者困惑,便会自然而然地向我提起,希望能够听听我的意见。我并非一个专家,他们之所以愿意跟我交流,跟我的真诚有着必然联系。

我和韩玫、马凌、叶兰、雪梅在一个办公室,这个办公室也是我进行田野工作的重要"据点"。韩玫是语文教研室的主任,每周三下午的语文教研室会议都在办公室进行;马凌主要负责学校的教务工作,经常有老师到办公室来找她询问教学安排;叶兰是总务处的负责人,掌管着学校大大小小的后勤事务,而且是学校的心理咨询师,也会不断有学生找她咨询心理问题。因此,得益于在这个"据点"的有利条件,我很快便对学校整体概况有了了解。韩玫、叶兰和马凌都是从区里的优质学校调来的,她们经历了完全不同的学校文化,对于自身目前的状况都多多少少有着一定的困扰。因此,我的到来用叶兰的话说,"就像一个认识很久的老朋友"一样亲切,她们三个人都是我在田野中的"信息提供者"。

X 小学校虽然只有 33 位教师(正式老师有 16 个,代教 17 个),却有相当一部分教师是从区里、市里的"名校"调入的。这些教师之所以转入这样一个薄弱的学校,都有着各种各样的原因和故事。在这样一个教学压力相对较小、竞争压力也不大的学校中,我作为一个想要了解教师故事又不与他们有任何功利性交集的人,正好符合了他们想要倾诉的愿望。或者说他们没有想到竟然会有人对他们习以为常的日常生活感兴趣,可能因为彼此的生活经历不同,他们对我从不同角度所给出回应感到新奇。我们就在"我想听,你想说"的奇妙交互中,慢慢建立起了某种特殊的情意。

（三）合作关系的建立

研究初期，对于研究对象的确定我并没有太多的计划，但随着与教师们熟悉程度的逐渐增强，我发现学校的老师大致可以分为三种情况：X 小学的本土教师、后期调入的外来教师以及年轻的代课教师。

这三种类型的教师对课程与教学的态度有较大的区别。X 小学位于城市中央的一个城中村里，在早些年它的属性为乡村学校，乡村学校的教师在职称评审中可以享受绿色通道，即只要在乡村学校任教时间达到相应的年限便可以直接晋升职称。因此，学校里享有这种权利的"土著"教师们不用为了评职称发愁，他们的教学生活可以用"悠闲自得"来形容。还有一部分教师是从外校调来的，暂且称为"外来户"，这些教师中有相当一部分人是从区内的名校 R 小学调入的。R 小学早在 20 世纪末就轰轰烈烈地展开了主体教育实践，与北京师范大学、华东师范大学形成了非常紧密的合作关系，是一所在全国都小有名气的学校。因此，当我得知几位教师都来自 R 小学时，感到非常震惊，这些外来的教师经历了两种完全不同的校园文化，在 X 小学多少有些不适应，对于我的到来表现出更多类似于知己的欢迎。还有一部分教师是年轻的代课教师，这些教师大多是刚刚毕业的大学生，没有考到正式的编制，在学校处于"边缘人"的地位。

我并没有刻意地去寻找或确定研究对象，而是在日复一日的相处过程中，在与教师们日渐熟络的过程中，这三种类型中的一些人自然而然地就成了我的研究合作者。我对资料分析的过程中，为了进行三角验证以及对比不同的校园文化给教师课程认同造成的影响，研究对象又增加了其他学校的教师，共有 7 名教师成为研究合作者。他们的信息见表 1-1（出于保密原则，所有人名、地名都为虚构）。

表 1-1　参与者信息列表

基本信息	工作经历	研究关系的形成过程
韩玫，女，47岁，教龄29年。四年级一班语文教师兼班主任。	市级骨干教师，2019 年从同辖区的 Z 小学调入 X 小学。同年开始任 X 小学教研室主任。	韩玫是所有的老师里面最早向我发出邀请的人，我在田野笔记里将她描述为"最渴望自由的一个人"。韩玫主动向我倾诉她在工作中遇到的困惑，并把她以前写的满满两本教学反思日记给我，主动为我安排小组访谈，帮我联系其他学校的教师进行访谈，邀请我与她一起听课、评课，我甚至可以随时进入她的课堂听她的"关门课"，她是田野中最重要的研究参与者。

(续表)

基本信息	工作经历	研究关系的形成过程
叶兰，女，48岁，教龄30年。任教学科：科学、心理健康。学校心理咨询师。	2016年从同辖区的R小学调入X小学。2018年开始任X小学总务处主任。	叶兰是带我融入田野的人。刚进现场的时候，是她为我准备办公用品，带我参观校园。她是我在田野中最崇拜的一个人，温和、坚韧，对生活充满热爱。她也是最早向我寻求帮助的人，从教的几十年里她一直在教语文，而且是市里的语文名师。来到X小学之后，因为家庭情况特殊，便开始转教心理健康课程。我刚进入田野没多久，叶兰便让我帮忙找一下儿童感统失调的评价量表，于是就在这样的帮忙和麻烦中，我们的研究关系逐渐形成。
马凌，女，36岁，教龄19年。三年级英语教师。	2017年从同辖区的R小学调入X小学。2019年开始任X小学教务处主任。	马凌主管学校的教务工作，我们两个年龄相仿，孩子的大小也相仿，在一起便有了更多的谈论话题。胡校长说她有小孩子脾气，我也发现她经常会在办公室"不高兴"，因此经常逗她"小朋友，你又咋啦？"一来一往中，她便经常把自己的烦恼说与我听，研究关系也在自然的情景中得以建立。
索薇，女，29岁，教龄2年。	X小学的代课教师，胡校长的徒弟。任五年级一班语文教师兼班主任。	我向韩玫寻求帮助，说需要更多的老师能够像她一样愿意同我交流，韩玫的第一反应就提及了索薇。她说索薇平日里遇到事情都比较积极，且是胡校长的徒弟，估计愿意。但出乎她意料的是，索薇虽然答应了但略显为难，在与我的几次聊天中，她才慢慢放下戒备，我们之间也逐渐建立了良好的合作关系。
张颖，女，27岁，教龄3年。三年级语文教师。	X小学的代课教师，韩玫的徒弟。	由于与韩玫之间亲密的合作关系，我经常随她一起去听张颖的课，并参与她们师徒的课后讨论。在韩玫口中，张颖非常认真、努力，不仅有悟性，而且有上进的渴望。不经意间，张颖便成了我的研究对象之一。
辛斐，女，39岁，教龄20年。任教学科：数学。	Z小学五年级数学教师，校数学教研室主任。	辛斐是韩玫的好朋友，在与韩玫的聊天过程中，经常听到她的名字。一天韩玫跟我聊起辛斐刚刚参加市里观摩课过程中的一些困惑，我便提出不如三个人一起抽时间聊一聊。于是在韩玫的安排下，我和辛斐便有了后续的研究合作。
肖琳，女，49岁，教龄30年。任教学科：数学。	R小学六年级数学教师，校数学教研室主任。	叶兰、马凌都来自R小学，于是在日常的聊天过程中经常听到她们两个拿R小学和X小学进行对比。两个人认为最大的区别在于学生的学业水平和家长素质，以及学校文化。特别是马凌，认为正是有这几个方面的巨大差别，所以造成了她不同的课程行为。为了对两所学校之间的文化氛围进行对比，我通过好朋友联系到了肖琳。肖琳与我的这个好朋友是发小。因此，研究关系的建立非常顺畅，肖琳还主动将我的访谈提纲发给她的同事，帮我收集资料。

（注：表中教师们的任教年级、教龄、年龄等牵扯到时间的描述，都以2021年上半年为计时标准。）

研究中出现的教师,不仅仅包括上表中的几位重要参与者,还包括寿老师(35岁)、张老师(49岁)、崔老师(37岁)等X小学的"土著"教师。这些在X小学土生土长起来的教师年龄偏大,他们说"参与者这个词太正式",因此与三位教师的交流多为平日里的自由交谈,以及在听课过程中、教研活动中的教研交流。确切地说,他们可能并没有意识到什么是"研究对象",只是在"你愿说我愿听,遇到问题我们一起商量怎么解决,而后一起设计解决方案"的过程中,成了研究的参与者。需要说明的是,研究中的几位重要参与者不仅来自X小学,还有来自R小学的肖琳和来自Z小学的辛斐以及辛斐的徒弟小李,但所有故事的起点均是X小学,肖琳和辛斐的出现不仅仅源自我想与X小学进行对比的冲动,更源自X小学教师们自身的生活史与私人关系。

二、资料收集

质性研究的资料收集途径是多种多样的。个体的情感表达不仅包括朝向他者的语词,而且包括向外流露的各种行为,在田野调研中两种表达的获取都同样重要,因此只要能够获得为研究服务的资料,任何收集方式都是可以的。在本研究的田野工作中,参与式观察、自由交谈、半结构式的访谈是最基本和常用的技术路径,同时辅之以实物收集,多种方式交叉配合以求尽可能全面地收集资料。

(一) 自然主义下的参与式观察

参与式观察是最主要的调查方法,需要研究者亲身参与到所观察的活动之中,对所观察的活动及其情境有更为直接的体验,从而对活动发生、发展和变化的过程有更为深刻的认识和理解,也更有利于掌握相关研究问题的一手资料。[1] 在田野中,我遵循自然主义的观察方法和实践原则。在进入现场之前我曾设计了一份观察提纲,但进入现场后发现我与教师们之间的互动是一个不断试探和情境化的过程,我的出现不可能被抹去,当我在校园里面走动的时候,当我在办公室写田野笔记的时候,当我坐在教室里面听课的时候,不可能像空气一样对现场的教师和学生毫无影响。没有纯粹的、客观的和超然的观察,只有慢慢将自我的身份从教师们心里那个"突然闯入的陌生人"转变为

---

[1] 陈向明.质的研究方法与社会科学研究[M].北京:教育科学出版社,2000:232.

学校教学活动的参与者与合作者,成为他们真正的局内人,才能看到、听到、体会到真实的东西。因此,进入现场后我舍弃了原有的观察计划,自然地随着现场互动关系的变化不断调整着观察的场景和内容,并重新设计了一份简单的观察提纲(见附录A)。观察的范围从教师们的办公室生活、校园文化、学校各类公开活动,到日常的课堂教学、公开课研讨、教研室活动、全校例会,而后慢慢涵盖教师们的闲暇活动、家校交往、师生关系等,以求尽可能全面深入地了解教师的课程生活。

当研究合作关系逐渐明朗化,我的观察开始聚焦,主要包括:第一,把"教师们说什么"和"实际上做什么"进行对比。随着我与教师们之间关系的逐渐熟络,我发现他们说的和做的不一样变成了一种经常出现的现象。比如,在与韩玫的交谈中,经常听到她对语文学科价值的看法,但通过对其日常课堂教学进行观察却发现,其对学科的理解与真实的课程教学行为有着一定的出入。于是我将重心放在为何她的"说"与"做"有所区别,通过进一步观察,发现教师"习而不察"的行为背后的原因。第二,等待、观察并记录观察期间"田野中正在发生的事件以及人们的行动和反应",它们或许是教师们习以为常的"必然事件",或许是跳出常规的"偶然事件"。例如,五六月份期间学校不断在举行各种活动,并且都取得了不错的效果,在活动准备与举办的过程中,教师与学生的表现都非常积极,但在活动结束后办公室的闲聊中,却不断有教师对活动本身的意义与价值提出看法。正是这些意想不到的冲突为理解和获得教师的课程认同提供"切入点"或"契机"。因此,参与式观察在研究过程中成为聚焦差异的、不断变化的群体生活和个体表现的主要方法。

(二) 访谈

访谈的方式主要包括非结构式的自由交谈和半结构式的访谈,这两种访谈方式的特点为进入情境、理解受访者的语言与文化、决定如何表述自我、寻找联系人、获取信任、建立亲密关系、搜集经验资料。[①] 两种访谈形式与日常生活中人们的口头交流看似相似,但实际上却有着本质的区别。日常谈话多用来进行双方的情感互动,其目的性比较弱。[②] 而访谈(无论是结构式或非结

---

① 邓津,林肯.定性研究:第3卷:经验资料收集与分析的方法[M].风笑天,等译.重庆:重庆大学出版社,2007:691-694.

② 陈向明.质的研究方法与社会科学研究[M].北京:教育科学出版社,2006:165.

构式)都有着一定的目的性,研究者围绕着自己的目标,提出各种问题,并自然地进行方向引导和内容控制。①

非结构式的自由交谈几乎贯穿了整个研究的始末,这种类似于日常生活中随意谈话的访谈形式,其实是灵活性最大,对访谈者的敏感性、反应速度等要求最高的一种形式。② 研究初期的自由交谈多为我和教师们之间的相互发问。比如,我对学校的日常教学安排、课程设置、教师与学生基本情况等的了解,以及老师们因对我的工作生活经历好奇而衍生出的各种各样的话题交流。随着我对田野现场的逐渐熟悉,自由交谈的主题便逐渐转向我在观察时所衍生的问题或疑问。例如,在课后、听评课过程中、教研室会议中,我提出自己的疑问以倾听他们对于自身教学过程中一些关键事件的看法,了解他们在课堂教学中做出某种决定的原因。看似轻松的自由交谈,实则我必须时刻提醒自己集中精神捕捉敏感的信息,而后迅速组织语言用合适的方式向老师们提出问题,细心聆听他们的述说并及时进行追问。在此过程中,我的语气和表情表现得非常随意,但是大脑却在高速运转,既要快速思考又要让信息在大脑中不断地强化,以免自己忘记。我曾尝试过向参与者提出自己的请求:"你说得太好了,我怕我记不住,我能不能打开录音机?"但都遭到了婉拒。因此,当交谈结束,我便寻找机会以最快的速度进行田野笔记的撰写。在研究初期,几乎每天都是这样的高强度工作,让我经常感到筋疲力尽。

进入田野工作的中后期,随着合作关系的逐渐明朗,我开始采用半结构式的方式进行访谈。我拟定了一份访谈提纲(见附录 D),主要包括参与者日常的课程生活、对课程价值、学生发展、自我价值的理解及实施四个方面。但参与者们的时间都非常零碎,想要抽出一整块的时间进行访谈非常不容易,而且在之前的自由交谈中这四个方面的内容或多或少都已经有所了解。因此,在这一阶段,我提前将提纲给他们,而后等待他们在时间和情绪上都比较合适的时机进行访谈。有的时候时间比较短,就分开进行,每次只讨论一个或几个话题;有的时候时间充裕而且参与者有很强烈的表述欲望,讨论的话题与时间也

---

① 斯丹纳·苛费尔,斯文·布林克曼.质性研究访谈[M].范丽恒,译.北京:世界图书出版公司北京公司,2013:12.
② 斯丹纳·苛费尔,斯文·布林克曼.质性研究访谈[M].范丽恒,译.北京:世界图书出版公司北京公司,2013:序三.

会逐渐延伸。总之,半结构式的访谈过程中我会根据具体的情境因人而异地选择提纲中的问题以及调整访谈顺序,并鼓励参与者对提纲中的问题提出自己的看法或者选择自己感兴趣的问题。

因为教师们很忙,所以无论是非结构式的还是半结构式的访谈形式都非常灵活,访谈对象既有个别访谈也有小组访谈,既有面对面的访谈也有微信和电话交流。午后安静的办公室经常是我和某个人的单独交谈,在这种环境里是我们彼此吐露心声的重要契机。而教研室会议、班主任座谈、各种各样的听评课以及大家都没课的闲聊时间,是进行小组讨论的重要时刻。除了现场访谈,我和肖琳之间经常采用电话访谈的形式进行,微信聊天也是与多位参与者之间经常进行的交谈方式。

访谈所收集的资料分为两种:田野笔记和访谈内容记录。日常非结构式的自由交谈所产生的感受都转化成了我的田野笔记(约10万字,编码方式为TYBJ-日期-序号),除此之外还有较日常交谈而言更为深入,主题也更为鲜明的半结构式访谈资料(约10万字,编码方式为FT-姓名或类型缩写-日期-序号)。

(三) 开放式的问卷调查

叶兰与马凌都是从R小学调入X小学的,在平日的聊天中他们经常会提到两所学校不同的校园文化,而韩玫是从Z小学调入X小学的,她亦同样会对两所学校做出对比。因此,当访谈进行到一定阶段的时候,我想对比不同校园文化中教师们的课程认同体验,于是将访谈提纲当作开放式的问卷通过朋友发给R小学、Z小学的老师。此次共收回电子问卷21份(编码方式为:WJ-FT-学校代码-序号),学科涵盖了语文、数学、英语、道德与法治、美术、体育,以此弥补访谈对象学科不够丰富的不足。

此外,田野中遇到的语文教师大多担任着班主任工作,而相较于普通学科教师,他们的工作更为复杂,在日常的相处过程中也发现班主任工作对教师的课程认同有着一定的影响。叶兰负责学生的心理健康档案建档工作,她对学生的诸多行为习惯问题、心理问题非常苦恼,她制作了一份简单的问卷让班主任就本班的学生问题进行填写,而后我主动提出可以帮她进行问卷分析,并将结果制成简单的分类图给她。看到我做好的图表,叶兰便与我协商能否进行一次班主任座谈,并提醒我可以借此机会进行问卷调查或者小组访谈。于是,我从前期的田野工作感受出发,制作了一份关于班主任工作与教学情况的开放式问卷(见附录E),在座谈会开始前发给老师们填写,共收回问卷15份(编码方式为:WJ-FT-学校代码-序号)。

(四) 实物资料收集

实物资料可以划分为历史文献和现时记录、文字资料和影像资料、平面资料和立体物品等多种类型。① 田野研究中收集到的实物资料主要包括有关学校介绍及相关规章制度的文件、参与者的教案、课后反思、公开课视频以及涉及教师工作的各类文本文件,所有实物资料都是在学校或相关教师允许的前提下获得的。

我将收集到的资料进行了归类整理(见附录F),把每一项赋予一个标号,如教学反思为FS,专业总结为ZJ,教案为JA,教学随笔、读书笔记、教学反思日记等为BJ,按照时序为所有实物资料进行编号。

三、资料分析

现象学与其他质性研究范式对资料分析与解释不尽相同。传统的资料分析扎根理论要求研究者悬置先见,扎根于资料中产生理论,有着实证主义的意味。而解释现象学则尝试进行一种双重解释(double hermeneutic),即个体尝试对他们的世界赋予意义,而研究者则是对个体赋予意义的活动赋予意义,从而理解个体的生活世界。② 海德格尔将解释现象学方法的核心"反思",称为通往开阔之地的"林中小路",通过这条小路寻找事物的本质,而这条小路(方法)的选择没有固定的路标,需要在不断地反思、回答、行进中去探寻。也即是说,现象学的资料分析定位于发现、找出某种现象的意义,以及它是如何被体验的,不强调规定的程序或者模式,在此过程中研究者的情感、态度、洞察力尤为重要。解释现象学资料分析的焦点是个体的意识,其主要原则为:按照事物本来的面貌对其进行描述,使事物以它们本来的面貌进入意识状态,在直觉和

---

① 陈向明.质的研究方法与社会科学研究[M].北京:教育科学出版社,2006:257.
② 潘威.扎根理论与解释现象学分析的比较研究[J].西华大学学报(哲学社会科学版),2010,29(3):112-116.

自我反思的帮助下理解事物的意义和本质。①

在对资料进行分析的过程中,从何种角度去看待资料发生了三次转变。第一次是从"文化客位"向"文化主位"靠拢。尽管质性研究要求研究者要摒弃"前见",但研究者进入现场之前必然是带着对研究问题的困惑和疑虑进入的,而且在研究前期都对研究的对象进行过相应的文献研究,心中不可避免已经形成或者已经初步形成了相应的理论框架。因此,在进行资料分析的过程中,便不可避免地想要将资料安放进自己的框架中去,以此佐证观点。但此种以研究者为中心的客位视角,忽略了被研究者定义和思考问题的方式,类似于"自说自话"。因此,经过多次尝试,我尽量让自己不带任何前见地再次回到原始资料,寻找被研究者的"本土概念"。但此次视角转换中(第二次转变),我亦产生了很大的困惑,在田野中收集的资料,正式的访谈很少,大多是我与教师们之间的日常交谈②,这时我们之间的关系是朋友,而朋友之间的交流必然渗透着彼此真挚的情感,作为研究者的我亦不例外。我的田野笔记和访谈记录中处处有我的身影,我的自我意识、我在研究现场的切实体会不能被忽视。因此,资料分析的视角又发生了从"主客二分"到"彼此共同建构"的第三次转变。研究结果的呈现既包含了作为研究者的我的真切感受,又包括了来自研究现场的我与教师们的共同诉说,所呈现的结果不是简单的"你说""我说""他说",而是"咱们说"。③

对资料分析角度的变化也使得我对研究设计和分析框架有了更加深入的反省,而后用一种更加开放的态度重新将原始材料进行分类和归档。此时,要通过资料回应的三个问题包括:一是教师们日常的课程生活及课程认同的存在样态是怎样的?二是教师们内在的课程认同体验究竟是什么?三是什么在影响着教师们的课程认同建构?三个问题需要分别回应,而这三次回应又分别来自"我说""他们说""我们说"的三种视角。田野现场的教师们对课程的认同是一种习而不察的存在。因此,需要作为局外人的我整体地描述其存在

---

① 麦瑞尔姆.质化方法在教育研究中的应用:个案研究的扩展[M].于泽元,译.重庆:重庆大学出版社,2008:12.

② 原因在此前已有解释,教师们没有整块的时间接受我的访谈,而且他们都不太愿意用一种官方的、正式的方式展开交流。

③ 陈向明.文化主位的限度与研究结果的"真实"[J].社会学研究,2001(2):1-11.

的样态；但教师们的日常课程行为中、课程故事中却又真实蕴含着对课程的认同体验，因此对于第二个问题的回应便从"文化主位"的视角，从资料的体悟中建构教师课程认同的类型；第三个问题的答案，除了来自资料的声音，亦需要作为研究者的我从已有的理论出发进行更为宏观的总结与分析，因此第三个问题是一种"我们的言说"。

在对第二个问题"教师们内在的课程认同体验究竟是什么？"进行回应时，我原本想从教师们的生命历程出发，以每个教师为个案进行深描，用一个又一个承载着生命体验的个案故事呈现问题的答案。但我在对资料分析的过程中发现，尽管每个教师的故事各不相同，但不同的个案之间仍然有着显著的共性所在，我将这一共性归属为教师们的自我存在状态，正是因为自我的在场或者不在场造成了截然不同的课程认同立场。但教师的课程认同是不断变化的过程，而这种微妙的变化来自一个又一个的认同危机，且从危机到新认同的建构又极有可能因为某个关键时间发生在转念之间。因此，对于课程认同危机的描述，我采用情境分析的方法以最具代表性的一个教师的课程故事作为背景，解读认同危机给教师们造成的精神后果以及危机的根源。

第五节　关于研究方法与过程的反思

"以研究者本人作为研究工具"的方法论，不可避免地要涉及研究者本人的主观性因素，因此，质性研究者们普遍认为，实证主义中关于效度、信度、推论的问题并不适用质性研究。尽管如此，对一项学术研究的评价仍然需要相应的衡量标尺，以免使得研究者走入个人主义的极端，避免研究结果成为一种类似于文学作品式的自我叙事。在后实证主义的研究范式中，研究者是否反思自己的价值观和视角，这些价值观和视角如何影响研究的过程与结果，研究者又采取了什么的措施以最大限度地减少这种影响，这些都是衡量质性研究的重要标准。① 因此，对研究方法及过程的反思既是对研究是否符合标准的

---

① 梅瑞迪斯·高尔，乔伊斯·高尔，沃尔特·博格.教育研究方法：第 6 版 [M].徐文彬，侯定凯，范皑皑，等译.北京：北京大学出版社，2016：496.

回应,又是研究者对自我及研究价值的一种内在衡量。

一、研究效度的反思

质性研究效度检验的重要方式,来自研究者对自身的研究过程和决策行为进行反省的程度。① 这种反省促进研究者对自己获得研究结果的合法性进行挑战,对于所有质性研究都非常重要。

开题汇报的时候老师们提醒我要将个人情感悬置,在实际的田野工作中我也尽量提醒自己保持冷静与客观的态度看待问题。但在后期整理田野笔记的过程中,我发现自己的"主观性"充斥在田野笔记中。在田野学校,我虽有一个正式的身份,却有着一种非常奇特的感受。当我坐在教室里与学生一起听课时,恍惚中会回忆起曾经在小学课堂上课的自己,更多的时候我会想到自己此时此刻在另一个学校的课堂上听课的孩子;当我看到教师对学生的规训、对课程文本价值的漠视时,一种不由自主的抗拒和愤怒便开始在心底生长。翻看自己的听课笔记,多数时间都会穿插很多描写当时心境的词语,而这些词语又多半带着批判和质疑。但是我回到办公室,与教师们闲聊,当教师们向我说出自己在课堂中的无奈和之前很多次以失败告终的教学尝试,我又开始与教师们共情:我对他们说出的失望和痛苦,感到深深的理解和同情。田野笔记中凡是描述自己与老师们在办公室闲聊后的心境的语句,我不仅带着理解和同情,而且开始将批判的目光从教师身上转移到外部的制度性力量,之所以出现这样的情况,与我的个人经历、社会身份、性别、年龄、社会文化背景等不无关系。因为对自身以往受教育生涯的失望,又源自对自己孩子真实课程体验的疑惑,而后带着对教师真实课程生活的好奇,以探析教师课程认同体验的目的进入现场,且进入现场之后遇到的多数参与者们与我有着相同的社会性别、同为母亲的社会角色,这些都是让我将个人的"主观性"带入的原因所在。

但研究者的个人因素并非影响研究客观性的洪水猛兽,正是我的个人生活经历和思想观念构成了自己现在所拥有的研究能力,正是个人的"前设"和"前见"才使我成为现在的我,决定了向世界的哪一个方面开放自我。② 因此,

---

① CHARLOTTE D. Reflexive Ethnography: a guide to researching selves and others[M]. London: Routledge, 1999:3.
② 陈向明. 质的研究方法与社会科学研究[M]. 北京:教育科学出版社,2006:118.

在研究过程中我不断对自身的主观性进行思考,尽可能地将自我在研究过程中的心路转变进行呈现,将研究过程与研究结果的呈现做出反身性解释,并将这些反思与调整的历程说明、呈现,让读者对研究的结果、方法进行共情或批判,以此进行效度检验。以此解构研究的"再现危机",提升研究的反身性效度。

研究中所产生的知识是研究者与被研究者在不断地协商和对话之中产生的。因此,在本研究中进行效度检验的另一种重要方式便是"参与者检验"。当研究关系日渐亲密,我提出能否进行一些正式的访谈,她们几个不约而同地笑着拒绝我,"我们不是天天在交谈吗,搞那么正式干什么啊?"她们在私下甚至会主动向我诉说自己关于家庭、情感的最隐秘之事,却拒绝与我进行一次正式的、录音机在场的访谈。不管她们拒绝的原因是什么,但对于我来说却失去了从她们口中获取正式回应的机会。因此,研究结论的形成更多地依赖于我的理解,为了避免我的主观性过高影响研究效度,于是我在文本撰写过程中不断将文稿反馈给参与教师,在彼此的讨论中不断修改,尽量营造我与参与者(教师们)共同在场的情景,以形成研究的结论。

二、研究结果的推论问题

推论问题亦是在讨论研究中的代表性问题,是指研究结果可以代表或应用于代表样本之外的同类事物。尽管质性研究的推论问题颇受争议,但大部分研究者都有想要研究结果可以推广的雄心壮志,因此人类学研究者在对田野地点进行选择的时候,都希望能够选择一个具有典型性和代表性的田野地点,从而使自己所得出的结论可在同类对象中推广。但想要选择一个完美的田野地点并能够真正进入田野、融入其中,且能够与"当地人"建立良好的研究关系,对于质性研究者而言都是可遇而不可求的。

千千万万所学校中 X 小学恐不具备实证主义所谓的"代表性",但并不表明研究就失去了可以产生"推论"的价值和意义。在 X 小学的田野工作中,我可以进入真实的教师课程生活中去,可以经常和大家一起去听不同老师的日常课程,甚至还可以作为临时代课老师给学生上课,这些真实的、切身的感受,使得我能够更加深入地看待问题。因此,尽管我所选择的田野可能并不具备典型性,但在此田野中却可以获得真实的体验,有能够深入发现问题本质的契机,在此基础上所描述的社会现象也能够为关心类似问题及处于类似情形之下的人们提供一定的解释和经验共享,以此真实的情感流露及切实的田野体验从而引起读者的共鸣和认同,完成研究的推论使命。①

三、研究伦理的观照

一段深入的田野研究中,研究者与被研究者之间的伦理关系是人类学研究中一直备受争论的问题。马林诺夫斯基的田野笔记曝光后,人类学研究所要追寻的客观与中立遭遇怀疑,研究者与被研究者之间的伦理关系更成为人类学的焦点问题。尽管进入现场之前,我已经对自己的身份或者角色进行了明确的定位,即我并非打捞资料的侵入者,而是一个与教师们一起反思当下并一起行动的角色。但进入现场后我发现,民族志研究者不论是采取任何一种角色,总是绑手绑脚的。无论是观察者还是朋友的角色,民族志研究者都无法完满地维持其个人的伦理要求。田野研究的伦理问题是不可避免的,当我们"决定走入这些研究参与者的生活时,我们就处在一个合法却不合乎伦理道德的两难境地","在研究过程的所有方面……都隐含着伦理问题"。②

研究进行过程中,我深刻地经历了伦理问题的考验。在与参与者们建立研究关系的时候,我利用自己与她们都为女性教师以及母亲的社会性别和身份,用彼此成长及生活中所遭遇的相似困惑作为类似经验和感受,以"贴近对方经验"的态度了解她们对自己生活经历的"主位"解释。这样做的好处是可以减少她们对我这个局外人的陌生感,拉近彼此之间的距离,愿意向我说出她们的真实的感触,提高研究的正面效应。但同时,也遭遇研究伦理的怀疑,我的个人经历的倾诉是不是引诱参与者情感表露的工具?我曾在这种伦理拷问中不断地质疑自己,我究竟把她们当作什么?此刻我在这里倾诉获取她们的信任,而当研究结束我便要抽身而出吗?这种自我质疑曾让我一度非常颓废,在不断的调适中,我只能尽最大可能降低研究伦理的影响,具体的措施包括:

一是将自我与参与者之间的关系看作一种平等开放、相关关怀的关系。

---

① 质性研究的推论有两种方式:一是对研究结果的认同达到推论;二是建立有关理论达到推论,也即是说读者的认同和共鸣可以作为推论的方式。本研究中便采用了此种推论方式。有关质性研究的推论可参见:陈向明.质的研究方法与社会科学研究[M].北京:教育科学出版社,2006:410.
② 宋文生.论人类学田野调查的伦理问题[J].学术论坛,2014,37(5):125-128.

我并非一个不识人间疾苦、没有七情六欲的研究机器，而参与者也并非研究资料的机械载体，因此我的真情流露并不仅仅是换取对方信任的诱饵，而是对双方"为人性"的一种无意识肯定。以此基于后现代主义、女性主义的立场来看待研究中的伦理问题，使得我的心态更加坦然，也使得我在与老师们的情感互动中可以心无旁骛，我的坦诚相对并不仅仅以获取资料为目的，而是自我与参与者双方的情感互动与对话。

二是试图更加冷静地定位我在田野中的身份。民族志研究希望研究者能够感同身受，成为一个局内人，在田野的日子我确实朝着这一目标不断地努力。截至 2021 年 7 月放暑假之前，我们彼此间熟悉的程度一如认识多年的老朋友，所以两个月的暑假间隙中，我一边整理资料一边不断通过微信向她们倾诉我在资料整理过程中遇到的困惑，也会诉说彼此的生活状态，我曾经自以为，我真的已经成了她们的局内人。然而，两个月的暑期结束之后，当我再次走进那扇熟悉的大门，踏入办公室的那一刻，一种熟悉的疏离感再次袭来。暑假里，我在整理资料，而她们却仍然在不停地忙碌着学校的事情，防洪、抗灾、防疫、迎检……用韩玫的话说，"你为自己的事情愁白了头，我们忙些什么却终究不是为了自己"。我和马凌同岁，我俩的孩子也同岁，曾经我以为我们有很多共同话题，但是，同龄的我们真实的生活世界却有着很大的不同。可能在她眼里，我的身份让我总是有种优越感，尽管我总是小心翼翼将自己与她们的不同进行隐藏，但这种本质的区别，仍然是我们之间最大的隔阂。这种问题不可避免，也是多数进入田野的研究者都会遇到的困境，不过也正是这种对我与她们之间差异性的警醒，促使我反思自己究竟要如何处理局内与局外、主位与客位之间的关系。

三是严格遵守"尊重"与"保密"原则。这两个原则尽管在进入田野之初便告知了教师们，但随着研究关系的逐渐紧密，我更加注意绝不在他们之间传播彼此的情况，亦尊重他们的个人隐私及意愿。老师们时刻提醒我"不要录音，一录音就不敢说话了"。我是通过校长进入田野的，而学校看似平等友好的上下级关系中，规训与控制、服从与抗拒无形地存在着。我从不向他们提问个人的私密问题，但随着对我的信任感的增长，当我与某个教师独处时，反倒是他们主动向我倾诉一些隐私性的话题。我感到被信任与欣喜，也更加警醒不将任何一个人的隐私对他者提及，以实际行动践行着"尊重"和"保密"的原则。

第六节　本书的纲目架构

整本书的架构是一个大的叙事。如同一个故事的讲述者,首先在现场之外向听者道出为何、如何、从何种视域展开这项研究;然后带领他们进入现场,将自己曾经在现场的所闻所见所思所想进行描述;最后从现场走出,对在现场之内的体悟进行再反思。如此,从场外、到场内、再到场外,三个阶段的述说,完整地呈现了我遇见、洞见、再反思教师课程认同的整个过程。

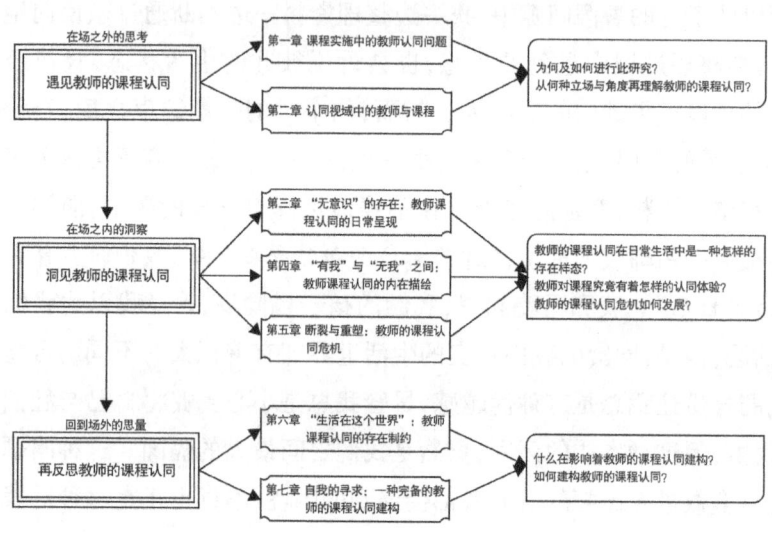

图 1-4　本书纲目架构图

如图 1-4 所示,整本书由三个部分组成。

一、上篇　遇见教师的课程认同

此篇是作为研究者的我在场之外的思考与设计,主要解决的是对"教师的课程认同"这一问题及内涵的呈现和梳理。

第一章"课程实施中的教师认同问题"。此部分作为本书的开篇,交代了我为何及如何进行此研究的完整历程。呈现了从发现问题、寻找答案后的反思开始,到确定本研究的立场、视域、问题及方法论,而后进入现场展开研究,并对研究过程及方法进行反省的整个研究历程。

第二章"认同视域中的教师与课程"。通过对认同的本质溯源,重新阐释了教师课程认同的内涵,内涵的厘清所带来的是论题意义的明晰。

二、中篇　洞见教师的课程认同

此篇将目光投向真实的学校场域中去,为读者讲述田野中的教师课程故事以及自己的洞察,旨在呈现学校生活中教师课程认同的完整图景。从教师们日常课程生活的深描开始,到对其内在课程认同体验的概括与描绘,再到对教师课程认同危机的讲述与解读,以此从教师课程认同的日常存在样态,到教师们的群体体验再到教师的个体故事,从宏观到微观,以期能够对教师课程认同进行深入的描绘与完整的概括。

第三章"'无意识的存在':教师课程认同的日常呈现"。带领读者进入一个真实的学校现场,通过教师课程认同日常片段的呈现,解读教师的课程认同是如何以一种无意识的样态存在于日常的学校生活中。

第四章"'有我'与'无我'之间:教师课程认同的内在描绘"。通过对教师们各不相同的课程故事及内在体验的讲述,描绘教师的课程认同如何在自我的调控与价值抉择之中进行不同类型的建构。

第五章"断裂与重塑:教师的课程认同危机"。完整地呈现了一位教师与课程之间的纠葛,描述了教师的课程认同危机是如何发生、发展,并对危机所带来的后果与意义进行了解读。

三、下篇　再反思教师的课程认同

此篇是从田野中走出后对田野体验的再反思,回应了究竟是什么在影响教师的课程认同建构以及如何建构教师的课程认同两个问题。

第六章"'生活在这个世界':教师课程认同的存在制约"。将视域投注在教师的生活世界,通过对田野资料的分析,将制约教师课程认同的因素分为教师生活的周围世界、人际世界和自我世界。

第七章"自我的寻求:一种完备的教师的课程认同建构"。承接第六章所描述的影响教师课程认同的三个方面,提出完备的教师课程认同建构需要结构、关系、自我三个方面的力量,同时需要教师能够在三者之间进行平衡与调适。

第二章
认同视域中的教师与课程

在与课程的对话中，教师在哪里？①

——Terrance R. Carson

理论基础是一项研究的灵魂，它决定了整个研究的基调、内容、方法与表述方式。对于本研究而言，从缘起到立场、从目的到方法，始终围绕着对认同的理解而展开。教师的课程认同是在认同的范畴之内、是作为人的教师的认同问题在课程领域的体现，研究的核心问题是"认同"问题、是关于教师"个体存在"②的问题。

认同诞生于哲学，经由心理学、社会学的发展，逐渐演变成为一个跨学科、综合性的话题，人类学、政治学、民族学、宗教学、文化学、地理学、历史学等领域都涉及认同问题。在人们的日常生活中，"认同"成为现代社会普遍甚至泛滥的话题，几乎人人谈认同，事事说认同。但认同究竟意味着什么，人们却很少反思。例如，若我们问询教师："您认同新课程吗？"估计多数教师都会回答"我当然认同"，但是反观其日常的课堂教学，却会发现一些有悖于新课程理念的一些做法。这并非因为教师想要粉饰自我，而是因为理论话语中的认同

---

① 转引自：威廉 F. 派纳，等. 理解课程：历史与当代课程话语研究导论：下[M]. 张华，等译. 北京：教育科学出版社，2003：767.

② 存在主义先驱克尔凯郭尔通过对思辨哲学的批判建构"个体的人的存在"，其将"生存"规定为"某人的生存"，或者是"某人以怎样的方式去生存"，"生存"就不再指向"类"的生存状态，而在指个体的生命体验，指个体如何以瞬间的有限生命投身于无限的永恒世界中。转引自：宋国栋. 追寻个体生存的价值与意义：论克尔凯郭尔对思辨哲学的批判[J]. 兰州学刊，2007(6)：25-27；77.

和人们日常语境中的认同并非同一所指。本研究也正是源自课程领域中理论研究与日常实践中对认同的理解偏差,"认同"究竟是什么？教师的课程认同又意味着什么？教师与课程两者之间的关系需要在对认同的厘清中再次反思。

第一节　认同的本质溯源

认同,是否就是认可、赞同？教师的课程认同,是否就是教师对课程的认可与赞同？但问题在于,我们为什么要认同？我们究竟认同什么？我们认同最终的结果是什么？对此一系列问题的解答,需要回到"认同"这个人人熟知的语词的本质说起。

国内外关于"认同"的著作浩如烟海。研究之初,对认同的意涵即便没有胸有成竹,却也大概好像能够意会,孰料,经过追问、考察、怀疑,却发现想要看清"认同"的真面目犹如雾里看花。自 20 世纪 90 年代以来,我国学界对于认同的研究也呈现百花齐放的盛况,①认同的研究领域几乎涉及社会学科的各个方面,②且不同学科领域中的认同定义也不尽相同。认同不可避免地要牵扯到"自我",而"自我"更是一个神秘莫测的事物,"难以言明"便成为认同的主要特征,也正是因为如此,想要对认同给出一个标准明晰的解释非常不容易。

一、认同的词源分析

认同在大众心中不言自明的释义是认可、赞同,这是一个只涉及意识层面的语词,并不牵扯到行动。也就是说,教师心中确有可能对新课程认可且赞同,但这种认同只停留在意识层面,并不能导致教师行为的改变。而理论研究者的困惑在于,如果教师真的认同新课程,为何课程行为没有发生相应的改变,是不是他根本没有真正地认同？理论研究对认同的判断不自觉地将行动与意识联系起来,与日常生活中对认同的理解差异在于:"认同到底会不会导

---

① 从 20 世纪 90 年代至今,知网中以"认同"为主题的相关核心期刊文献就近三万篇。
② 认同的研究方向主要分为文化认同、国家认同、身份认同、民族认同、政治认同、价值观认同、职业认同、组织认同等。

致行为的改变?"对此问题的解答首先要从认同的词源说起,把其本身所蕴含的方向和方向性差别揭示出来。

"认同"由"认"和"同"复合而成。"认",楷书繁体为"認",《玉篇·言部》中的解释为"認,识认也",其本义为识别、辨明。① "認",由"言""忍"合成,表示通过言行去辨别人,但"忍"却意味着不情愿地接受。说文解字中许慎对"同"的解释为"合恚(简体为:合会)也,从月(凡),从口"②,意为"聚集、会合、合力"。许慎如何从一凡、一口的简单字形就能看出"同力、合会"之意?对"同"的字源分析中,学界普遍认为其是从金文 (兴)形中抽取出来,凡像盘,之为器,字意为众人通力协作抬器。康殷在《汉字源流浅说》中说③,众人协作抬物,需要喊"号"休止,故从甲骨文到金文的演变中加上了"口";而谷衍奎主编的《汉字源流字典》中④则将"口"看作一个井口,意为众人合力将"凡"抬到井口之上。但无论是井口还是人之口,"同"的本意都有着"聚合众人之力共同协作"的意思。

从"认"与"同"的字源复合来看,"认同"不仅是人的认知改变而且包含着一系列的行为改变:人们经过辨识(无论这种辨识情愿与否),发现自己与他者的共同之处,遂将自己的力量与众人聚合,合力共做某事。现代汉语中对认同的解释为:承认同一;认可、赞同;承认、赞同。⑤ 认同被认定为只属于人意识层面的问题,这也是人们在日常语境中对认同的意会,即对于某事某物在意识层面上我是认同的,但并不代表我就会去行动。而从"认同"的汉语词源来看,其不仅仅是意识层面的对他者的辨识与赞同,更包含着辨识与赞同之后所产生的一系列行为改变。那么,这一系列的认知和行为改变是如何发生、发展并走向何处,需要从"认同"的不同学科渊源说起。

---

① 谷衍奎.汉字源流字典[Z].北京:语文出版社,2008:116.
② 許慎.說文解字 附音序、筆畫檢字[Z].徐鉉,校定.北京:中華書局,2013:153.
③ 康殷,《文字源流浅说》第103页.转引自:何金松.汉字文化解读[M].武汉:湖北人民出版社,2004:439.
④ 谷衍奎.汉字源流字典[Z].北京:语文出版社,2008:264.
⑤ 《现代汉语词典》(商务印书馆,第7版)中对"认同"的解释为:1.认为跟自己有共同之处而感到亲切;2.承认,认可。《汉语大词典》(第十一卷,上册)中对认(認)同的解释为:1.承认同一;2.认可,赞同。

二、哲学中的认同:主体自我的价值确认

作为一种对客体辨认、赞同并使自身发生行为改变的过程,汉语中的认同与英文"identify"非常贴切。《韦氏词典》中对 identify 的解释为:"1. 认出、鉴别;2. 使等同于,认为……一致;3. 参加到……中去;联合;4.【生物】确定……的类别,确定……在分类学上的位置;5.【心理】使和别人联系在一起,把自己认同于,认识自我与他人的同一性;6. 和他人融为一体,一致。"可见,作为动词的 identify 恰当地表明了认同的过程性。但是,认同的目的或者说认同的结果,也就是"我们为什么认同?""我们认同什么?"identify 无法回答。国内众多学者将 identity 翻译为认同,作为名词的 identity,其含义包括:同一性、相同、一致;身份、本体……同一"①。学者孟樊认为,在后现代中一切变得不确定、多样且流动,而人的身份、同一性问题来自人的认同,也就是说认同的目的是确认自我的身份或自我同一性,因此国内学者普遍将 identity 翻译为"认同"。②

"Identity",《韦氏词典》对其的解释为:来自中古法语 identité 和晚期拉丁语 identitas,受晚期拉丁语 essentitas(essence:存在,本质)的影响,由表示"同一"same 的词根 idem 构成。其最初并未指向人,而是哲学和逻辑学中的同一性、同一律问题。著名的莱布尼茨问题:"天地间没有两片完全不同的树叶",若 A=B,便表示:A 与 B 逻辑全等,两者具有同样的本质,可以相互替代而不改变任何命题的真值。但当同一性的问题牵扯到人,其约束条件便没有这样简单了,从物的同一性到人的同一性转变经历了一个复杂的过程③,又经现象

---

① 弗莱克斯纳. 蓝登书屋韦氏英汉大学词典[Z].北京:商务印书馆,1997:1124.
② 学者孟樊在其著作《后现代的认同政治》中对"认同"的梳理。转自:李素华. 对认同概念的理论述评[J]. 兰州学刊,2005(4):201-203. 国内学者在翻译过程中普遍将 identity 翻译为"认同",如安东尼·吉登斯的"Modernity and Self-Identify:Self and Society in the Late Modern Age"、戴维·莫利的"Space of Identity"、曼纽尔·卡斯特的"The power of Identity"等都被译为"认同"。
③ 1964 年英国哲学家洛克在其著作 An Essay Concerning Human Understanding 中一篇名为《同一与差异》的论文中首次将"同一"与个体进行联系(personal identity),他将"identity"定义为"个体自身的同一",分析个体在时间或空间中的"相异"与"同一",认为个体的同一性由意识(思想)所决定,在不同的时空中拥有相同的思想。之后大卫·休谟对此质疑,如同赫拉克利特所言"人不能同时踏入两条河流",休谟怀疑"不同时间是否有相同的自我?"他提出"我们每个人不过是一组不同意识的集合,且不同的意识间以惊人的速度彼此影响发展,处于不断的变化与运动之中。"之后,从笛卡儿到康德,在思维与实体的主客二分中,个人的同一即指个体理性上的自我不变。此部分内容详见:ZHAO K. Learning, Identity and Narrative in the Late Modern Age: Towards a Theory of Reflexive Learning[M]. Hangzhou: Zhejiang University Press, 2014:6-20.

学、存在主义、后现代主义的洗礼,个体同一性的确证变得越发困难,它不仅要求有形而上学上的本质或逻辑意义的全等,还要有存在论上的唯一性,即使在本质以及其他性质上都与另一个东西一模一样(克隆或复制),它仍然只能是它自己,而不是另一个东西,它具有绝对的不可替代性①。也就是说,人的同一性问题旨在表明主体自我的"同一"以及与他者相比的"独一无二",因此具有"同一"和"独特"两种含义。②

人在认同的过程中,辨明自我与他者之间的相异与同一,来确定个人在社会网络中的位置(身份);通过辨明自我与自我(此时与彼时、此境与彼境)的相异与同一,来进行自我的成长定位(自我同一性)。在此过程中,不可避免地涉及人的价值问题,其哲学上的论述可以追溯至德尔菲神庙前的"认识你自己""我是谁?我从哪里来?我到哪里去?"正是在表明人对自我身份、生存意义及人生价值的追溯与确认,也即是说,哲学中的认同,其本质是自我的价值确认。③

三、心理学中的认同:主体对归属感的本能寻求

从哲学中走出的认同,成为心理学、社会学、社会心理学中的重要概念。弗洛伊德(Sigmund Freud)最早将认同作为一个心理学术语提出,1915 年其在《悲哀和抑郁症》一文中,将认同看作自我设法"吞没"(devour)客体过程的初步阶段。④ 其在 1921 年发表的《集体心理学和自我的分析》中认为,认同是个人向另一个人或团体的价值、规范与面貌进行模仿、内化并形成自己行为模式的过程,通常是个体对强大权力或权威的依恋和维护。⑤ 在弗洛伊德看来,认

---

① 赵汀阳.认同与文化自身认同[J].哲学研究,2003(7):16-22.
② 牛津词典对"Identity"的解释为:"在物质、成分、特质和属性上存有的同一的性质或者状态;绝对或本质的同一",以及"在任何场所任何时刻一个人或事物的同一性;一个人或事物是其自身而不是其他的状态或事实"。简金思(Jenkins)对"identity"定义进行分析后认为认同有"同一性"和"独特性"两个特性。详见:JENKINS R. Social Identity[M]. London:Routledge,1996.
③ 贾英健.认同的哲学意蕴与价值认同的本质[J].山东师范大学学报(人文社会科学版),2006(1):10-16.
④ 威廉·布鲁姆.认同理论:其结构、动力及应用[J].王兵,译.社会心理研究,2006(2).译自:WILLIAM B. Identification theory: its structure, dynamics and application[M]//Personal Identity, National Identity and International Relations. Cambridge:Cambridge University Press, 1990:25-53.
⑤ 梁丽萍.中国人的宗教心理:宗教认同的理论分析与实证研究[M].北京:社会科学文献出版社,2004:12.

同是本我的生物本能,是个体与他人发生情感联系的原初形式,是个体的一种心理防御机制,是人为了生存与周围环境所进行的自我适应,是人寻求自我保护的一种生物本能,是人所固有的、无意识的行为驱动力。

埃里克森(Eric H. Erikson)将这种本我的先天本能欲望转移到现实关系之中,将认同从本我(Id)过程转向了自我(Ego)过程,他认为同一性或认同是一种熟悉自身的感觉,一种知道个人未来目标的感觉,一种从他信赖的人们中获得所期待的认可的内在自信。埃里克森虽然将认同的方向指向主体自身,但仍然遵循了弗洛伊德的生物学观点,对于自我与环境之间的关系,他认为"任何反应模式似乎都是'在生物学上给予'的……"一切心理过程,包括自我在内,其根本的动力源于先天的能量、本能。①

综上所述,心理学中的认同不管是由本我做出的本能反应,还是由自我发出的为了自我(Self)的调适,认同的本质无法脱离主体对自身安全感与归属感寻找的本能。人的认同从婴儿期开始一直持续到成年期和老年期,是自我与他者(个人、群体、社会)互动中进行人格统合的过程,这一过程是同化与内化的社会心理过程,将他人或群体的价值、标准、期望与社会角色内化于个人的行为和自我概念之中,以此确定自我在人群中的位置与价值,获得归属感与安全感。

四、社会学中的认同:个体与社会的互动过程

认同是一种心理活动,也是一种社会活动。因此,认同同样是社会学中的重要概念。社会学中对认同的讨论跳出人的内在范畴,将重点放在了社会的制约性与个体的能动性两者之间的互动过程上。

美国社会学家查尔斯·霍顿·库利(Charles Horton Cooley)把人对自我的意识叫作"镜中之我"(looking-glass self),是指个人通过他人这面镜子认识自己,正是由于他人的存在,个人才意识到自己是有别于他人的存在的。② 乔治·赫伯特·米德(George Herbert Mead)同样强调了认同的社会互动性,在他看来,自我乃由社会建构,是在导致它产生的社会情境中实现的,是个体的创

---

① 埃里克·H. 埃里克森. 同一性:青少年与危机[M]. 孙名之,译. 北京:中央编译出版社,2015:中文版译序.
② 库利. 人类本性与社会秩序[M]. 包凡一,王源,译. 2版. 北京:华夏出版社,1999:131.

造力和社会秩序的有机统一。因此,个体认同的合理性其实包含着某种持续的社会交换。① 社会学家、政治学家对认同的讨论都基于个体与社会之间的互动过程,查尔斯·泰勒(Charles Taylor)认为,一个人不能基于他自身而是自我,只有在某些对话关系中,我才是自我,人们正是通过"从何处"和"向谁说话"的规定,提供着"我是谁"这个问题的回答,因此,认同来自与他者的对话和社团关系之中。②

社会学中对认同的讨论不再仅限于个体自我,而是关注自我与周遭的社会性互动过程,强调主体对于客体的"承认""辨明",亦强调客体对主体的限制与影响。认同并非仅依靠个体内在的自我调控,更受制于外在的他者制约,它在主体与客体的社会性互动中,在不同环境、准则、关系等的制约中建构,在不断的社会行动中变化与流动。

五、跨学科立场的认同本质阐释

认同是一个心理问题、一个社会问题,更是一个哲学问题。哲学中的认同强调价值,心理学中的认同强调本能,社会学中的认同强调互动,不同的学科立场对认同的描述都各有侧重。但若只从某一学科立场出发亦会削弱认同的整体性。因此,从跨学科的角度看待认同能够使其保持必要的理论张力。③

心理学、社会学、哲学中对认同的阐释,分别表明了认同的起源、过程与目的,我们可以从三个学科立场对认同进行跨学科的整合。基于此种立场,将认同的本质进行如下阐释:认同起源于主体对自身归属感与安全感的本能需求,是主体在与外部的社会性互动中,进行自我价值确认的过程,如图 2-1 所示。

---

① 米德(Mead, G. H.). 心灵、自我和社会[M]. 霍桂桓,译. 北京:北京联合出版公司,2014:222-224.
② 查尔斯·泰勒. 自我的根源:现代认同的形成[M]. 韩震,等译. 南京:译林出版社,2012:52.
③ 白苏婷,秦龙,杨兰. 认同概念的多学科释义与科际整合[J]. 学术界,2014(11):80-90;310.

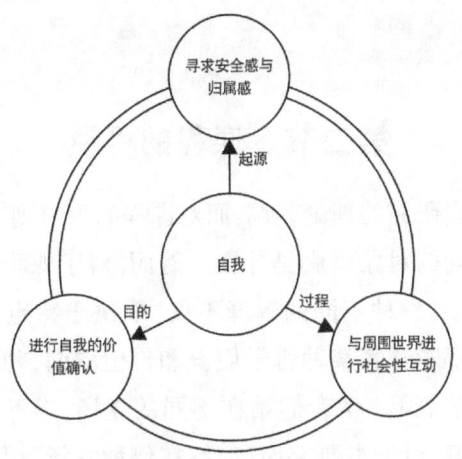

图 2-1 认同的本质阐释图

认同的特征包含如下几个要素。

(一)"自我"是认同的核心

认同以自我为轴心向外延伸,与任何作为互动客体的事物、个人、群体、文化、观念等产生互动。认同是人作为社会性生物的一种本能,是个体社会化的途径,是自我存在的需要,是人的一种防御性机制,人通过认同发现自我与他人、他群的相似之处,使自己与他者融合从而让自己找到心理归属感和安全感,并在此过程中重新建构着自我。如图 2-1 所示,在认同的发生过程中,自我一直是其核心所在,自我是认同的发起者,更是主导者与被建构者。

(二)"价值"是认同的内容与目的

认同的本质是价值认同,其并不仅仅是主体对客体的接受与认可,而是主体对客体价值观念、行为方式的内化过程,主体通过与客体的价值互动最终所形成的是一种新的价值体系。因此,价值不仅是认同的内容,而且是认同最终所要达到的目的。

(三)"行动"是认同的表现

认同虽是个体内在的转变,但其形成的结果一定是个体外在行为系统的改变。认同所建构的新价值体系会形成新的行为准则,从而促使个体的行为方式发生转变。

第二节 课程的界说

认同的本质决定研究的理论基调,而对课程的理解则决定了研究的边界,回答了教师课程认同的对象到底是什么。然而,对于课程的解释如同对教育的解释一样纷繁复杂,种种不同的解释不仅"取决于特定作者如何工作",而且每一种课程定义都隐含着某种哲学假设和价值取向,隐含着某种意识形态以及对教育的某种信念①。学者们站在不同的立场,因不同的目的就会产生对课程不一样的理解,对于本研究而言,站在何种立场、用何种视域解释课程决定了研究的边界,即教师课程认同的范围。

一、课程的立场确定:"折中的艺术"

众说纷纭的课程概念可以分为:大课程与小课程两种立场,亦可分为极狭义、较狭义、稍广义、极广义四种类型。② 最狭义的课程是指学校课程表中所列的教育科目,特指某一门学科;③稍广一点或指学校开设的所有学科。而大课程立场中的课程概念众说纷纭,课程即有计划的教学活动、课程即预期的学习结果、课程即社会文化的再生产、课程即社会改造、课程即经验④,课程几乎可以无所不包。小课程观的界定虽然清晰却未免过于局限,不能适应当下的教育现状,而大课程观的界定又实在过于纷繁,导致在学术界与实践现场难以形成一致性的普适理解。

研究之初我曾站在大课程的立场,认为从理想的课程到正式的课程,再到教师领悟、运作的课程,最后到学生所体验到的课程,课程不仅仅是文本而是一种经历,是变化着的故事和复杂的体验。而当走进真实的教学现场,才发现如此定义课程,资料的收集便无从下手,若将课程看作体验,那么发生在学校

---

① 施良方. 课程理论:课程的基础、原理与问题[M]. 北京:教育科学出版社,1996:1.
② 吴康宁. 教育社会学[M]. 北京:人民教育出版社,1998:305.
③ 这一解释无论在国外的教育辞典还是国内的教育辞典及教科书中都非常普遍,如 *International Dictionary of Education*、顾明远主编的《教育大辞典》,以及王策三、李秉德等先生都曾做出这样的课程定义。
④ 施良方. 课程理论:课程的基础、原理与问题[M]. 北京:教育科学出版社,1996:4-9.

内任何场景的任何事件与情绪便都在课程的范畴之内。如此的课程,无所不包,与上位概念"教育"的边界便混淆不清,变得"不是它自己",课程问题便也就成了教育问题。但若仅仅站在小课程的立场,将课程定义为学科、科目,特指向某一门学科,那么其外延即指向学科相应的课程计划、课程标准和教材,如此教师对课程的认同就局限为教师对教材等文本价值的认同。而新课程改革,不仅仅是教材的变更,更涉及培养目标的变化、课程政策的调整、课程结构的重建、课程标准的制定、课程实施与教学改革、课程资源的开发与利用、评价体系的建立、教师教育以及制度创新等,这是由课程改革所牵动的整个基础教育的全面改革①。因此,仅将课程的内涵定义成学科,极有可能陷入课程即教材,课程认同即对教材认同的局限。

对课程界定立场选择的困难来自理论与实践之间的脱节,实践由时间、地点、人物和环境等具体情境构成,而理论不包含这些细节,而是将细节删繁去简,进行概括提炼。理论与实践之间难以调和,施瓦布提出了解决这一困难的艺术:折中的艺术。他认为这是一种对作为课程决策依据的每一种不同理论所投射出来的歪曲或局限的观点进行分析和选择的艺术。② 课程学者古德森亦同样认为,课程不应该仅被看作一种宏观的制度性产物,而应该试图立足于教师的生活,自下而上地理解课程的形成与发展。他提出课程研究要走向"中间地带",应该将目光投注在结构性的组织和政治背景与教学日常生活之间的领域。③ 这两位学者的理论给本研究中从何种立场理解课程提供了启示,对课程的理解或许不能明确地在大与小、狭义与广义中做出选择,应该从实践现场的"人"出发,重新审视课程。

二、课程作为"以学科为中心的动态系统"

不同的课程定义代表着不同的价值取向,施良方老师提醒我们"课程概念的界定要放在更广泛的社会背景和认识中,注意处于不同社会背景和不同认识论基础的人看待课程的方式和角度",如古德莱德所言,人们在谈论课程时,

---

① 徐继存. 教师生活重塑与基础教育课程改革[J]. 教育研究,2002(9):73-74.
② SCHWAB J. The Practical: Arts of Eclectic[J]. The School Review, 1971, 79(4):493-542.
③ GOODSON I, RUDD T. Restructuring, Reform and Refraction: Complexities of Response to Imposed Social Change[J]. Educational Practice and Theory, 2016,38(2):5-21.

往往谈论的不是同样意义的课程。①

对于在课程实施现场的教师而言,课程这一语词的含义最直接的指向是某一课程的名称,如语文课程、数学课程,但在教师心中,课程不仅指向学科的内容,而且包括同这一课程实施相关的教学活动,如备课、写教案、上课、考试等。当教师说出"课程"二字时不过是将其作为一个语言指称的符号,实际上并不局限于固定的"跑道"。② 课程是一系列流动的活动,而这些活动组成了教师日常的课程生活,也就说,对于教师而言,课程是一个动态的系统,而不是静止的文本,如图2-2所示。

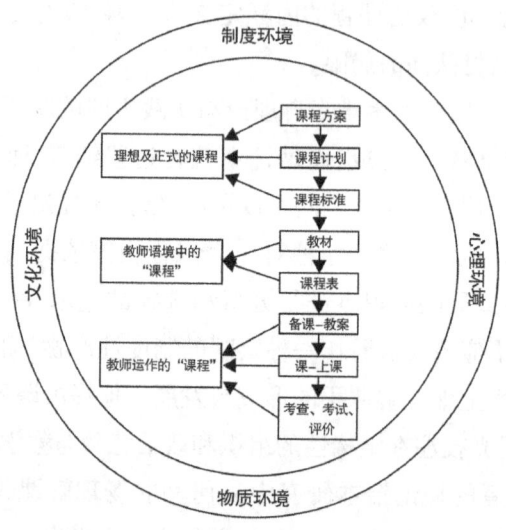

图 2-2 作为动态系统的"课程"③

对于教师而言,课程渗透于其日常生活的方方面面。课程表及教材是他们潜意识中对课程的理解与解释,也即是他们意识域中最直接浮现的课程实体;平日里的教学活动,如备课、上课、评课则是他们对课程的具体运作;而决定着教师课程实施总体方向的则是来自上层承载着理想与正式课程的课程方案、课程计划、课程标准。从新课程改革理念的推行到改革方案的颁布与实施,再到形成教材及进入学校的课程表,这些成为教师备课、上课、评课的依

---

① 施良方.课程理论:课程的基础、原理与问题[M].北京:教育科学出版社,1996:9.
② 陈桂生.普通教育学纲要[M].上海:华东师范大学出版社,2008:117.
③ 参考陈桂生对课程的理解。详见:陈桂生.普通教育学纲要[M].上海:华东师范大学出版社,2008:120.

据,无论是从研究者的立场自上而下看,还是从一线教师的角度出发自下而上看,课程都是一个动态的系统,并不局限于特定的教材或其他文本。

课程改革实为价值变革,在此动态的课程系统中蕴含着新课程的一系列价值观念。这些观念不仅有形地存在于一系列的代表性文本(课程方案、课程计划、课程标准、教材等),而且无形地存在于由各级各类课程政策所衍生的学校环境中,如学校的课程物质环境、文化环境、制度环境和心理环境等,正是这一系列环境决定了学校课程表的编排方式,决定了教师们备课、上课、评课的方式。因此,从教师的教学实践来看,课程是一个以学科(科目)为中心的动态系统,在此系统中它既包含了各种课程文本(课程方案、计划、标准、教材、课程表等),又有课程实施的环境(物质环境、心理环境、制度环境、文化环境),且在这个系统中课程与教学是紧密融为一体的,课程必须由教学来体现。然而,贯穿于这一动态系统的根本是价值,是新课程改革本身的教育价值和所赋予各门课程的价值,这些价值观念不仅蕴含在各级各类课程文本中,而且蕴藏于课程实施的环境之中。

第三节 教师课程认同的内涵阐释

教师决定着课程以何种方式运作,而促使教师确定自己如何备课、上课、评课等一系列课程行为的,来自教师对课程的认同。因此,在厘清了认同的本质、界定了课程的边界之后,需要再次审视教师与课程之间的认同关系,阐释教师课程认同的内在意蕴。

一、概念界定的立场

教师的课程认同,简而言之就是教师对课程的认同。已有的研究[①]多将教师的课程认同界定为"教师对课程的主观感知和行为意向",研究目的是测

---

① 课程认同的现当代研究最早起于澳大利亚学者沃及庞奇。详见:WAUGH R F, PUNCH K F. Teacher Receptivity to Systemwide Change in the Implementation Stage[J]. Review of Educational Research, 1987, 57(3):237-254. 而后国内研究学者,如李子建(2000;2003;2011)、尹弘飚(2003;2004;2007;2008;2011)、靳玉乐(2008)、王嘉毅(2012)等都借鉴了沃等的定义及相关量表。

量教师对课程的认同感或接受度,此类界定停留在教师的意识层面,并不关涉教师课程行为的变化。然而,在之前对认同本质的溯源中已指出,认同不仅仅是主体对客体在意识层面的认可与赞同,更指主体在与客体的价值互动中进行自我价值确认的一系列过程,以及新的价值体系给主体带来的行为改变。在对认同及课程的再理解之上,需要对教师的课程认同重新进行概念界定,而界定的目的是交流,想将自己的想法抛出并接受同行的检验,因此便采用规定性定义的方式进行。

规定性定义旨在说明作者的看法,通过采纳别人的定义或者自己为某种概念做出与众不同的定义来呈现。陈桂生老师提出研究者可以尝试给某一概念下一个规定性定义,只是要将重点放在此规定性定义如何才能成立上。[①]规定性定义的检验方式为被定义的概念或术语在同一著作或文章中始终保持这种规定的意义,即在使用时遵从"同一律",不管所下定义是否恰当,只要作者在同一著作或文献中始终使用这一定义,那么就没有违背定义规则。对此种定义的检验还取决于这种做了特殊规定的概念能否被同行所检验。

本研究从交流、理解与建构的立场出发,尝试对教师的课程认同进行规定性定义,不再局限于教师对课程的感知、认识和接受的程度,而将重心投注在教师与课程的价值互动过程以及在此过程之中教师如何进行自我的再建构。

二、教师课程认同的内在意蕴

认同是主体在与客体的社会性互动中对自我归属感、安全感的找寻以及自我价值感的确认,是一种内在的转变体验,外显为主体一系列的行为改变。因此,教师的课程认同,便不仅仅是教师对课程的接受、认可、赞同,而是作为人的教师在课程生活中自我价值确认的过程,是教师在与课程的互动过程中所形成的一系列关于价值反思的内在体验,且这些蕴含着新价值体系的体验指导着教师的课程行动。

[①] 谢弗勒分析了三种方法:描述性定义、纲领性定义和规定性定义。1.描述性定义是指把已经确定的一种或多种定义,如实地描述或进行概括。2.纲领性定义是对某个常见的概念赋予新义,但是所赋予的新义并不是用"真实界定法"从新的普遍的经验事实中概括出来的,而是按照一定的价值观念进行规定,它或隐或显地告诉人们事物应该成为的样子。3.第三种界定方式为规定性定义。参见:陈桂生.普通教育学纲要[M].上海:华东师范大学出版社,2008:16.

基于此种立场,将教师课程认同的内涵界定为:教师在课程实施中通过对课程价值的体察与批判,将课程价值与自我价值进行调试并内化于自我概念,形成一种新的价值体系,指导自我课程行动的过程,其内涵可用图2-3表示。

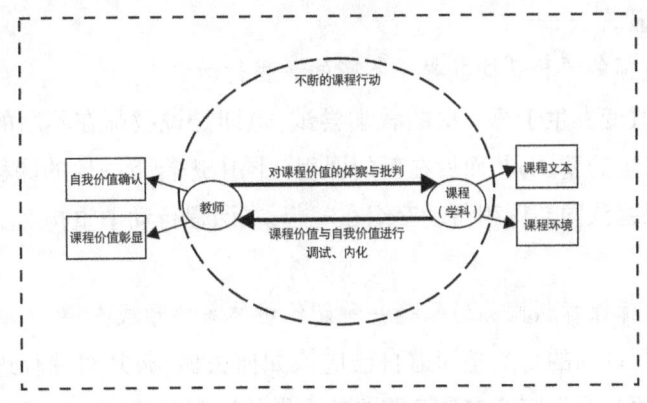

图 2-3　教师课程认同的内涵图

对此内涵的解释需要从对如下几个基础问题的追问开始:

(1)教师为什么要进行课程认同?

(2)课程认同要认同什么?

(3)教师如何进行课程认同?

(4)课程认同的目的或者结果是什么?

以上四个问题实为对教师课程认同的缘起、实质、方式、结果四个方面的追问,回应(或称解释)如下。

(一) 教师的课程认同源于教师的职业本能

教师与课程不可分割,就像骨骼与肌肉不可分割,两者之间有着天然的内在联系。[①] 成为一名教师,必然要与课程相遇,教师对自我角色与功能的认知基于课程,对课程的认同是教师在学校场域中对自我心理归属与认定的一种本能。

(二) 教师的课程认同是教师与课程之间的价值互动

认同的本质是价值认同,教师课程认同的本质亦为一种价值认同。认同,是一种价值观念对另一种价值观念的体察、批判与诠释,教师的课程认同便是教师自我价值和课程价值间的互动与调适。因此,教师的课程认同不是对课

---

① WALKER D F, SOLTIS J F. Curriculum and Aims[M]. New York:Teacher College Press,1997:1.

程观念的复制或延伸,是教师在与课程的互动过程中,将所感受的价值、标准、期望与社会角色进行体察与批判,而后内化于个人的行为和自我概念,形成独一无二的"师定课程"①来诠释课程价值,并在此过程中对自我价值及意义进行确认与彰显。

(三)教师的课程认同扎根于不断的课程行动之中

教师的改变发生于每一次的教学尝试,也即是说教师在不断的课程行动中,产生对课程的新认同,而后在新的课程认同中进行下一轮的课程行动。因此,教师的课程认同与课程行动交织在一起,在课程行动中重构对课程及自我角色的认知。

(四)教师课程认同的结果是一种新价值体系的形成

人们进行认同的目的是知道自己应该如何去做,教师对课程进行认同的目的便是教师对课程实施中自己需要怎么做的追问与确定。在行动方案的确定过程中,一种新的价值体系在教师与课程的价值互动中产生,这种新的价值体系成为教师课程行动的框架,指导教师决定什么是对的或值得去做的,其最终达到的理想状态是教师自我价值和课程的共同彰显。

三、相关概念的辨析

教师的课程认同并非一个新问题,课程领域中有众多研究对教师与课程之间的关系从不同的角度进行过阐释,在此需要对几种相近的概念进行辨析。

(一)教师的课程认同与课程意识

从心理学的角度而言,意识(conciseness)是人所特有的反映现实的最高形式,是人对现实的一种有意识、有组织的反映。② 意识的本质是客观存在在人脑中的反映,也就是说不论是自觉或不自觉,只要客观事物作用于人的感觉器官,人就会有意识发生,也即是说人的意识产生并不是主体主动进行的,而是人的一种基本感知。教师课程意识即是教师对课程系统的一种基本感知,是教师头脑中对课程设计与实施的一种基本反映,包括了教师对课程的基本认识与基本看法。③

---

① 吴康宁.教育社会学[M].北京:人民教育出版,1998:331.
② 朱智贤.心理学大辞典[Z].北京:北京师范大学出版社,1989:535-536.
③ 郭元祥.教师的课程意识及其生成[J].教育研究,2003(6):33-37.

认同以主体的自我为轴心展开、形成和发展,是主体的主动行动,是主客体相互作用的结果。教师的课程认同既包括意识层面的认可、赞同,又包括行为层面的行动,即便是意识层面的认可也不是仅停留在对课程的基本反映上,它是一种更为深层的意识活动,是教师对课程之中所蕴含的价值理念的理解、体察,甚至批判。

(二) 教师的课程认同与课程理解

与课程认同最容易混淆不清的概念便是课程理解,国内外关于教师课程理解的研究众多,但关于教师课程认同的研究却是寥寥无几。汉语词典中对"理解"的解释为:顺着脉络或条理进行剖析,从道理上了解、认识。心理学中的"理解"是指个体运用已有的知识、经验,以认识事物的联系、关系直至其本质、规律的思维活动。[1] 由此可知,理解是属于人意识层面的思维活动,是人借助于已有的经验而对事物的内在本质进行把握的过程。

理解并不等同于认同,两者是截然不同的,前者是认识论,后者是行为论。理解是认同的基础,很多事物我们可以理解,但并不代表我们会认同。理解的任务是认识到客体的某种性质、态度、价值观念,是站在主位了解客体;认同却必然要将自我代入,其任务是与客体的价值体系寻求视域融合与同一。理解有可能指导我们的行动,但认同却促使我们将某种观念付诸实践。认同是一个人发自内心的接受和追随,是行动和意愿之间的统一,这种统一不是自然实现的,而是思维有意识进行联系和平衡的结果。[2] 对某事物的认同,会使人产生强烈的行为动机以及克服困难的意志和行动。认同与理解之间的区别或许能解答,为何很多老师都能对课程改革有全面的认识和深刻的理解,却迟迟无法做出发自内心的、真正的改变,原因便在于,教师可能并未真正地认同课程。

课程理解来自古德莱德的课程分层体系,他所提出的"领悟的课程",即指向教师对理想与正式课程的理解;派纳所提出的课程理解同样指向教师对课程的个性化解读。总而言之,教师的课程理解是教师通过对课程的解释或释义来把握课程意义的过程,[3]是指教师基于自身的知能情意与思维方式方

---

[1] 朱智贤.心理学大辞典[Z].北京:北京师范大学出版社,1989:386.
[2] 刘辉.认同理论[M].北京:知识产权出版社,2017:3.
[3] 徐继存.课程理解的意义之维[J].教育研究,2012(12):71-76.

法在具体的情境中对课程现象、文本、事件等理解的过程①。而教师的课程认同发生于教师领悟的课程和运作的课程之间,不仅仅包括课程理解的过程,更包括在理解之后所发生的自身价值观念与课程价值观念的视域融合,且这种融合发生后所形成的新的价值体系会促使教师的课程行为发生一系列的改变。也就说,教师的课程认同是教师对理解与领悟课程的加深,是运作与实践课程的动力。

(三)教师的课程认同与课程重构

课程重构即教师将课程方案付诸实践的过程,课程专家辛德(Snyder)等归纳了课程实施的三种取向:忠实取向、相互调适取向和创生取向。② 即是说教师在课程实施的过程中既可能忠实地传递课程,也可能对课程的内容与数量进行调试,同时也有可能对课程进行创生。如此看,课程实施忠实取向的教师可以最大程度传递课程本身的价值、内容与数量。但国内外多位学者③的研究却推翻了这一假设,他们发现教师不可能完全忠实地传递作为法定知识的课程内容,多少都会对课程内容进行加工与增减,我国学者吴康宁教授将此界定为教师的"课程重构"。他认为,尽管法定课程具有社会权威性,但同一教育阶段同一教学科目的不同教师实际上却在教授着不同的课程内容,他们的学生也在学习着不同的课程内容④。

但问题在于,教师们依据什么进行课程的重构?斯蒂文森和贝克的研究是为了证明中央集权制的教育体制比地方分权的教育体制更容易使教师教授相同的课程内容,但结果却证明并非如此。由此看来,教师进行课程重构的外在制度并非主要原因,教师自身对课程的体察、批判与诠释反而是主要原因。认同,与其他内在情绪所不同的是,认同会产生直接的行为。因此,正是因为教师对课程不同的认同体验,所以产生了不同的课程重构行为。由此,不难发

---

① 陈丽华.教师课程理解:意蕴与转向[J].全球教育展望,2012,41(3):68-72.
② SNYDER J B, ZUMWALT. Curriculum implementation[M]//JACKSON P W. Handbook of research on curriculum. New York: Macmillan Publishing Company, 1992:404-418.
③ 课程学者麦克尼尔(John D. McNeil)通过对美国四所高中的人种志研究发现,即使学校将社会控制作为主要教育目标,但教师仍然通过教学向学生传递与教材相反的个人知识;美国学者斯蒂文森和贝克对15种教育体制下八年级数学课程规定内容和数量与教师实际教学进行比较,发现教师实际教授的课程内容与数量同规定有着较大的差异。转自:吴康宁.教育社会学[M].北京:人民教育出版社,1998:331.
④ 吴康宁.教育社会学[M].北京:人民教育出版社,1998:331-333.

现,教师的课程认同与课程重构之间的关系,是一种内隐与外显的关系,也即是说,教师如何认同课程,便决定了教师将会如何重构课程。

第四节 教师课程认同的历史检视及时代意义

想要透彻地看清某个事物,需要顺着它的历史脉络"向后看"和"向前看",对于教师课程认同的讨论同样如此。"自有人生,便有教育"①,自有教育,便有教师与课程。因此,教师与课程的关系如同教育的历史一样久远,两者之间的认同关系亦同样成为一种历史性的存在。在课程发展历程中,作为认同主体的教师的地位起起伏伏,需要在历史的回望中方能明晰教师的课程认同在当下及未来课程与教师发展中的意义。

一、教师的课程认同是课程领域中的历史性存在

从最初"自在教育"②阶段中教师与课程的天然一体,到"自为教育"阶段中教师与课程的逐渐明晰、分化、决裂、趋于融合,认同一直潜藏于教师与课程的关系变迁之中。如比尔德(Charles A. Beard)所言:"当今发生的几乎每一个热点问题都曾在过去的岁月中以这种或那种形式出现过,人们按照自己所处时代的某种方式极力解决和尝试处理这些问题,或者弃之不顾。"③虽然教师与课程之间的认同关系伴随教育而生,但作为一个被学界普遍关注的问题始自课程学科的独立。

(一)课程前学科阶段④中认同主客体从同一到决裂

此阶段的时间为古希腊时期到 1918 年。胡德海老师认为自在阶段的教

---

① 胡德海.教育学原理[M].3版.北京:人民教育出版社,2013:165.
② 胡德海教授曾用黑格尔的"自在和自为",把教育分为自在教育阶段和自为教育阶段。他说,"人类教育总的发展趋势是由教育的自在状态向自为状态发展的。"相关论述详见:胡德海.论教育的自在和自为[J].教育研究与实验,1988(3):1-4.
③ 转引自:丹尼尔·坦纳,劳雷尔·坦纳.学校课程史[M].崔允漷,等译.北京:教育科学出版社,2006:英文版序.
④ 对于课程历史的划分,学者们有不同的见解,丁念金老师将西方的课程历史分为前学科阶段、独立学科阶段、多样和深化阶段。笔者采用丁老师的课程历史阶段划分对教师的课程认同进行回顾。详见:丁念金.课程论[M].福州:福建教育出版社,2007:523-558.

育是不知而行的教育,①现代学校产生之前,教育、生产和日常生活是融为一体、相互关联的。在古希腊时期的雅典,教育并非来自书本,教育与生活浑然一体。"许多教育源自城邦生活本身,生活在雅典城就是教育",欣赏神殿之美,聆听伟大的人物演说,乘船游访异士,听商人和旅行者谈世界新闻,参与政府工作,这一切都是教育。②当柏拉图在街头与人辩论之时,从没有考虑过他人认同不认同自己所授的课程,因为教师和课程是天然一体的,此时不存在教师的课程认同问题,教师自身就是课程。

教师的课程认同问题,是在教师成为一个职业,课程成为一种官方文本,当教师与课程走向分化时出现的话题。其根源要追溯到学校教育的产生,这一演进历程非常复杂,但随着19世纪工业革命的完成或迅速发展,在科学主义的逼近中,学校课程不再由单个教师掌握,教师和课程的分化与决裂亦开始变得明显。

(二) 课程独立阶段中认同主体的隐匿

此阶段为1918年至20世纪60年代。课程作为一个独立学科领域的标志是1918年博比特《课程》一书的出版,课程在工业社会大发展和技术理性不断膨胀的背景中诞生,所依赖的理论基础为社会效率运动、科学管理理论和行为主义心理学。③也就是说课程自独立起,就深深地印上了科学主义的烙印,控制逻辑和机械的宇宙观影响着课程发生的环境。

在科学主义的课程范式中,教师与课程之间的决裂变得更加尖锐。课程的开发者是课程专家和学科专家,教师"奴性地在课程目标之后'亦步亦趋'",④将"课程钻进学生的脑袋"。课程成为控制教师和学生的工具,课程材料里详细规定了教师要做的每一件事情,包括如何讲解,甚至包括可以接受学生的哪些反应,这些规定没有任何改动的余地,教师要做的不过是执行来自外部的计划和目的。课程成为控制者,教师变成了只会拥有异化的、

---

① 胡德海. 论教育的自在和自为[J]. 教育研究与实验,1988(3):1-4.
② 伊丽莎白·劳伦斯. 现代教育的起源和发展[M]. 纪晓林,译. 北京:北京语言学院出版社,1992:3.
③ 杨明全. 革新的课程实践者:教师参与课程变革研究[M]. 上海:上海科技教育出版社,2003:54.
④ 张华. "实践的课程范式"及其应用研究[J]. 外国教育资料,1998,27(5):26-31.

执行他人计划的人。① 虽然在20世纪20年代末,这场将效率视为信条,以科学化为目标的课程运动开始没落,但在当时经济大萧条的时代背景中,之后泰勒所提出的课程开发"目标模式"不得不说仍然是以博比特、查特斯等科学主义课程思想为基础。② 一切都可以被控制,一切都可以被计算和测量,教育、课程、教师都被推入效率的轨道,利益是衡量一切的标准,只要求教师能够按照指令行事就可以节省更多的时间,创造更多的利益。因此教育改革的道路是管理系统而不是教师的成长。

此阶段中虽有进步主义教育运动穿插其中,亦有一些在进步主义影响下的课程改革项目,如著名的"丹佛计划",开始关注到教师的合作和参与对于课程开发的重要意义,但随着进步主义运动的终结和学科结构主义运动的兴起,教师再次成为课程改革中的边缘角色。全美教育协会在对渗透着学科结构特征的改革项目进行总结时提出,教师们一直承受着要教授学科结构的压力③。因此,在此阶段中,教师与课程之关系的主流思潮仍是课程居于教师之上,教师必须接受课程相关的内容并按照规划者制定的模式来实施。"防教师"是此阶段的课程开发及实施最为显著的特点,教师与课程之间的认同关系是必须认同,教师被排斥于课程之外,教师无须有自己的思想,更谈不上对课程的真正认同。教师在课程实施中的角色是一个绝对的课程传递者,其"生命体将会萎缩、无节制、变得晦暗不明和无知粗俗"④,教师与课程之间的天然联系被完全隔断,本该作为课程认同主体的教师是被无视的、隐匿的,教师反而成了课程的奴隶。

(三) 课程多样化阶段认同主体的觉醒

此阶段为20世纪60年代末至今。在长达十年的学科结构运动失败后,作为运动代表人物的施瓦布宣称课程领域岌岌可危,此后几十年中,随着后现

---

① 阿普尔.2000年的课程:张力与可能性[M]//国际教育展望.施良方,译.北京:人民教育出版社,1993:419.
② 对于泰勒目标模式的争论在课程史中还有不同的观点,Peters S. Hlebowitsh(1991)指出泰勒与博比特等有着明显的差别,认为泰勒继承了效率生存模式是对行为主义的误用;Kieran Egan(1992)认为泰勒的研究应该是基于杜威,但是被用于效率图谋的人贬低了。详见:威廉 F.派纳,等.理解课程:历史与当代课程话语研究导论[M].张华,等译.北京:教育科学出版社,2003:231-232.
③ 威廉 F.派纳,等.理解课程:历史与当代课程话语研究导论[M].张华,等译.北京:教育科学出版社,2003:156.
④ 雅斯贝尔斯.什么是教育[M].邹进,译.北京:生活·读书·新知三联书店,1991:3.

代主义对课程领域的影响,以派纳等为代表的课程概念重建主义者尝试对课程领域进行从开发到理解的范式变革,课程领域走向多样和深化阶段。

在此阶段中,教师与课程之间的关系开始发生转变。教师的中心性地位被提及,如课程学者凯利(Kelly)所言"'防教师'的课程不起作用了"[1],人们普遍认识到了教师的重要性,教师的个人发展和士气被看作与课程本身一样重要的事物。施瓦布所提出的"实践课程",将目光转向具体的教育情境和课程实践,教师和学生被看作课程的主体和组成部分,他提出教师的情感和意愿应该成为课程设计的考虑因素,且教师必须参与到课程的审议中来。[2] 而斯坦豪斯(Stenhouse)的课程"过程模式",将课程作为一种研究的过程,认为所有的关注点应在课堂教学,提出了"教师作为研究者"的口号,他认为课程研究和编制应该属于教师,课程规范应该注入教师个人的研究和发展计划,课程应该成为教师发展其教学艺术的媒介。[3] 施瓦布和斯坦豪斯都提出了教师在课程开发、课程实施中的重要地位,将教师发展与课程发展作为一个共通的过程。

在课程概念重建主义范式中,课程变成了"跑的过程"而不再是固定的"跑道",课程所关注的重点变成了个体的内在体验而非固定的目标,教师和学生成为课程开发的中心。后现代主义课程学者多尔(Doll)认为,要鼓励教师和学生自由地通过相互作用发展他们自己的课程,回归性反思应该成为课程发展的中介,以此才能建立起所需的态度和价值观。[4] 在课程理解的范式中,教师不仅是参与课程开发的重要角色,而且是课程创造性的解释者。自传成为一种重要的课程研究方法,教师在教学、对正式课程的解读中产生的内在感受成为关注的重点,教师的实践知识、教师的日常生活成为课程领域的重要研究内容,"教师如何看待自己的工作和生活"成为一个新的研究领域[5]。正是在现象学、存在主义、精神分析、后现代主义思潮的洗礼中,作为课程认同主体的教师自我意识开始觉醒。

---

[1] KELLY A V.课程理论与实践[M].吕敏霞,译.北京:中国轻工业出版社,2007:8.
[2] 施良方.课程理论:课程的基础、原理与问题[M].北京:教育科学出版社,1996:202-205.
[3] 劳伦斯·斯坦豪斯·宾特雷伊.课程研究与课程编制入门[M].诸平,等译.北京:春秋出版社,1989:172-173.
[4] 小威廉姆 E.多尔.后现代课程观[M].王红宇,译.北京:教育科学出版社,2000:231-232.
[5] 古德森.教师生活与工作的质性研究[M].蔡碧莲,等译.北京:教育科学出版社,2013:5.

二、教师的课程认同是课程与教师发展的时代旋律

对教师与课程之间的认同关系进行历史回顾的目的,只在于想知晓其来处,然后才能辨明其方向。在全球此起彼伏的教育改革浪潮中,需要有更多的目光关注教师与课程之间的认同关系,明晰其在课程发展与教师发展中的时代意义。

(一)教师的课程认同能够消解课程的现代性后果

教师真正的认同课程所带来的不仅仅是教师对课程价值的彰显,更是教师对自身存在价值与意义的确认,它能够帮助教师消解课程实施中有可能带来的"工具性""异化感"和"无意义感"。

我国第八次课程改革虽借鉴了人本主义、后现代主义等多种哲学理念,鼓励教师从教科书的束缚中走出,拥有对课程进行设计、决策、评价与管理的权利与义务,但"现代性"是其理论基础,所遵循的是理性主义的立场、科学主义的课程开发和发展模式。[①] 现代性是一种理性思维方式以及不带感情"就事论事"的态度,在此背景之中,"个人之无意义感"极易产生。[②] 自上而下的课程改革中,课程的设计者开发了一套全新的课程方案,教师的作用在于能否合理有效地对课程实施,来自上层的课程方案以一种直接的方式进入教师的课程生活,不可避免会与教师的自身处境产生冲突。而教师的课程认同正是结构中教师个体能动性的凸显,是以教师自我为轴心对课程进行价值体认的过程,从而避免教师丧失在不是我创造的世界里,丧失在不是创造的个性中[③]。

这次课程改革赋予教师众多的课程角色,"教师是课程的开发者、决策者、意义建构者、创生者……"。角色关注教师的职责和功能,认同则涉及了自我的建构,关注的是教师的期望和价值观。[④] 教师的课程认同是课程改革这一宏大社会叙事中教师个体的自我叙事,它将"作为教师的人"和"作为人的教

---

① 吴永军.正确认识新课程改革的理论基础及其价值取向[J].教育科学研究,2010(8):5-8.
② 安东尼·吉登斯.现代性与自我认同:晚期现代中的自我与社会[M].夏璐,译.北京:中国人民大学出版社,2016:9.
③ 威廉 F.派纳,等.理解课程:历史与当代课程话语研究导论:下[M].张华,等译.北京:教育科学出版社,2003:540.
④ JACKIE W. Becoming a teacher: encouraging development of teacher identity through reflective practice[J]. Asia-Pacific Journal of Teacher Education, 2005, 33(1):53-64.

师"进行整合,凸显教师与课程的生命温度,消解课程的现代性后果。

(二) 教师的课程认同是课程与教师发展的内源性力量

教师的课程认同具有内隐性,若只关注教师外在的课程行为而不关注其真实的内在认同体验,教师的专业成长便也只是流于形式。富兰等将课程实施的改变过程分为五个层次,包括教材的改变、组织方式的改变、角色或行为的改变、知识与理解的改变、价值的内化等。[1] 这五个层次缺一不可,仅仅是教材和组织形式的改变并不能代表一个课程方案完整的实施,而涉及参与改革的个体深层信念的变化才是最为重要的。因此,作为课程实施主体力量的教师,其内在的心灵和思维方式是根本性改革想要达成的根源所在,如古德莱德所言,若没有教师的真正参与,课程根本就未实施。[2]

教师如何理解课程、如何看待自我的课程角色、如何对课程进行调适、如何进行课堂教学,这些在课程实施中有着无法估量的作用,而这一切的动力都来自教师对课程的认同。没有教师的认同,课程就是一堆冰冷的文本、一番空洞的言论自说,而对于教师而言,要么成为传递课程的工具性存在,要么走向个人主义的极端。教师的课程认同是教师琐碎的课程生活中自身存在意义的来源,这更使得教师将理想与正式的课程转化为真实的课程实践。如果教师不认同课程,那么教学活动便会沦为技术层面的机械互动,教师只不过是一根将课程输送到课堂的"导管"和一个"邮递员"[3];若教师真正地认同课程,便意味着教师能将课程的价值观念进行内化,将自我意义环绕着内化过程进行建构,形成自我的角色认知与课程理解,最终形成完全自觉的课程行为去实施课程的各组成要素。因此,教师的课程认同是课程实施与教师成长的关键所在,在已步入深化阶段的我国课改当下有着重要的理论及实践意义。

---

[1] FULLAN M, POMFRET A. Research on Curriculum and Instruction Implementation[J]. Review of educational research, 1977, 47(1):335-397.

[2] JACKSON P W. Handbook of research on curriculum[M]. New York: Macmillan Publishing Company, 1992:403.

[3] 佐藤学.课程与教师[M].钟启泉,译.北京:教育科学出版社,2003:384.

中篇

洞见教师的课程认同

> 人被认为是一种不断探求其自身的存在,
> 这种存在物在其存在的每一时刻都必须审视和反省自身的生存状况。①
>
> ——卡西尔

此篇是本书的中心部分,要回应研究的核心问题:教师对课程究竟有着怎样的认同体验?个体的内在转变如同看不见的黑箱,人在台前幕后的行为我们可以通过观察来获得,而想要知晓其内心的体验却如同一场冒险。现象学的方法要求"显现",它注意具有任何性质的事物在主观经验中显现的方式,尝试揭示人们日常经验中被忽略了的方面,从而丰富我们的经验世界。② 而此方法所依赖的是研究者自身的反身性,因此,在对教师日常课程生活和课程故事的体悟中,在作为研究者的我的反身驱动中,以教师课程认同的日常存在样态、群体中各不相同的认同类型、个体内在的课程认同危机三个方面的描述与洞察,回应研究的核心问题。

成书的困境是以何种描述方式呈现这些故事与体验。社会科学研究中浅描的方式占据多数,即研究者们以浅度描述的材料为基础,而后进行理论阐释,但此种方式会出现理论多、描述少的结果。而一项质性研究的有效性及推论等问题依靠的是读者的体验与共鸣,需要对教师的课程生活、课程行为及背后的意义进行深描,不仅需要记录人物的所做作为,而且需要去详细描述情境、情感以及人际交往的社会关系,必须能将所描述的东西活生生地呈现出来,从而唤醒人们的情感与内心感受③。但若完全依赖深描,又会失去概括的智慧④,因此,多重思虑之后我决定用深浅结合的描述方式进行。首先对田野中教师们的课程环境及日常生活进行深描,试图让读者能够随着研究者的身影进入真实的现场;其次用从资料中抽取出的共性概念来描述并解释教师们的课程认同体验;最后呈现了一位教师课程认同危机发生发展的整个历程。以此,希望能够呈现教师课程认同的完整图景。

---

① 卡西尔.人论[M].唐译,编译.长春:吉林出版集团有限责任公司,2014:10.
② 施皮格伯格.现象学运动[M].王炳文,张金言,译.北京:商务印书馆,2011:译者序 vi.
③ DENZIN N K.解释性交往行动主义:个人经历的叙事、倾听与理解[M].周勇,译.重庆:重庆大学出版社,2004:106.
④ 吉姆·麦奎根.文化研究方法论[M].李朝阳,译.北京:北京大学出版社,2011:208.

第三章
"无意识"的存在:教师课程认同的日常呈现

不管是个人还是集体,也不管是好是坏,我们的思想、情感和行为方式都要受到那些我们往往没有意识到的力量的影响。①

——赞布里斯

日常生活,意味着琐碎、世俗,但人的生存意义却依赖其而存在。田野中我想要成为教师们的局内人,但不容置疑的是,我确实是一个与他们的生活世界完全不同的人,日常的课程生活在他们看来是周而复始的老一套,而在作为"他者"的我的眼中,这些日常生活的灰色调本身就拥有一种粗粝的潜能②。因此,我在田野中所生成的个人经验,是信息、事件、人物、思想组成的网,局内人看来平淡无奇,却也可能给田野之外的人描述一个不同的世界。

进入田野现场的第一个困惑,便是教师的课程认同在日常学校生活中的"无意识"存在状态。认同不认同课程,是教师们从未考虑过也根本无法给出确切答案的问题,来自田野之外的课程学者也同样认为,教师们肯定不会意识到这个问题。然而,真正的问题在于,为何教师的课程认同在课程实施现场成为一种"无意识"的存在?"无意识"是否就意味着可以对其忽略?认同本属于意识层面的问题,却又为何是"无意识"的?

长此以往,"无意识"好似属于心理学、精神分析学领域或思辨的形而上

---

① 转引自:冯川.荣格的精神[M].海口:海南出版社,2006:序言5-6.
② 菲利普·W.杰克逊.课堂生活[M].丁道勇,译.北京:北京师范大学出版社,2021:3.

学,人们对现实问题或现象的关注多停驻在人的有意识的行为,但"无意识"恰恰是构成人之生活的庞大的组成部分。有众多的意识虽然没有被体验到,却一直存在,对人的精神生活起决定作用的恰恰就是潜藏在意识之下并截然不同于传统理性的"无意识"。因此,本章从"无意识"理论①出发,对此现象进行解读,从对教师课程认同发生的学校场域中教师日常课程生活的深描开始,分析教师课程认同"无意识"存在的内在机理。

第一节　教师课程认同发生的学校场域

人是作为某种环境的组成部分而生活着的,认同,则是人为了适应周围环境而做出的积极防御,教师的课程认同是教师在一系列可能课程环境中的产物。哈格里斯夫认为环境对于改革表现出强大的制衡力量,②因此对学校环境的描述也就成为观察与分析教师课程认同的首要问题。本节对教师课程生活发生的学校的物质环境、文化环境、制度环境、心理环境等方面进行描述,使得读者能够身临其境般地了解教师课程认同的发生背景。

一、一所正在重建与发展的学校

X小学是我最终选择进入的田野,尽管它无法作为我国课程改革浪潮中的典型代表,却可以代表与其具有相似特征的一部分学校。这些学校没有处于课程改革舞台的最中央,甚至可以将它们称为"聚光灯照不到的地方",但它们却仍然是我国基础教育的重要组成部分。

X小学是A市市区内一所非常普通的学校,坐落在一处不起眼的居民区里。其所在的区域处于A市的繁华地段,校园四周的用地基本上都在近些年拆迁重建,而仅剩的这片区域便被周围高耸的楼房包围。学校的大门外便是这片居民区的主干道,与其他小学门口各种兴趣班、文具用品店的状态不同,

---

① 无意识理论是心理学精神分析学的主要观点,主要由弗洛伊德的个体无意识、荣格的集体无意识、弗洛姆的社会无意识构成。
② 富兰.变革的力量:深度变革[M].中央教育科学研究所,加拿大多伦多国际学院,译.北京:教育科学出版社,2004:39.

学校门口的门面房多是卖蔬菜和各种吃食的小店。当地每年还有"过会"（赶集）的习俗，每逢那会儿，小小的学校就被淹没在熙熙攘攘的集市里，不过学校门前的学生通道却无人敢摆摊位。放学时，在校门外站队的学生喊着响亮的口号，与街上的叫卖声混在一起，亦别有一番生活世界与学习世界相安无事、其乐融融的样态。

一进校门，整个校园尽收眼底，校园中间的空地是学校的操场，升国旗、大课间活动、体育课等很多重要事务都在这里完成。教学楼沿着空地的四周而建，楼前是一排排高大的白杨，校园面积虽小，但是干净、整洁，那栋四层的主教学楼外墙上张贴着学校的校训，"立德树人、教己育人"。跟大多数的学校一样，琅琅的读书声、课间孩子们的嬉笑声昭示着井然的学校秩序，如同叶兰所说："它虽然不起眼，却可能代表了咱们国家多数学校的普遍情况。"（FT-HYMH-0328）

但就是眼前这样普通的学校样态，两年前却是另一番景象。

来自胡校长的叙述：

"两年前我刚进这个学校，连个牌子都没有，校门特别破。一进校门，三个垃圾桶，特别难看又显眼。"（FT-HR-0609-2）

韩玫在她的日志里面这样描述自己第一天来到 X 小学时的心情：

尽管已经对这里的环境和学生做好了充分的认识及准备，但当看到大多数学生那蓬头垢面、衣冠不整的样子时，我的心不禁一沉。当我走进那四面白墙、摆放着几种桌凳相掺的教室时，我的心更是阵阵酸楚，向南一条街，即到了人人趋之向往的东区；向东一座小区，即到了高档公务员小区。就在这 1000 米的范围里，竟然有这样的学校存在，在我的认识中，这应是贫困地区的教室，而此时，我就站在这里，站在这放眼望去破旧、杂乱、无序的教室里，站在这属于我以后工作的阵地上。（BJ-HM-01-191029）

而今的 X 小学，虽然仍然不起眼，但所有的教室已经全部重修，课桌椅也全部换新，学校西面那栋两层教学楼的增高重建也已通过政府审批，校门外墙上所张贴的各种获奖证书、整洁有序的校园环境无不彰显着这所学校物质环境所发生的巨大变化。

不可否认的是，学校的课程实施环境相对匮乏，因为没有微机教室，所以信息技术课程无法开设；没有专门的音乐、美术与科学教室，所以几乎所有的课程都在学生本班教室进行;没有合适的场地,体育课的活动设施便都设在校园的角落里。不得不说,课程的物质环境直接决定了课程的实施情况,同样也影响着教师对于课程的基本认同。

二、一个新来的校长与学校的课程文化建设

课程文化是学校文化的重要组成部分,是"一种课程观念和课程活动形态",更是学校教育活动的一种生存方式。① 学校的物质环境得到改善后,文化建设便成为当下的重要发展内容。

人们常用"一个校长就是一所学校"来表达中小学校长这个角色的重要性,X 小学的校园环境之所以能够在两年之内发生巨大的转变,与胡校长的努力不无关系。1992 年胡校长中师毕业参加工作,自 2007 年开始成为校级领导,先后在四所小学任职,2019 年才来到 X 小学。她是首批省级教学名师,只有 49 岁却已有了 15 年的校长工作史,亦是省级学术技术带头人、省级骨干教师。初见胡校长,她披肩的卷发、优雅从容的装扮以及干练周到的行事风格,给进入校园的人带来一种在校门外完全不同的感觉,也可以说校长自身的精神气质从某种程度上影响着外界对学校的认知。来到 X 小学之后,胡校长对学校的管理层进行了大刀阔斧的改革,中层干部全部重新竞聘,韩玫、马凌、叶兰、卢主任等都是通过竞聘上岗,成为学校建设的中坚力量。在她们的眼中,胡校长是 X 小学的主心骨和精神支柱,亦是校园文化建设的核心和灵魂。

学校的物质环境建设只要资金到位很快都会得到改善,但是文化建设却非一朝一夕可以完成。第一次见到胡校长,她就提及了学校文化建设的困难,"改变环境容易,但是形成一个校园独有的文化氛围特别难。这个学校的孩子和家长与其他学校有些差别,大多家庭的经济情况都不太好,因此很多父母忙着挣钱,孩子们没人管。这原来是属于乡村学校,教师们也安逸惯了,改变教师们的教学思想也很不容易"(FT-HR-0609-2)。胡校长认为,"读书"是校园文化建设的重要途径,如何让教师们养成读书的习惯并引领学生读书,形成一种读书的氛围,是一直萦绕在她心头的一件事情。"对于一个学校来说,孩子幸福

---

① 裴娣娜.多元文化与基础教育课程文化建设的几点思考[J].教育发展研究,2002(4):5-8.

教师才幸福,教师幸福校长才幸福,所以还是要回到源点回到孩子身上,让孩子建立起阅读的兴趣和求知的欲望。我每天早上都要提前到学校,到各个教室看一看,而后提醒老师们早到的孩子们要怎么管理,让孩子们读什么书。我也会拍一些照片发到群里,学校领导班子和教师们看我的行动,也就知道该怎么办了,渐渐地,来得早的孩子不再乱跑,在教室里读书。"(FT-HYMH-0328)

　　胡校长到来之后,将学校的校训定为:立德树人,教已育人。她的解释为:"自己不成长,怎么让孩子们成长?""学校的每一次例会都是一次全校教师的学习课,每周各教研室都要组织各种指导课、观摩课,每个学科的课程教学我都会尽量参加,没有办法,只能这样一点一滴地督促,才能让老师们把心放在教学上。"(FT-HR-0609-2)除了从思想上引领教师改变课程理念,她也会从行动上真切地践行,给教师们树立榜样。三年级和六年级的学生是学校里最"淘神"①的,胡校长办公桌旁边的墙上贴着这两个年级的课程表,只要她不忙的时候就会去听课或者亲自上课。付出也很快得到了回报,X 小学的学生成绩在区里的排名迅速上升,"刚到的第一年,我们就获得了市教育教学效果质量优良奖,去年的时候我们又获得了市教育教学优秀奖。那天局里面领导说,很了不起,只有四所学校获得这个奖,其他三个学校都是区里名校"(FT-HR-0609-2)。

　　除了从日常的课程教学进行校园文化建设,胡校长亦想通过学校特色课程建设形成学校的特色文化。她认为,X 小学是一个基础薄弱的学校,师资水平不高,学生素质参差不齐,因此学校的课程建设除了对主科教学的不断改进,对活动类课程进行建设与改进或许也是一条出路。因此,刚刚进入 X 小学不久,胡校长就开始带领师生参与区里、市里的各种活动,管乐队、心理健康剧、经典诵读等让学校在 A 市崭露头角,学校还获得了省级实践教育工作先进集体。同时,胡校长也积极响应国家对劳动教育的号召,在学校外面申请了一片农田作为学校的劳动实践基地,并带领教师们申请省级劳动教育特色学校,劳动特色课程的课程计划、课程内容等业已逐步完善。

　　一位雷厉风行、敢想敢做的校长,凝聚了一个团结向上的学校管理团队。韩玫、叶兰、马凌、卢主任等好几位教师都是从区内名校调入的,来到 X 小之后,学校环境的强烈反差,使得几个人都有不同程度的不适感。而胡校长的到

---

① A 市方言,意为"淘气、难管"。

来点燃了她们对学校发展的希望,用叶兰的话说:"我调到这里两年后,胡校长来了。当时就觉得,冥冥之中,我终于等到她了。"(TYBJ-0320)

一个物质环境与文化环境都处于重建和发展过程中的校园,形成了教师课程认同体验发生的舞台。

三、以"安全"与"纪律"为底色的学校制度

一个正在快速重建的学校,"安全""纪律"也成为学校日常工作中的重要话题。胡校长在开会时说学校的宗旨是"办人民满意的学校,办家长满意的学校",实现这一宗旨的基本要求便是学生的安全问题。安全被置于学校一切事物的中心,而为了达到这一基本办学要求,教师的规矩意识和学生的行为习惯养成,也成为学校建设中重要的工作内容。

胡校长认为,为了做到"安全是底线、纪律是保证"这一学校办学的基本要求,必须让教师们养成"规矩"。每周一上午的领导班子会议、每周五下午的全体教师例会、每天白天在课间见缝插针的各种临时性会议,甚至周二、周三、周四各个教研组的会议,教师的"规矩"养成以各种或明或暗的方式体现出来。特别是在每次的党史学习会议中,最终的重点都会落在"规矩"上,以下是我的一篇田野笔记片段,而这种场景也几乎每天都在学校发生。

2021年5月18日上午,大课间,党史学习(发言人:区青少年活动中心负责人)

第二节课间,教师们临时接到通知在学生教室开党史会议,老师们落座后,校长、副校长点名让后排的教师到前排入座,否则影响拍照效果。

每次党课学习的内容,老师们要抄写到学习记录本上,校长会后要一一批改。

汇报人没有做PPT,拿着讲稿开始念,语速很快,教师们根本不可能做笔记。

此时为大课间,学生们在操场做课间操,广播的声音很大,而汇报人坐在教室的前排,没有话筒,坐在后排的教师根本不可能听得清楚,不过也几乎没有人听。

汇报人快速地讲完,胡校长开始发言,她让叶兰把汇报人的讲稿随后发到学校微信群,让老师们随后抽时间抄写。而后,仅剩几分钟的时间,她再次重

申"规矩"和"学习"对于教师发展的重要性。

——（TYBJ-0518-02）

除了借由开会、党史学习等形式培养教师的"规矩养成"，胡校长与学校管理团队更是建立了一套详细的教师考评制度：既包括教师日常的请假、调课、外出等工作纪律的规范，教案撰写、作业布置与批改、提前候课与课后延时服务等日常教学工作的制度规范，又包括每个教师专业发展方面的制度规范，如每个学期人人都要参与的校内公开课、每个月都要撰写的教学反思卡、每个学期末的专业成长总结、教育随笔、各种校内校外或线上线下的教师培训等。教师的规矩意识在各种明文规定中、日常潜移默化的说教与影响中逐渐形成。

而学生的行为习惯培养，成为学校对教师的一项重要任务要求。校长提出："上课过程中由于学生的不良习惯造成的安全隐患，都由在场的教师负责。"（TYBJ-0426）

各种会议中也都会不断地提到此问题：

"安全是底线，教学是红线。"

——4月26日上午 全体教师会议（TYBJ-0426）

"上好课的前提是纪律，而后才是效率。"

"教师们为什么不能各负其责，保证课堂纪律？"

——5月10日上午 全体教师会议（TYBJ-0510）

"教师要保证下午延时课的工作纪律、学生学习纪律。"

——5月17日上午 全体教师会议（TYBJ-0517）

以"安全"为底线、"纪律"为保证的学校制度环境，从根本上决定了教师课堂教学的重心，亦影响着教师的课程实施过程。

四、"规训"与"控制"的心理环境

一切以"安全和纪律"为基础，"控制与规训"便悄然蕴含在校园的心理环境中。教师们的工作琐碎而烦琐，每一件事情都要谨慎小心，相较于市里、区里的其他学校，X小学是处于金字塔最底端的学校，多数学生都来自周围的居民区，家长们大多靠做点小本买卖或者打工维持生计，无暇顾及孩子，因此培养学生良好的行为习惯，防止各种意外事件的发生成为教师们的主要任务。例如，为了防止学生在课间打闹产生不良后果，多数班主任老师便保姆式地守

在教室里,或者绞尽脑汁带领学生玩一些益智游戏,或者依靠威严阻止学生嬉戏打闹。

三年级二班的大名在我刚进 X 小学之时我就有所耳闻。5 月份的时候,这个班有个学生家长因为不满意班主任对学生纠纷事件的处理,打电话到市长热线投诉班主任。教育局通知学校务必在规定期限内做出处理,班主任方洁觉得很委屈提出辞职,胡校长百般挽留,她才答应留下。于是胡校长决定亲自出马对这个班进行行为习惯整顿,整整一个星期,班主任的语文课都由校长代上,我也恰巧赶上,经历了这一段故事。

6 月 2 日上午,从第二节到第四节,胡校长给三年级二班连上了三节语文课,确切地说当天上午只有第二节是语文,但校长将第三节和第四节的体育与美术课都占了。课堂教学过程中,从课前准备阶段的课堂规矩讲解与练习、几个学习困难户的鼓励与安抚,到课中突发状况的处理,除了基本教学任务的完成,教学重点便一直围绕这"安全"和"纪律"进行。

今天听了胡校长三节课,我完全见识到了一个有着丰富阅历的语文教师在讲台上带给人的感动与震撼,如何在一点一滴的潜移默化中将语文的工具性和人文性结合。但是后面的事情出乎我的意料,她占了第三节体育课和第四节美术课,而且没有遵守与学生的协商结果,课间也没有休息。第三节和第四节的课堂氛围已经变得很压抑,课堂上有大部分的时间胡校长都在强调纪律和坐姿,当美术老师走进教室,胡校长告诉她要占用她半节课的时间。听到校长的话,坐在后排的学生已经表现出了明显的抗议,我的心情也从惊喜慢慢转变为失望和无奈。

即便课间有学生举手抗议,但胡校长选择视而不见。班主任坐在讲台的旁边,监视着学生的一举一动,中途还将一名不听话的小男孩拖出教室。课间休息的时候,我与坐在旁边的几个孩子聊天,问他们这篇文章讲了个什么故事,几个孩子七嘴八舌地跟我说起来。课下,孩子们对文章的理解和表达表现出更多的积极性,而在课堂上对文本的解读就显得比较枯燥和压抑,可能是由于课下他们处于一个宽松的、自由的氛围中。

——(TYBJ-0602-02)

纪律,成为课堂教学的重要组成部分。课堂上学生的坐姿、课本文具放置的位置、回答问题的方式等,都有严格的要求,甚至课余时间的活动类型,也同样以纪律为重点。为了保证纪律,"控制"与"规训"充斥着学校的每一间教室。这种心理环境不仅发生在教室里的师生之间,而且同样渗透于教师日常生活中的其他侧面,各种类型的学校会议及各个学科的教研室会议,只要胡校长在场,会场中的气氛便可以用压抑来形容。在一次区里的作业检查过后,胡校长专门参与语文教研室的研讨,用近两个小时的时间提出教师们作业设计中的种种问题,其间没有一个人敢发出声音,甚至有课的教师也是小心翼翼地退出办公室。"规训"与"控制"充斥在师生之间、校长与教师之间,在此种心理环境中,教师与学生话语权的消失、对"受到斥责"的规避,都在以直接或间接的方式影响着教师的课程实施。

第二节 教师课程认同"无意识"存在的日常片段

日常的学校生活中,教师们的工作烦琐而忙碌。相对匮乏的课程实施物理环境、处于摸索和建设中的校园文化环境、以安全和纪律为基调的学校制度环境以及有着规训与控制意味的心理环境,共同构成了教师课程认同发生的背景。在此背景之中,教师的课程认同如何以一种"无意识"的存在样态呈现?校园生活中常见的生活片段即是对此现象的一种直接体现。

一、被默认的"隐形课程表"

教师们的课程实施依据学校课程表进行,一张"方寸间"的课程表是学校教学工作开展的依据,彰显着学校的时空结构,更是一个学校对国家制度的一种正式回应。2001年11月教育部印发的《义务教育课程设置实验方案》,对义务教育阶段的学校课程结构、课程管理、课时比例进行了规定,地方和学校也拥有了课程自主开发或选用的权利。① 思想品德教育、信息技术教育、科学

---

① 小学学段的课程以结构综合课程为主,开设语文、数学、外语(三年级起)、品德与生活(一至二年级)、品德与社会(三至六年级)、科学、艺术(音乐、美术等)、综合实践活动、体育与健康等课程;同时对国家、地方、学校三级课程的课时比例进行了规定,其中,综合实践活动、地方课程与学校课程一起共占到了课时总量16%—20%的比例。详见:教育部办公厅.教育部关于印发《义务教育课程设置实验方案》的通知[EB/OL].教基〔2001〕28号.2001-11-21. http://www.moe.gov.cn/srcsite/A26/s7054/200111/t20011121_166076.html.

教育、环境教育、艺术教育以及综合实践活动是改革的亮点及重点,①为了保证这些课程顺利开设,国家不断出台各项针对性政策②,同时进行教学督导检查,而督导评价的重要依据便是学校的课程表。

X 小学作为一所普通的公办小学,除了因为没有计算机教室而没有开设信息技术课程外,基本上完成了"开足开齐国家规定课程"的任务,部分课程表如图 3-1 所示。

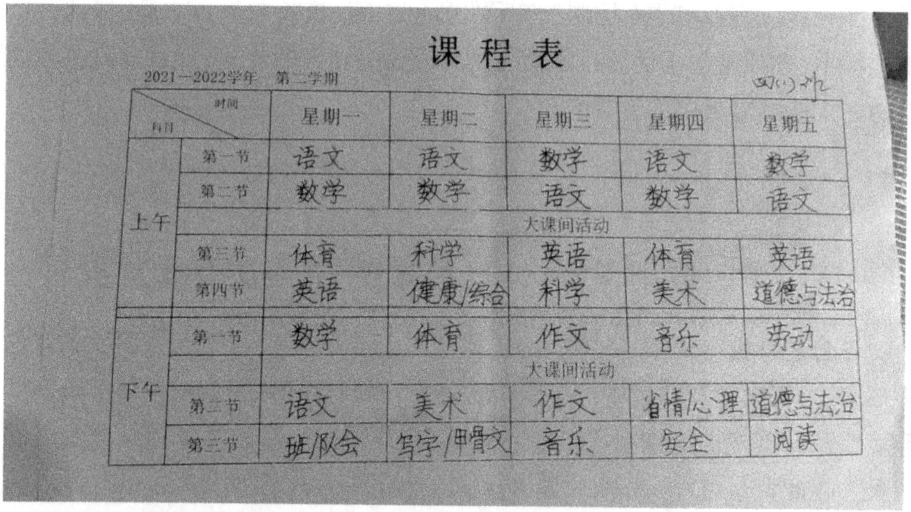
课程表

2021—2022学年 第二学期

	时间/科目	星期一	星期二	星期三	星期四	星期五
上午	第一节	语文	语文	数学	语文	数学
	第二节	数学	数学	语文	数学	语文
		大课间活动				
	第三节	体育	科学	英语	体育	英语
	第四节	英语	健康/综合	科学	美术	道德与法治
下午	第一节	数学	体育	作文	音乐	劳动
		大课间活动				
	第二节	语文	美术	作文	省情/心理	道德与法治
	第三节	班/队会	写字/甲骨文	音乐	安全	阅读

图 3-1 X 小学 2021—2022 学年第二学期四年级课程表

在这张四年级的课程表中,不仅包括国家课程语文、数学、英语、道德与法治、体育、艺术、综合实践活动,而且包括了省级地方课程写字(甲骨文)、省情(心理健康),以及学校课程安全、班队会和劳动。呈现在前台的课程基本上完成了"开齐课程、开足课时"的国家规定,但真实的后台,很多课程处于失语的状态。在教师和学生的心里还有另外一张"隐形"的课程表,不是学校特色

---

① 教育部基础教育司. 走进新课程:与课程实施者对话[M]. 北京:北京师范大学出版社,2002:4.

② 2010 年教育部发布的《关于深化基础教育课程改革进一步推进素质教育的意见》中,重申学校的课程设置要全面落实基础教育课程方案。坚持以促进学生德、智、体、美全面发展为宗旨,把指导和规范学校全面落实课程方案,突破课程实施的薄弱环节作为重要任务。严格落实综合实践活动、技术、音乐、美术、体育等课程。其中体育课程的比重明显增多,规定体育课不仅包括一至二年级的每周 4 课时、三至六年级和初中的每周 3 课时,还包括每天不少于 1 个小时的校园体育活动,因此,每天上下午各半个小时的阳光体育大课间也成为学校课程管理的一部分。除了体育,还有劳动课程的变化,2020 年 3 月教育部发布的《中共中央 国务院关于全面加强新时代大中小学劳动教育的意见》,将劳动教育课程作为必修课程纳入大中小学的课程方案,并规定中小学劳动教育课每周不少于 1 课时。

的课程、不在重点考核范围之内的课程,或多或少地都被主科代替,只是不同课程"隐形"的程度不一样。

(一)"明着占课"和"暗着占课":课程的相对隐形

相对隐形,即某些课程在特殊情况或需求下便会被其他课程所代替而隐形,被代替的情形大致可以分为两类,即老师们口中的"明着被占"和"暗着被占"。所谓"明着被占",即占用这些课程是被教师、学校和学生都默认许可的,如道德与法治和科学,这两门课程的授课情况大多以上级是否来检查和是否考试来决定。叶兰兼任学校的科学教师,科学课从三年级开始开设,并在每学期期末进行考试,平时这门课多是不上的,只有在考试前,叶兰才会将考点整理好,带领学生进行复习和背诵。道德与法治课也是同样的情况,因为期末要考试,所以只在考试前或者在教育局要下来检查时才会上课。也就是说这些课程"明着被占"在学校已经成为常态。

A市多数学校的道德与法治课由班主任兼任,科学课由数学教师兼任,用A市实验小学某位教师的话说:"基本上道法(道德与法治)课都是语文教师上,科学课是数学老师上。道法(道德与法治)课什么的前段时间查得很严,没人敢占课,但是查得不严的时候,你说语文一天就一节课,而且语文老师都是班主任,万一因为班级管理方面的问题导致某次教学任务没有完成,那他肯定要占自己名下的其他课啊。"[1]

除了道德与法治和科学课程明着被占,还有一些课程则会被暗着占去。体育和艺术课程都有专职的任课教师,且因为国家的政策导向[2],这些课程不能轻易占用,但是"体育老师请假了"这样的托词,在学校还是会偶尔出现,用韩玫的话说:"反正没有明着占课,有时候也会暗着占课了。"(FT-HH-0520-02)胡校长给三年级二班上语文课的那天上午,班主任告诉同学们,第三节体育课体育老师请假了,于是第三节就变成了语文,到了第四节美术课,胡校长便直接对进入教室的美术老师说"我借你半节课"。

副科课程被主科课程明着、暗着占去,成为学校的常态,这些课程也就成

---

[1] 来自2021年9月21日晚上与A市市属实验小学五年级数学教师王老师的微信聊天。
[2] 对于体育与美育课程的实施,国家自2010年起不断下发各类文件督促课程的真正实施,如2020年10月,中共中央办公厅、国务院办公厅印发《关于全面加强和改进新时代学校美育工作的意见》等,2016年5月6日国务院办公厅印发《关于强化学校体育促进学生身心健康全面发展的意见》等。

为课程表里"相对隐形"的存在。当有检查、考试的时候它们会正式出现,而当检查结束或考试结束,主科课程需要时它们便又处于隐形状态。

(二)"自己手里的课":课程的完全隐形

完全隐形,即某些课程处于完全不存在的状态。例如,在X小学,"心理健康、班会、队会、综合实践"等课程在课程表里的呈现不过是为了迎接检查,问及学生,很多孩子连这些课程的名称都不知道什么意思,便直接用"语文或数学"来回答。某些课程的完全隐形对于教师们而言已经习以为常,辛斐发给我的她的课程表中,心理健康、劳动课程、综合实践课程的后面直接用红笔标注着语文、数学、数学①。同样的情况在我国其他地区的小学同样常见,如当我问及重庆市区某小学数学教师周五下午的校本课程主要教学内容是什么时,她回答说:"那其实就是我的数学课。"②对于此问题的讨论,多数教师都会向我强调"大部分小学都是这样的"。

崔老师是X小学一年级一班的班主任,她所教授的课程不仅仅有语文,还有道德与法治课、心理健康课、班会、队会、综合实践活动等。道德与法治和心理健康课在考试或检查的时候会有几次的上课时间,而其他几门属于由崔老师讲授的课程,都直接被默认为语文课。对此,崔老师的回答是:"一个人身兼数职,根本不可能去备课,而且主课的教学任务都完不成,自然而然要占用这些考试中不怎么重要的课程。而且其实这种情况在小学是一种普遍情况!"(TYBJ-0413)

(三)"隐形的课程表"成为一种共识

在对国内不同城市、不同办学层次的几所小学进行调查后我发现③,"隐

---

① 来自辛斐发给我的Z小学2021—2022学年第二学期三年级三班的课程表。
② 来自2021年10月8日上午我与重庆市区某小学袁老师的微信聊天。
③ 田野调研前期我一直将课程表中某些课程消失的原因,归结于X小学薄弱的师资力量与校园文化氛围,之后我又采用证实和证伪个案抽样的方式,对A市当地其他几所小学的课程实施情况进行调查,却发现几乎每所学校都存在此现象,只是程度不同而已。随后我便又将调研范围扩展至我国其他地区,最终涉及的个案学校包括A市的6所小学、重庆市区某小学、南京市区某小学、上海市区某小学。这些学校涵盖了公立与私立、优质与薄弱等不同性质、不同层次,发现"某些课程被隐形"成为多数学校都存在的问题。需要表明的是,学校的选择我没有能力穷尽我国所有的地区,只能在我有限的资源范围内进行调研。而且,越是优质的学校对于此问题越规避,因此,之所以选择这几所学校皆是因为我的私人关系,这些学校里面有我的学生、同学、朋友、亲戚等。正是由于他们对我的了解与信任,才会将教师私下的课程表发给我,并告知我真实的课程实施情况。

形课程表"成为一种普遍现象,学校在前台和后台有两张不同的课程表,一张用于迎接检查,一张放在教师的抽屉里进行平日的教学,而教师对此现象也早已习以为常。

《义务教育课程设置实验方案》中,一至二年级的周课时总量为26课时,三至六年级的周课时总量为30课时。对于学校而言,既要开齐开足国家规定的课程,又想发展学校的特色课程,特别是在"双减"政策落地后,既要完成下午的课后延时服务还要减少学生的作业量,如何满足以上种种之要求并保证主科的成绩不掉队,是多数学校课程实施中都遇到的困难。因此,即便是办学条件比较雄厚的学校,也无法避免让一些课程隐形的做法。例如,A市某私立小学办学条件优渥,他们有专业的心理健康咨询室,有专业的科学教师和其他各类专业背景的教师,因此,想要实现"开齐课程"是不存在师资匮乏这一问题的。但是班主任发在家长群里的课程表,综合实践活动、心理健康、科学、道德与法治等课程仍然被语文和数学直接替代。

双减政策规定:不得对学生进行排名,不得以考试成绩"掐尖",严格控制考试次数等。但每年初一新生入学时,A市会举行全市初中新生入学测试,而教育行政部门对各小学教学质量的评测都以此次测试为评价标准。肖琳说"我们校长就直言,我们学校只能第一不能第二"(FT-XL-0606),因此,保证语文、数学、英语的成绩仍然是学校课程实施中的主要目标,"隐去"某些不太重要的课程,让位给主科也就成了从学校管理层到教师个体心中理所应当的事情。教师们对此现象已经习以为常,"大部分小学都是这样"这句话不止一个人跟我说起,为了保证自身任教学科的成绩,占用属于自己的课程或者抓住机会占用某些副科课程,已经成为日常校园生活中被教师们默认的、成为普遍共识的现象。

二、习以为常的公开课表演

上课,是教师们日常课程生活的重要组成部分,所上之"课"的类型在教师们心中可以分为两种:一种是公开课,一种是"关门课"。"关门课"又称"日常课",其所指的是平时的日常教学,这种课堂的关键在于教室里面只有教师自己和学生,没有其他人在场,用教师们的话说是"自己想咋上就咋上的课"。日常性、隐蔽性、自主性是"关门课"的主要特征,而与之相对的呈现在大众眼前、专门为了使人(同行、领导、专家)观看并且进行评析的教学活动则成为"公开课"或者"观摩课",①其目的是促进教师专业发展,便于同行之间进行交流,或者是对某种新教学方式的推广与学习。这两种类型的课堂都存在表演行为,只是公开课的表演意味更加浓厚。

表演并非一个贬义词而是一个中性词,它不是演员的专属,而是一种存在于人类普遍生活中的行为,因为"只要意识到有观众在看,人一般总会自觉不自觉地设法控制自己的行动和表情……目的都是给予看的人某种预期的印象"②。表演的目的,是为了获得认可,"当个体在他人面前呈现自己时,他的表演总是倾向于迎合并体现那些在社会中得到正式承认的价值……"③,而表演的场所,戈夫曼称为"前台"。"前台"是个体表演中以一般的和固定的方式有规律地为观察者定义情境的部分,是个体在表演期间有意无意使用的、标准的表达性装备。④ 简单来说,前台是主体进行表演的场合,而处于表演中的主体都会试图控制自己留给他人的印象,这称为"印象管理",同时为了实施印象管理,会运用一些手段来装点门面。

作为展示自己的公开课,自然也就成为教师们表演的前台,而演出的效果不仅是参赛教师教学水平的展现而且代表着一个学校的整体教学形象。每个参赛的教师都是经过学校层层选拔出来的,为了某位教师的公开课学校内部进行集体的备课演练成为必然现象。进入 X 小学的第一天,胡校长便提及正好有老师要参加区里的公开课比赛,希望我能给一些建议。借由这样的机会,我全程参与了崔老师的公开课准备,崔老师本是一年级的语文教师,而她要准备的却是一节心理健康公开课。学校的心理健康教材是省地方教材,由省基础教育教学研究室编写,没有配套的课程标准,在 2012 年教育部下发关于心理健康教育的文件后,2013 年省教育行政部门将心理健康课程列入教学计划。X 小学没有固定的心理咨询室,心理健康课程没有专职教师,因此此次公开课比赛便在几位兼任的语文教师中进行选拔。比赛的形式为微课,没有学生在场,我提醒崔老师应该先去给学生讲,但由于准备时间比较紧张她并无对

---

① 顾明远.教育大辞典(简编本)[Z].上海:上海教育出版社,1999:130.
② 孙惠柱.社会表演学[M].北京:商务印书馆,2009:5.
③ 欧文·戈夫曼.日常生活中的自我呈现[M].冯钢,译.北京:北京大学出版社,2008:29.
④ 欧文·戈夫曼.日常生活中的自我呈现[M].冯钢,译.北京:北京大学出版社,2008:19.

学生真实授课的意愿,因此教学过程中的学生回答内容都是崔老师根据自己的需要进行创编的。备课过程中,崔老师认为教材内容老套便没有选用教材中的示例,胡校长认为脱离教材太多,需要结合教材,我认为既然是心理健康课需要从心理学的角度出发不能上成德育课。几种不同的声音面前,崔老师手足无措,她将我这个所谓的专家和胡校长当作救命稻草,无暇顾及学生,最终带着几个人拼凑出来的一节课去参加比赛,当然最终也以失利告终。

在崔老师公开课磨课中,"无意识"体现得淋漓尽致。一个语文教师去准备一节心理健康公开课的目的,一半是因为行政任务,一半是因为评职称的需求,因此崔老师也根本没有意识到课程本身的价值究竟是什么,即便在比赛后的自我反思中,她的反思重点仍然停留在自己的学习方法和教学方法上,仍然没有意识去反思课程的价值所在。

三、"忙"得根本没有时间备课

如果要对学校中教师们的日常生活进行概括,"忙"这个词最合适不过,用老师们自己的话说"天天忙得脚不沾地,细想又不知道在忙啥"。在这句他们对自我日常生活最常见的描述中,"忙"分别作为形容词和动词出现了两次,作为形容词的"忙",是教师们对自我实践活动的频率、状态、心境等的一种主观体验、评价和描述①;"忙得杂乱无章,毫无头绪"是老师们对自我课程生活之忙的内在体验的总结。

公开课和日常教学都是"忙",但忙的目的却有本质区别。公开课是一场集体的备课演练,参与者包括任课教师、学校教研组的同事、学校领导等,如果成功晋级,区教研员、市教研员也会参与其中,因此,一节成功的公开课可谓凝聚了众多人的心血,所以老师们通常称之为"磨课"。"磨一节公开课"意味着慢慢研磨,用心观察、品味、调制,需要付出大量的心血,最终华丽地呈现在前台,但此"忙"是为了用心准备并上好一节课,目的明确。而位于教师课程生活后台的中的"忙",却让备课成为一种不现实的存在。

"没有时间",是教师们对不备课的原因做出的解释,马凌说,"一个上午

---

① 刘庆丰.人之"忙"的哲学揭秘:读《1844年经济学哲学手稿》中关于人的相关论述[J].广西师范大学学报(哲学社会科学版),2012,48(6):46-50.

只有最后的十分钟我在备课,其余时间都在忙其他事情"(TYBJ-0531)。语文学科因为学校参与了一项李镇西的主题教育实验,教师们在 APP 上就能看到小学学段所有科目的教材、教案、课件和视频资源,虽然大家也会根据实际情况对教案和课件进行修改,但实际上就更少有人再去用心备课。如果教师不用备课,那为什么还是没有时间?老师们的时间去了哪里?

就此问题,我对十几名班主任教师进行了一次两个小时的集体座谈,并进行了问卷调查。其中"处理学生琐事、完成学校各类活动、迎接各种检查"①是教师们时间被占用的主要因素,除此以外,学校任课教师不够,所以很多教师还要兼任其他学科课程,这也是造成教师没有时间的主要原因。同时教师们还要花费很大一部分时间批改作业,作文改一次就需要两三天的时间。数学作业批改也并非易事,雪梅说,"改数学巩固还好,但是像计算类的题目很难改"(TYBJ-0519),于是有的时候她会叫来学生一起改作业。

"没有时间"也使得 X 小学无法推行集体备课,韩玫的解释是教师们没有这个习惯,最重要的是大家都忙得焦头烂额,根本没有时间。那么,其他小学情况如何呢?R 小学的教研活动在 A 市很有名,于是就此问题我咨询了肖琳,她说:"学校大部分老师,白天根本不可能有时间备课,就算中午不能回家也有很多事情要做。因此每天备课其实是不存在的。特别是自从延时班开始以来,我六点五十才下课,回到家已经七点多了,真的没有精力来备课了。"(FT-XL-0606)叶兰、马凌都是从 R 小学调来的,他们说集体教研是 R 小学的特色,每天下午学生放学后和周六上午半天的教育漫谈,都是教师们一起读书、交流的时间。但是自从 A 市 2020 年 5 月开始实施课后延时服务以来,肖琳说集体教研就很难抽出时间了。

叶兰是学校的心理健康老师和科学老师,对心理健康有着非常浓厚的兴趣,她原来几十年的职业生涯中一直在从事语文教学,因此抽出时间学习心理学也成为她心里萦绕不去的事情。但是想要寻得安静地学习时间对于她来说尤为困难,"多想安静地看会儿书"是在与我的闲聊中她经常发生的感慨,但实际的情况却是"忙得跟个陀螺似的"。叶兰说:"老师们每天用于备课、辅导学生的时间少之又少,光应付各种检查已经让人疲惫不堪。"她说:"你能想到

---

① 对所收集到的《班主任工作问卷》进行分析后的结果。

吗,创建卫生城市的时候,竟然要准备什么老鼠药、老鼠洞。现在的学校哪里还有老鼠,可是为了迎接检查,还是要准备。可是,老鼠药放在学校多不安全,于是就换成了粘鼠板。我们的时间就这样被毫无意义地消耗掉。"(FT-YL-0603-01)我坐在叶兰的旁边,一天中看着她在校园里面不停地穿梭,查课、查卫生、课间开会、购置各种活动用品等,好不容易坐在电脑前,又开始准备各种迎检上报的文件,仅仅2021年5月份一个月她发给我各种级别的检查通知就近二十项,卫生城市、文明城市、疫情防控等应接不暇,甚至包括家长的电动车车牌检查。仅有见到的她为数不多的几次备课,也是考前在给学生整理科学课的复习要点。

备课是教师对课程进行领悟与解读的过程,正是在用心备课的过程中,教师才可以对课程本身的价值进行体察,这是教师课程认同的首要行动步骤,而若这一作为教师安身立命之本的事物都被逐渐丢弃,教师与课程之间的认同关系便也无从谈起。问题的严峻之处在于,"忙"得没有时间备课已经成为教师日常生活中的常态,教师对此情况早已习以为常。而不备课所带来的后果是教师失去了与课程进行对话与交流的最重要的时机,教师们没有安静的时间与空间对课程进行深入解读,亦无暇去思考课程真正的价值所在。

四、赶课、占课成为家常便饭

在X小学,"赶课,得赶紧赶赶课"是教师们私下交流中经常提到的一句话,所谓赶课就是赶进度,而赶的方式,就是"划重点让孩子背、写,应付考试"。之所以要赶课是因为正常的教学计划受到干扰无法得以完成,而影响教学进度的原因大致可以分为以下两类。

第一类是各种各样的节日活动占用学生上课时间。延时服务开展之前,大大小小的活动排练可以放在下午放学后的时间进行,但是自从课后延时服务开展以来便没有了时间,学校想要组织学生参加各种比赛,就不得不占用一些正课时间。2021年上半年间,建党一百周年、五一劳动节、六一儿童节等各种节日来临,且每次节日都会有相应的活动举行,以五一劳动节区教育局举行的"高举队旗跟党走,争做新时代好队员"鼓号队比赛为例,学生的排练时间不仅占用了周末,而且包括周一到周五正常的上课时间。虽然经过师生们辛苦的准备,最终赢得了区里的特等奖,但是办公室里老师们最常提及的话却

是:"一直排练,搞得课都没上好,得赶紧赶课。"(TYBJ-0603-02)

第二类是上级组织的各种教学活动或检查占用教师的正常教学时间。市里、区里的教研室等教育行政机构经常组织各种观摩课、培训学习等活动,且每次活动都会作为硬性的行政任务要求各学校相应的学科教师必须参加。在一次教研室会议中,一位老师说:"我本来还想六一后结课呢,结果过了六一,一会儿让出去听课一会儿让出去听课,根本没有时间。"我问起来那上课进度怎么办,老师们的回答是:"教研员要完成他的任务啊,铁路、交警各管各的。谁都有谁的对策。互相之间不联系,所以他们才不管我们上课怎么办。""天天就像在补窟窿。一会儿有个这任务,赶快去干这个,一会儿有个那任务,又赶紧去干那个。就不是让人安心教学。"(FT-HT-0520-01)

正常教学时间被占用,为了迎接考试,赶课、占课就成了家常便饭,而此现象对于教师们而言已经司空见惯。

我:那像这样教学进度耽误了,咋办?

崔老师:赶课。

(老师们笑着附和)

韩:借一借课。

崔:比如说占了道法(道德与法治)课了。

(老师们再次笑了起来)

韩:对,在自己手里的课就先占了。

张:对,比如说劳动课啊、省情课啊,那就只能不上了啊。总得先把主课的任务完成。

韩:对,先把自己的课占了。

寿:如果这样还不行就再借别人的课。不让学生上体育,编理由,说体育老师生病了。

索:上次我就说体育老师请假了。结果我们班学生说,老师,体育老师不是在操场上呢。

(大家哄堂大笑)

——(FT-HT-0520-01)

短短几分钟的闲聊中,关于赶课、占课的问题大家笑了三次,这或已成为教师们日常课程生活中最习以为常、大家心照不宣却又不想对外人言明的事情。赶课、占课成为学校的常见现象,对于教师们而言亦成为一种完成学校任务和兼顾学生成绩的必选路径。

五、"素质"教育的无暇顾及

在收集到的几十份教师教学反思、个人成长计划、专业发展总结等反思性文本中,"新课程标准""新课程理念""素质教育""与新课程一起成长""关注学生个体"等关键词层出不穷。这些呈现在前台的文本,看上去无不彰显着教师对于新课程价值的肯定与践行,但在后台,这些与教师们的真实体验却大相径庭。

后台是相对前台而言的,通常情况下会有人把守,确信观众不会突然闯入,因此,封闭前台通往后台的过道不让观众进入,或者隐藏整个后台,就是自然而然的事情。① 而当后台突然有人闯入,居于后台的人们一般会快速转换到一种能够包容闯入者的情境定义中去,或者给闯入者以明确的欢迎,如同他好像一直就在现场。② 在 X 小学,我就如一个突然闯入后台的人,教师们的办公室生活、关起门的课堂都属于教师的后台生活,面对我这样的突然闯入者,且是一个经过校长许可的闯入者,教师们给予了我热情的欢迎,后台中的课程生活也就真实地呈现在了我面前。

"应试教育都搞不好还搞什么素质教育",这句话是在一次语文教研活动中一位语文教师无意中说出的话,却是当时在场的几位老师默认的观点。听到这句话时,我感到非常震惊,我本以为没有时间备课、赶课、占课是教师们课程实施中迫不得已的行为,但没有想到,对于新课程最基本的理念教师们竟然用如此直接的方式予以否定。学校现场,保证学生分数仍然是最主要的任务。

期末的语文教研会议上,研讨的主题基本上都在围绕着如何复习、如何让学生得分。我一直对语文考试中阅读理解的评分标准非常疑惑,便询问对于"作者表达了什么样的情感?""看完短文你有什么想法?"等开放性问题,到底如何评分。教师们回应说,即便是这种问题也会有一个标准的答案,考试的时候需要根据标准答案评分,正是因为这样的评分方式,又决定了语文课的上课方式。

---

① 欧文·戈夫曼.日常生活中的自我呈现[M].冯钢,译.北京:北京大学出版社,2008:98-99.
② 欧文·戈夫曼.日常生活中的自我呈现[M].冯钢,译.北京:北京大学出版社,2008:117.

寿老师：为了让孩子们学会怎么答题，老师们只能在课堂上拿着课本抠、讲，教他们怎么分析，某一句话用了什么方法、表达了作者什么情感，就把这个句式告诉他。

韩：语文本来就是情感的对话，现在成了程式化的、功利化的答题模板。

我：如果不这样考，说不定我们教得可能就不会这死板了。

老师们：那肯定是啊，那就无所谓了啊。他要不这样考，那语文课肯定很美的啊。

寿老师：或者说，考试可以，不要给一个固定的答案。很多孩子能够感受到这种情感，但是语言表达不够准确，这时候为了那个正确答案，给孩子打错了，时间久了，那孩子肯定不想再思考了，就觉得反正我想的也总是不对。

我：我们家孩子现在就是这样，每次都是我不敢写，我写的肯定不对。我说阅读理解的题目没有正确对错之分，你想什么就写什么。结果每次老师都给他打错，孩子后来就说我说的都是错的，也不敢再写了。

韩：有的小学，把所有的课内阅读题做成小卷子，孩子们拿着回家背，考试的时候直接背写答案。人家的目标是得分，所以跟学科最初的出发点是相悖的，但是人家拿分了。之前见到的时候，我很不认同这种做法，我想这不把孩子的思想给禁锢了，他们哪里还会产生丰富的情感。但是在考试的时候，这一招绝对管用。

寿老师：管用得很。而且有的时候固定答案、固定模式背多了，他会延伸到另外一篇，他的思路会迁移过去，离答案不会太远。没有得到满分，也会得个差不多的分。对应试来说是绝对管用的。

韩：我以前上课的时候，学生谈他们的感受。只要不跳出这个圈，可以让学生用自己不同的语言去回答，但是那次看到其他小学的小卷以后，我也改了。

我：你改的原因是啥？顶不住分数的压力了？

韩：对啊，这是有效拿高分的利器啊。就从参考书上把主要内容啊，关键语句啊，提炼出来，让学生背，考试的时候考到这道题绝对没问题。特别是六年级，几个学校联考，改卷子的时候，答案稍微有点偏差，就没有分数啊。所以我们后来就用这种方法，提分很见效。高考在那里，最后都得变成应试。再说了，提素质教育，这几年咱们有素质教育？

——(FT-CH-0603-02)

2021年7月份,中共中央办公厅、国务院办公厅印发《关于进一步减轻义务教育阶段学生作业负担和校外培训负担的意见》(以下简称《意见》),其中第17条关于提升课堂教学质量的规定中提出:学校不得随意增减课时、提高难度、加快进度;降低考试压力,改进考试方法,不得有提前结课备考、违规统考、考题超标、考试排名等行为;考试成绩呈现实行等级制,坚决克服唯分数的倾向。该《意见》中唯分数的论调被明令禁止,但在与教师们的闲聊中,提起对双减政策的看法,马凌说:"你还不如我儿子看得透彻,他才上五年级,就知道政策说了不算,老师说了才算。"(FT-MH-0617-01)

政策的颁布并没有对真实的学校教学产生预期的影响,分数仍然主宰着教师们的课程教学。在人们所谓的优质小学里面(如肖琳所在的R小学、辛斐所在的Z小学),分数更直接影响着教师的职业生涯,如果所教班级学生成绩在学校排名靠后,那么任课教师想要评优评先是不可能的,严重的还会被校领导约谈。因此,所谓的素质教育,对于老师们而言就成为一个根本无暇顾及的不存在的问题。

第三节 教师课程认同"无意识"存在的解读

"无意识"并非没有意识,而是一种潜在的意识,一种未被主体自觉意识到的意识。"认同不认同课程"是一个并未进入教师意识域的问题,正是因为如此,教师对存在于自身课程生活的一些现象才会见怪不怪、习以为常。然而,真正的问题在于,为何对与自己息息相关的课程教师们却不去思考认同不认同?教师课程认同的"无意识"存在又到底意味着什么?

一、"无意识"的潜在是教师对课程"应该认同"的个体本能

人是具有内在深度(Inwardness)的生物,有大量尚未探明的和隐秘的内在性质,这种内在深度以一种无意识的状态影响着人们的生活抉择。

斯宾诺莎(Baruch de Spinoza)是第一个提出无意识概念的思想家,他认为人的行动是受那些连他自己都没有意识到的因素支配的,正是这种无意识的

存在束缚着人。①弗洛伊德认为，人内在的大部分真实的东西是没有被意识到的，之所以如此是因为压抑，无意识的原型其实是被压抑的东西。而这些由于压抑所形成的无意识，又可以分为两种：一种是潜伏的，但能够变成意识的；另一种是被压抑的，是不能变成意识的。前者被弗洛伊德称为前意识，后者是真正的无意识部分。②在弗洛伊德看来，人的意识仿若海中冰山露出水面的一小部分，无意识则是淹没在海水之下的大部分，前意识则是居于中间，将某些无意识转化为意识，也即是说，意识源于无意识，无意识反而是无形存在于人的生活之中并决定着人们的精神和行为。在弗洛伊德对无意识的阐释中，无意识是个人性的，是在个人经历中曾经被意识到又被压抑和遗忘，或者在一开始就没有形成意识印象的那些属于意识阈下知觉的内容的聚集地。

对于教师而言，课程是其职业生活的根本，在日常的学校生活中，教师与学科是一体的关系。教师们在进行自我身份界定时，课程是其身份的一部分，如我是一名语文教师、我是一名数学教师等。对于他们而言，执行和实施课程是自己的本职工作，是自身作为一名教师存在的根本，如一位教师的反思："作为一名小学语文教师，最重要的就是对教材的执行……"③因此，在教师的潜意识中，作为课程实施者和执行者的自己自然而然对课程"应该认同"，"认同不认同"课程也就成为一开始就没有在教师心中形成意识印象的问题。弗洛伊德认为"个体无意识"实际是被个人生活状况或者处境压抑的内容，产生压抑的原因是那些被阻止成为意识的冲动与现存社会或家庭习俗的不相容，而一旦这些被压抑的行为想要成为可能，人的内心便会产生恐惧，正是因为深深的恐惧，迫使人们压抑自己最深切的欲望。④

在教师心中，"应该认同课程"是自我的职业本能，亦是自我对身为一名教师的安全感的找寻，若让教师对作为自身成长根本的课程进行"认同或不认同"的反思，便是对自我专业生活之根本的质疑。因此，教师内在深处自觉将此种意识进行压制以此规避恐惧，教师的课程认同在其日常生活中也就成为

---

① 埃里希·弗洛姆.在幻想锁链的彼岸：我所理解的马克思和弗洛伊德[M].张燕，译.长沙：湖南人民出版社，1986：107.
② 西格蒙德·弗洛伊德.自我与本我[M].林尘，等译.上海：上海译文出版社，2011：199-200.
③ 摘自一位语文教师的朋友圈。
④ 埃里希·弗洛姆.在幻想锁链的彼岸：我所理解的马克思和弗洛伊德[M].张燕，译.长沙：湖南人民出版社，1986：93.

一种无意识的存在。如同弗洛伊德在《超越唯乐原则》中所说的,决定人行为的主要动力不是唯乐,不是寻求快乐和满足,而是强迫重复原则,它超出了唯乐,要求人们重复以前的状态,要求重复到过去,而这也是由本能决定的。①正是深藏于教师无意识层面的个体本能使得教师丧失对课程的认同反思,以一种保守的、原始的状态处理自身与课程之间的关系,忠实地履行自我在课程实施中的角色和功能,同时亦将自身当下的课程生活视为理所应当。

二、"无意识"的潜在是教师对课程"已经认同"的群体惯例

教师课程认同的"无意识"不仅是教师个体内部的无意识,而且是来自教师群体内部的集体无意识。弗洛伊德的学生荣格(Carl Gustav Jung)认为,个体的无意识依赖一个更深的层次,这个层次并非源自个人经验,也非源自个人后天习得,而是与生俱来的,荣格将其称为集体无意识。之所以用"集体"这一语词,是因为他认为这部分的无意识是普世性的,换句话说,这种无意识在所有人身上别无二致,构成了具有超个人性的共同心理基础,普遍存在于人的身上。② 荣格认为集体无意识的组成由本能和原型组成,两者都是人格中的根本动力,本能是执行某种高度复杂的行动时的合目的性的冲动,而原型是对高度复杂的情境无意识、合目的性的领悟。但原型并非唯一,"生活中有多少种典型环境,就有多少个原型。无穷无尽的重复已经把这些经验刻进了我们的精神构造中,它们在我们的精神中并不是以充满着意义的形式出现的,而首先是'没有意义的形式',仅仅代表着某种类型的知觉和行动的可能性"③。

荣格的集体无意识虽然有着神秘主义的倾向,却对理解教师课程认同的无意识存在提供了一种分析的视角。对于教师而言,"师者,传道受业解惑"是我国几千年来遗留下来的精神财富,决定着教师这一群体对自身的认知,其中,"传道"的精神在近代演变成为"教书育人",教会学生、传授知识、实施课程已经成为教师这一群体集体无意识深处的原型。这种原型,类似于吉登斯

---

① 西格蒙德·弗洛伊德.自我与本我[M].林尘,等,译.上海:上海译文出版社,2011:译者序:04-05.
② 卡尔·古斯塔夫·荣格.原型与集体无意识:珍藏限量版[M].徐德林,译.北京:国际文化出版公司,2011:5.
③ 袁罗牙.个体无意识·集体无意识·社会无意识[J].山西高等学校社会科学学报,2009,21(4):67-70.

所言的惯例,吉登斯认为人的生活需要一定的本体性安全和信任感,而这种感受得以实现的基本机制是人们日常生活中习以为常的惯例。① 这种已经成为惯例的意识不需要言说,不需要意识形态的宣扬,就能够对行动起制约作用。

对于教师这一群体而言,认同课程是这一群体未被意识到的集体心理,是他们的原型动力机制。"群体无疑总是无意识的,但也许就在这种无意识中间,隐藏着它力量强大的秘密……无意识在人们的行为中作用巨大,而理性的作用无几,无意识作为一种仍然不为人知的力量起着作用。"②作为教师群体中的一员,自己便自动遵守了本群体成员之间的默认共识,即"我们作为教师当然已经认同了我们所教授的课程"。这些居于群体深层潜意识中的原型使得教师们在课程实施中会自动履行群体都习以为常的课程行为,却又无法用言语意识去清晰地表述自我行动的理由,促使教师们在课程实施中自动进行自我定位并践行着社会赋予的使命。

三、"无意识"的潜在是教师对课程"必须认同"的社会期待

造成教师课程认同"无意识"存在的原因,除了教师自身及群体对自我身份认定的本能,更无法脱离社会因素。弗洛姆(Erich Fromm)③在弗洛伊德"个体无意识"的基础上,提出了"社会无意识"理论,他认为不能仅从个体方面来理解压抑,压抑还必须包括社会方面。他所说的"社会无意识","是指那些被压抑的领域,这些领域对于一个社会的最大多数成员来说都是相同的。当一个具有特殊矛盾的社会有效地发挥作用的时候,这些共同的被压抑的因素正是该社会不允许成员们意识到的内容"④。

对于社会无意识的产生,弗洛姆认为是"社会过滤器"造成了这一机制的发生。"社会过滤器"即社会文化机制,它包括语言、逻辑和社会禁忌三个要素。每一个社会,通过自己的生活实践和联系方式,通过情感和知觉的方式,

---

① 安东尼·吉登斯.社会的构成:结构化理论大纲[M].李康,李猛,译.北京:生活·读书·新知三联书店,1998:译序 8.
② 古斯塔夫·勒庞.乌合之众:大众心理研究[M].冯克利,译.桂林:广西师范大学出版社,2007:作者前言.
③ Erich Fromm,国内有学者将其译为弗洛姆或佛洛姆,文章中同一沿用"弗洛姆"这一译名.
④ 埃里希·弗洛姆.在幻想锁链的彼岸:我所理解的马克思和弗洛伊德[M].张燕,译.长沙:湖南人民出版社,1986:93.

发展了一个决定认识形式的体系或范畴,这个体系或范畴就像一个过滤器,经验只有通过这个过滤器才能被感知、被联系起来,形成条理,成为意识。正是这个过滤器使社会成员的某些思想经验不能成为意识,而被压抑于无意识之内,处于社会无意识底层的体验难以通过社会过滤器上升到社会意识层面,即便得以过滤也是已被改装、被文饰过。三个过滤器中,社会禁忌最为重要,这些"社会的禁忌宣布某些思想和感觉是不合适的、被禁止的、危险的,并且阻止这些思想和感觉达到意识这个层次"①。

在教师日常的学校生活中,课程是一种制度性的文本,这种制度规定着课程的目标、内容、形式,学校的存在则是为了执行、完成被赋予的任务。"人类的需求,除生物性的需求外,其强度、满足程度乃至特征,总是受先决条件制约的。对某种事情做还是不做,是赞赏还是破坏,是拥有还是拒斥,其可能性是否会成为一种需要,都取决于这样做对现行的社会制度和利益是否可取和必要。"②学校是科层制的一环,在学校及社会文化中,教师作为课程的实施者,是从官方至大众对教师这一职业本身所赋予的职责与期待。

我国新课程改革已经推行了二十余年,上层的课程方案、课程计划、课程标准、教材早已制定完毕,新课程的理念如何得以实现?这需要教师忠实地、有效地对课程实施。外部期待以一种无形的力量形成一种社会禁忌,即教师必须认同课程才能有效地实施课程,这种社会禁忌向外透露着某种讯息,即教师不认同官方的课程是不合适的,甚至教师自身有这种意识也是不合适的。对于教师而言,若将此问题上升至意识层面,这些"不合适"的意识会使自我感觉周围的他人不同,孤独与被排斥的焦虑便会产生。"正是对孤立与排斥的这种恐惧……使人们压抑了对那些被禁忌的事情的认识,因为这种认识意味着差异,意味着被孤立,被排斥。"③为了规避这些焦虑,教师们便会下意识地把这些"妨碍我们对生活进行控制的未说出的深度、不可言说、强烈的原始情

---

① 埃里希·弗洛姆.在幻想锁链的彼岸:我所理解的马克思和弗洛伊德[M].张燕,译.长沙:湖南人民出版社,1986:126.
② 赫伯特·马尔库塞.单向度的人:发达工业社会意识形态研究[M].刘继,译.11版.上海:上海译文出版社,2014:6.
③ 埃里希·弗洛姆.在幻想锁链的彼岸:我所理解的马克思和弗洛伊德[M].张燕,译.长沙:湖南人民出版社,1986:132.

感和共鸣以及恐惧"①进行压制,使其变成一种"无意识"的内在状态。

　　"无意识"的潜在实为教师对课程"应该认同、已经认同、必须认同"的个体本能、群体惯例和社会期待,这些居于无意识层面的内在机理导致教师对习以为常的课程生活失去反思的机会,在理所应当的"认同课程"的无意识中,教师亦失去了反思自身是否真正认同课程的可能。

---

　　① 查尔斯·泰勒.自我的根源:现代认同的形成[M].韩震,等译.南京:译林出版社,2012:157.

第四章
"有我"与"无我"之间[①]：
教师课程认同的内在描绘

> 世人总是相互注视；我却把我的视线转向内部，我使之凝视那儿并在其中消磨时光。人人观看自己面前的东西，我却注视内部的自我。[②]
>
> ——蒙田

日常的学校生活中教师的课程认同以一种无意识的方式存在着，是否研究也就失去了意义。恰恰相反，尽管教师的课程认同在其日常生活中是一种"无意识"的存在，但"无意识"的背后仍然有着各不相同的内在体验。正是在无意识的日常课程生活中，来自教师内在真实的情感体验给人以更加猛烈的冲击，这些内隐的复杂心理转变，难以用言语清晰地表述，散落在教师们看似无意识的课程行为与轻描淡写的课程故事讲述中。

教师对课程的认同很难用程度的高低来表述，各类教学文本（教案、反思、总结等）无不在表露着他们对新课程理念、课程价值的透彻理解，但在实际的课程生活中，多数教师却在素质教育和应试教育之间、在理想的课程生活与压抑的现实之间纠结不已。X小学的教师们将纠结的原因归结为学生自身的素质和家庭背景，认为学生的学习习惯不好、家长对学生的发展疏于关心，学生

[①] "有我"与"无我"是佛教中的重要概念，佛教否认自我的实在性，坚持主张"无我"，"诸法无我"在佛教的三法印中被视为"印中之印"。可参考学术论文：彭彦琴，江波，杨宪敏. 无我：佛教中自我观的心理学分析[J]. 心理学报，2011，43（2）：213-220. 但本研究所指与宗教并无关系，是从存在主义哲学与人本主义心理学的角度出发，对教师在课程实施过程中不同自我立场的一种划分。

[②] 来自蒙田的随笔集《蒙田随笔集》。转引自：查尔斯·泰勒. 自我的根源：现代认同的形成[M]. 韩震，等译. 南京：译林出版社，2012：261-262.

连基本的课程任务都无法完成,考试都成为一个大难题,用教师们的话说"应试教育都搞不好,还谈什么素质教育"。如果学生和家长真的是影响教师课程认同的主要因素,那么其他教育资源相对优质的学校是否就不会出现此现象?

田野现场,我以 X 小学为轴心,从教师们的故事叙述中又分别联系他们口中所谓的"好学校"的教师。对处于不同校园文化中的教师课程故事进行对比后发现,种种外在条件虽然会对教师的课程认同体验产生影响,但即便身处相同环境的教师的内在体验仍然各不相同。究其根源,来自课程实施中教师们各不相同的自我存在状态,以及在不同的自我立场之中对价值的不同抉择。

第一节　教师课程认同的结果呈现

自我是认同的轴心,价值是认同的内容,教师的课程认同是以教师自我为轴心进行的价值确认,其理想化的结果是教师自我价值和课程价值的共同彰显。因此,对教师课程认同体验的内在描绘从认同的本质、教师课程认同的本质出发,以教师"自我"存在的状态为核心,以教师的自我价值和课程价值为衡量标准,以求能够尽可能全面地概括与深入地描绘。

一、以"自我"的存在状态为核心

"自我"是人的精神世界中最核心、最隐秘的问题,它在英文中有两个指涉,一个是"ego",另一个是"self"。"ego"来自弗洛伊德精神分析理论,是调控本我(id,本能冲动)和超我(super-ego,理想的、道德的、想象的我)的机制,是人格结构中的一部分,其主要作用是进行现实与理想之间的调控。而另一个最为人们常用的自我"self",其意义则变得更为深刻,它是柏拉图口中的"灵魂"、笛卡儿口中的"反思能力"、康德所谓的意识统觉、詹姆斯(William James)所认定的认识和行动的主体,也是荣格所谓的涵盖着"ego"的人的"自性"[①]。埃里克森(Ericsson)认为,"I"是一切经验的知觉中心,"Self"是"I"的

[①] Self 在中文中常译为"自我",但在对荣格的思想进行分析时,国内译者普遍将其译为"自性"。详见:C. G. 荣格. 自我与自性[M]. 赵翔,译. 北京:世界图书出版公司北京公司,2014:3.

对象,是各种经验的复合体,"ego"是把各种经验统一起来以保证个体的一致性和连续性的内在力量,是一种"内部控制机构"①。"ego"是施者、是知者,与本我、超我相对;而"self"则与他人相对,是"我"的一种反身性意识,这种反身性意识来自与他人相处中的自我觉察,是个体对自己存在的意识,对自己全部身心状况的全面知觉。②

无论是"ego"还是"self",在西方文化中都指向个体内在,是个体独立性的象征。③ 迄今,学界对于这两者之间的区别所达成的共识为:"ego"是精神分析心理学上的"自我",即便在精神分析学内部存在着诸多的争议,但在其学科领域内部主流观点仍多将其理解为人格结构的一部分;而"self"则是一个整体的、是与他者相对的、具有反身性的意识对象,是指一个独特的、持久的、同一身份的"我",这个自我包括对自我躯体的意识,心理和社会的特征,我的过去、现在和将来的各种特征的总和。④ 也即是说,"ego"是属于人内部的自我,人人都原本具备的自我,而"self"则是相对于外界所形成的自我,具有"个体"(individual)的意义。

本书中的自我所指涉的是"self",查尔斯·泰勒将其看作一种不断生长的、有巨大的可塑性、无限的可能性、无限的内在深度的过程。人们每天说"我"千百遍,于是就自然地认为,我们以拥有头或胳膊的方式拥有自我,以拥有心脏或肝脏的方式拥有内在深度,但事实却并非如此,自我并非人人拥有。⑤ 自我不是一种静止的状态,而是建构于个体与他者的互动中,在"有我"(self-being)与"无我"(selfless)之间不断地流动与变化。

(一) 有我(self-being)

"有我"即"有自我",是为"我在"(self-being),人本主义心理学家罗洛·梅(Rollo May)将其界定为个体能够体验到自身是一个能思想、能感知、有情感、能行动的同一体,能够意识到自身是所扮演的各种角色的总和。⑥

"自我(self)"真的在(being)吗?其实存确实曾遭到不断的质疑。洛克曾

---

① 郭金山,车文博.自我同一性与相关概念的辨析[J].心理科学,2004,27(5):1266-1267;1250.
② 王益明,金瑜.两种自我(ego 和 self)的概念关系探析[J].心理科学,2001,24(3):363-364.
③ 汪凤炎,郑红.论中西方自我的差异[J].西南大学学报(人文社会科学版),2007,33(1):11-16.
④ 林崇德,杨治良,黄希庭.心理学大辞典:下卷[Z].上海:上海教育出版社,2003:1763.
⑤ 查尔斯·泰勒.自我的根源:现代认同的形成[M].韩震,等译.南京:译林出版社,2012:158.
⑥ 林崇德,杨治良,黄希庭.心理学大辞典:下卷[Z].上海:上海教育出版社,2003:1765.

将自我看作一种记忆,休谟将其看作一种假象、幻象,①而在行为主义心理学与实证主义中,自我更是因为不可测量、不具备解释的价值而被摒弃。但与之相对的,是存在主义(包括存在主义哲学、以存在主义哲学为基础的存在分析学、人本主义心理学)以及社会学(特别是社会互动论)中对"自我"以及自我与反身性关系体的肯定。例如,詹姆斯宣称的"自我是个人心理宇宙的中心",如果不能正视自我,也就无法全面理解人类的各种行为。

尽管"自我"的实存被肯定,却飘忽不定,如蒙田所言:"我的精神……就像反复无常和放纵的驽马,导致我内心有如此之多的不羁狂想和荒诞妖魔,是那样无序,毫无理由地胡乱堆砌在一块。"②"自我"之所以难以捉摸,是因其处于不断变化的社会关系中,但这正是自我形成与体现的要件,正是在与他者的关系之中,自我的反身意识或自我意识才能得以出现。因此,自我与反身性(自反性,Reflexivity)③不可分割,要使个体能够觉知到自我的存在,需要个体的反身性在场。詹姆斯将自我界定为一种持续的存在感,坚信自我是存在的,他认为人都有转向自身内部的能力与潜质,而这种能力就是自我独有的特性:反身性。④

总而言之,对于教师而言,在课程实施现场,教师能够在与课程的互动过程中,对自我的情感、价值、思想等进行反身性思考,并努力进行着自我实现,便意味着教师自我的在场。

(二) 无我(selfless)

与"有我"相对的是"无我"(selfless)。需要辨明的是,"无我"在不同的文化及哲学流派中有着不一样的解释。

在我国古典哲学中"无我"是至高至圣之境界,意味着"天人合一""忘我"。汉语中的"我"起源于与他人、他族的争斗之中,因此,我国文化中的"无

---

① 如洛克、休谟、帕菲特等人通过著名的"The bundle theory"来否认自我的实在性。可参考学术论文:王世鹏.比较心灵哲学视野中的自我观[J].华中师范大学学报(人文社会科学版),2015,54(1):88-94.
② 来自《蒙田随笔集》。转引自:查尔斯·泰勒.自我的根源:现代认同的形成[M].韩震,等译. 南京:译林出版社,2012:254.
③ Reflexivity,指个体的反身意识,国内学者普遍将其翻译为"反身性"或"自反性",在此不做区分。
④ 乔纳森·布朗,玛格丽特·布朗.自我:第2版[M].王伟平,陈浩莺,译.北京:人民邮电出版社,2015:60-67.

我"即是抛却自我与他人的纠葛,如庄子口中的"无我"便是圣人的境界。① 同样的人生境界也渗透于我国文化的各个侧面,如王国维的"有我之境"和"无我之境"。② 总而言之,在我国文化中,无论是哲学还是美学,"无我"都是人存在的最高境界,是个褒义词。

但在存在主义哲学和人本主义心理学中,"无我"意味着自我的消失、自我意识的泯灭,是人失去将目光投向自身内部精神世界的能力,意味着人之精神世界的隐匿,是一个有着消极意义的语词。正是因为自我是脆弱的、易碎的、有裂痕的、碎片化的③,人拥有自我的同时会遭遇挣扎甚至伴随痛苦,因此有人便会放弃自我。人们的活动中没有自我的驱动,自我的诸多内在规定性和本质力量不构成人们活动的积极因素,那么,个人就不能产生健全的自我意识,个人的主体性就无从谈起④,也即是"无我"的产生。

"无我",意指个体对自己自觉与反省意识的泯灭。教师的课程认同,是以自我为轴心与课程进行的价值互动,若在教师心中,来自外部的制衡高于一切,而缺乏对自我的观照,使得自我意识丧失,自我弱化甚至消亡便会遭遇"无我"的困境,进入对课程认同的"无我"状态。

二、以"价值"作为衡量的标准

教师课程认同的本质是价值认同,是教师自身的价值观念与课程价值观念的交汇与融合,其最终的结果决定了教师在课程实施中突出什么或者遮蔽

---

① 无我,又称无己,庄子用语,意为"忘却自身存在,放弃世俗利益"。《庄子·齐物论》中说,"非彼无我,非我无所取",意思是世间的种种情态,都是附着于"我"而生,有"我"这个主体在,就有分别,比如你和我的区别,我和他的区别,一有分别,各种情态便产生了:喜怒哀乐、能言善辩等。但庄子说,这种对立概念中的"我"只是"假我",并非"真我",所以要破除对立。《庄子·逍遥游》中说,"至人无己,神人无功,圣人无名",他在《秋水》中言:"道人不闻,至德不得,大人无己。"无己是庄子对人生修养最高标准的定义,人若无己,便可摆脱一切现实之有,获得精神的解脱,达到身心俱无的境界。参见:方克立.中国哲学大辞典[Z].北京:中国社会科学出版社,1994:65.
② 王国维在《人间词话》里说:"有我之境,以我观物,故物皆著我之色彩",如"泪眼问花花不语,乱红飞过秋千去""可堪孤馆闭春寒,杜鹃声里斜阳暮"。而"无我之境,以物观物,故不知何者为我,何者为物"。详见:王国维.人间词话[M].周兴泰,注译.北京:中国华侨出版社,2015:4.
③ 安东尼·吉登斯.社会的构成:结构化理论纲要[M].李康,李猛,译.北京:中国人民大学出版社,2016:170.
④ 龙斌.人的自我论:实践和文化活动中的个人[D].北京:中国人民大学,1998.

什么。正是以价值观为基础的认同才给个人提供了意义、目的和方向①,真正课程认同的达成是教师价值和课程价值的共同彰显,因此价值不仅是教师课程认同的起点与目的,而且是衡量认同体验的标准。

(一) 教师的自我价值

"价值"的内涵众口不一,它既可以指向某事物本身的存在价值(属性说),又可以指向主客体的供需关系(关系说)。② 但人是社会性、关系性的存在,人本身存在的价值难以衡量,其价值定位必然要与客体发生关系,必然要与需要相对,才会产生价值。③ 人的价值体系可以分为自我价值和社会价值两个方面。人对自身的需要便是人的自我价值,人本身既是主体又是客体,是作为价值客体的自我满足和作为价值主体的自我需要,也就是说人满足了自我的需要便是人的自我价值;人的社会价值便是人对社会需要的满足,也就说人满足了社会的需要便是人的社会价值。④

教师的自我价值,以教师这一职业身份作为前缀,其内涵便是:作为教师的"我"对自我需要的满足。如果用一个疑问句来追问,便是"对我自己而言我做一名教师是为了什么?"若再将课程加进前缀,如"小学语文教师的自我价值",那便是"我做一名小学语文教师对我自己而言是为了什么?"但想要回答此问题并非易事,因为人的价值分为两重:自我的物质价值和自我的精神价值。物质价值是人生命存在的基础,帮助教师得以生存;精神价值则是人生意义、理想实现的途径,帮助教师寻找自身在课程生活中的存在意义。实施课程帮助教师获得物质生活的保证,而在课程实施过程中确定自身的存在意义则使教师获得自我的精神价值,两种价值的融合才可以使教师自我更加健康、全面、完美地发展。

但教师想要实现自我价值,离不开其社会价值。人是社会性动物,其存在意义不能只是为了满足自己的需要,人存在的意义同样来自社会对人的需要,

---

① STRYKER S, OWENS T J, WHITE R W. Self, identity, and social movements[M]. MN: The University of Minnesota Press, 2000:98.
② 李德顺."价值"与"人的价值"辨析:兼论两种不同的价值思维方式[J].天津社会科学,1994(6):29-36.
③ 王玉樑.论人的价值[J].理论导刊,2009(4):28-31;41.
④ 林泰.正确理解"价值"、"个人的社会价值"、"自我价值"概念的科学内涵[J].思想理论教育导刊,2003(9):57-59;73.

这便是人的社会价值。因此,人的自我价值与社会价值不可分割,"人应该既有社会价值,又有自我价值",正是来自社会的需要,人的自我价值才能真正得以体现。

教师与课程不可分割,课程实施中教师自我价值的体现无法脱离其社会价值。教师的自我价值是教师在课程实施中对自我物质生活及存在意义的一种需求,也正是在此过程中教师的社会价值得以彰显。也即是说,教师自我价值的实现无法脱离教师作为课程实施者这一社会角色,教师的自我价值无法脱离教师的社会价值而独立存在,但同时教师的自我价值也不能被忽视,因为个人总是并且也不可能不是从自己本身出发的。

(二) 课程价值

课程改革的本质是价值变革①,而这种价值变革的体现又以具体的学科课程价值改变作为依托。课程的价值蕴含在与之相关的课程计划、课程标准、教材等课程文本之中,新课程的整个价值体系由不同的学科价值组合而成。

对课程的理解以"学科"为中心,因此对课程价值的讨论也必然从学科本身的价值展开,我们国家颁布的各科课程标准便是对课程价值最直接的体现。2011年我国颁布的小学阶段的课程标准中,各学科课程标准的开篇都对学科本身应有的价值进行了界定。

语文课程致力于培养学生的语言文字运用能力,提升学生的综合素养,为学好其他课程打下基础,为学生形成正确的世界观、人生观、价值观,形成良好个性和健全人格打下基础;为学生的全面发展和终身发展打下基础。工具性与人文性是语文的学科特点,其目标是使学生获得基本的语文素养。

数学课程能使学生掌握必备的基础知识和基本技能,培养学生的抽象思维和推理能力,培养学生的创新意识和实践能力,促进学生在情感、态度与价值观等方面的发展。数学的教育既要使学生掌握现代生活和学习中所需要的数学知识和技能,更要发挥数学在培养人的思维能力和创新能力方面的不可替代的作用。

英语课程具有工具性和人文性双重性质。就工具性而言,英语课程承担

---

① 靳玉乐,张丽. 我国基础教育新课程改革的回顾与反思[J]. 课程·教材·教法,2004,24(10):9-14.

着培养学生基本英语素养和发展学生思维能力的任务……就人文性而言,英语课程承担着提高学生综合人文素养的任务……学习英语有助于青少年更好地了解世界,为他们提供更多的接受教育和职业发展的机会;帮助他们形成开放、包容的性格,发展跨文化交流的意识与能力。

  ……………

课程标准中,每门学科都旨在实现自身相应的社会培养功能,学科的最终目标在于培养学生相应的学科素养,而整个课程体系旨在实现"全人发展"的课程价值取向。[①] 因此,课程价值的根本落脚点在对学生的培养,其价值的最终彰显也仍然要通过学生的发展来体现。但课程价值的实现必然要通过教师的实施才能存在,实施课程是教师的本职工作,是教师存在的社会价值。因此,课程价值彰显的过程正是教师社会价值完成的一种过程,亦是教师精神价值得以满足的过程。

(三) 两种价值与教师的课程认同形成

教师的自我价值和课程价值是相辅相成的,课程价值必然要通过教师的实施才能实现,而教师也正是在课程实施的过程中体现着自我的价值。教师对课程的真正认同,是教师自我价值和课程价值进行调和从而达成某种共识,产生两种价值观念之间的视域融合,这种融合不是一方占据高峰吞并另一方,而是在不断互动之中形成一个你中有我、我中有你的全新视域,促使自身的课程行为发生改变,从而对自我价值和课程价值进行彰显的过程。

但无论是教师的自我价值还是社会价值,都有积极与消极、正与负、大与小之分,只有两者都是积极的正效应,才能形成真正的课程认同,如图4-1所示。

认同不是简单的意识形态的灌输和角色安排,而是个体通过能动和建构对各种外在因素做出适当诠释的过程,个体在不同的压力、诱因或自由选择的情况下,决定着自己的认同。教师的课程认同是教师自我价值与课程价值之间的互动与平衡,只有教师的自我价值与课程价值都趋于积极效应,才能形成积极、真正的课程认同;反之,当自我价值或课程价值任何一方趋于消极效应,都无法形成真正的课程认同。

---

① 靳玉乐.论基础教育课程发展的新理念[J].教育理论与实践,2002,22(4):21-26.

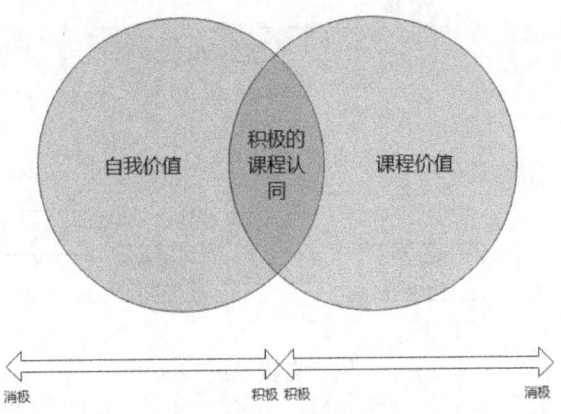

图 4-1　价值与教师积极课程认同的形成

价值是对教师课程认同体验进行类属分析时的标准。教师的课程认同是教师的职业本能,大多数教师都会对自我作为教师的价值进行或浅或深的反思,多数教师也同样会对自己所任教课程的价值进行不同程度的反思。若教师的自我价值和课程价值都得到了彰显,便意味着教师形成了积极的课程认同;而若只有教师的自我价值得以彰显,便陷入了自我主义的迷沼;反之,若教师忽略自我存在的价值,只忠实地寻求课程价值的实现,便形成了忠实取向的课程认同;而若教师对自我的价值和课程的价值都没有清晰的定位,更无法去实现,便意味着教师的课程认同体验是消极的。四种课程认同的类型如表 4-1 所示。

表 4-1　四种课程认同的类型表

积极的课程认同	自我的课程认同	忠实取向的课程认同	消极的课程认同
自我价值彰显	自我价值彰显	课程价值彰显	课程价值迷失
课程价值彰显	课程价值迷失	自我价值迷失	自我价值迷失

三、在"有我"与"无我"之间流转的教师课程认同

以教师自我价值和课程价值的彰显程度为划分标准的四种课程认同并非既定不变,而是随着教师自我立场的变化而不断变化。人的自我状态大多数时刻是模糊的、流动的,它会随着周遭环境以及自身所处境遇的改变在"有我"与"无我"之间流动。也正是因为教师自我立场的不确定性,便有了各不相同的价值抉择,而在自我与价值的交织中,教师进行着不同样态的课程认同建构。

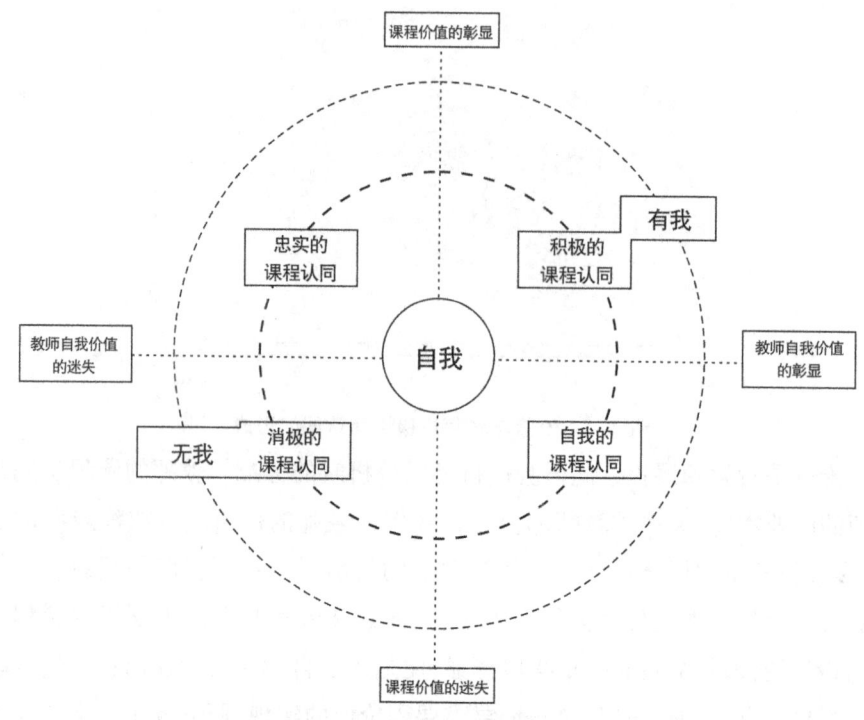

图 4-2　教师课程认同的类型图

如图 4-2 所示,教师的课程认同是以"自我"为轴心所进行的课程价值与教师自我价值之间的互动调适。教师自我的存在状态随着外部环境的变化而不断变化,而变动的自我立场又带来不同的价值反思,形成不同的课程认同体验。

(一) 积极的课程认同

积极课程认同的结果是教师自我价值和课程价值的共同彰显,意味着教师处于真正的"有我"状态。此种类型的教师有着坚定的自我内核,对自我价值和课程价值有着清晰的定位,且在课程实施过程中,能够对自我价值和课程价值进行互动调适,并将两者融为一体形成一种新的价值体系,产生一致的课程行为,践行着新的价值体系。这种积极的认同为教师在课程实施中"提供框架或视界的承诺和身份规定",使得教师在内心深处知晓"什么是好的或有价值的,或者什么应当做,或者我应赞同或反对什么"[1]。

---

[1] 查尔斯·泰勒.自我的根源:现代认同的形成[M].韩震,等译.南京:译林出版社,2012:40.

(二) 自我的课程认同

自我的课程认同的结果是课程价值的失落,意味着在教师的自我状态中"我"被过度放大。教师在与课程的价值互动中,将自我价值置于首位,对课程价值忽略不计,即自我价值处于正效应,课程价值处于负效应,便意味着陷入了以自我为中心的课程认同之中。此种认同类型的教师在定义自我价值时,如果将自我价值限定为自我的物质价值,那么他们在课程实施中便会以各种虚假表演从而获得自我物质价值(如获奖、评职称等)实现,而若教师将自我价值限定为精神价值,则会陷入自恋型的课程认同中去。

(三) 消极的课程认同

消极的课程认同的结果是教师自我价值和课程价值的共同迷失,这意味着教师完全处于一种"无我"状态。课程实施中教师很少对自我价值和课程价值进行深入反思,只是按照周围人的指令机械地趋同,使得教师的自我价值和课程价值都处于负效应,这便意味着教师的课程认同处于消极的状态之中。

(四) 忠实的课程认同

忠实的课程认同意味着教师自我价值的迷失,是教师从"有我"走向"无我"的过程,也可以说是教师的自我逐渐弥散的过程。此种状态的教师,对自我价值和课程价值都进行过深入的反思,但在课程实施中遭遇自我理想与外部权威之间的冲突,逐渐迷失方向,无法做出选择。最终不得不忠实地遵循外部的课程权威并忠实地实施权威规范中的课程,自我价值实现的意愿逐渐失落。

第二节 不同的课程认同与不同的课程生活

教师日常的课程生活表面看去并无二致,大家每天都做着几乎相同的事情:备课、上课、改作业、应付各种检查、参与各种活动与会议等。但当进入教师们的后台生活倾听他们对自己生活状态的描述,便会发现,其实每个人都在过着并不相同的生活。不同的课程生活背后是各不相同的课程认同,而各不相同的课程认同又在不同的自我状态和价值抉择中生成。自我、价值、认同交织在一起,教师的课程生活便在此之中绵延着。

一、"教师必须反思和行动":积极的课程认同

积极的课程认同,不仅意味着教师有着对自我价值、自我精神世界追求的动力,而且有对自我社会角色及价值的清晰定位,更有着敢于在理想和现实之间进行调适从而进行自我实现的意愿与行动。这样的认同体验是一种能够产生与迸发生与美的力量、能够治愈和猛然唤醒、能够把工作与爱——把逻各斯和厄洛斯结合的创造力。[①]

田野现场此类型的教师并不多,甚至包括叶兰和韩玫这样善于反思的人也无法真正地将自我价值与课程价值进行调试融合,她们的行动受着制度、关系等的诸多干扰,即便在 A 市鼎鼎大名的 R 小学任教研室主任的肖琳也同样如此。因此,有一段时间我特别颓废,以为可能无法遇到真正有着积极课程认同的教师,而辛斐的出现如同一团火焰重新点燃了我的热情。此种类型的教师在真实的教学现场虽然很少,但他们的单纯、执着却总是能够给周围的人带来力量与感动。

(一)"教学需要创生"

积极的课程认同意味着教师首先对自我在课程实施中的价值有着清晰的定位,且有着实现自我价值的强烈动力。也可以说,此类教师"不仅拥有一个现实的世界,而且拥有一个可能的世界",这个可能的世界是他们根据自己选定的价值理想在精神中建构起来的,认为个人的生命价值取决于自我内心世界的充实。[②]

辛斐今年 39 岁,是韩玫的好朋友,她在 Z 小任年级数学教研室主任,与我见面之前她刚刚参加完一场区里组织的研讨课,于是我们三个人的谈话便以此为起点展开。

辛斐研讨课的课题是"月历表中的秘密",这个知识点在不同版本的教材中出现在不同的年级。之所以选择这个课题,据她所说是因为比赛的时间有

[①] 赞布里斯基对荣格 the self(自性)之力量的赞美。转引自:冯川. 荣格的精神[M]. 海口:海南出版社,2006:序言。

[②] 荣格晚年对其一生进行反思,在其著作《回忆·梦·反思》中对个体价值进行阐释时认为,个体真正的价值并非现实生活中的成功而在于自在精神世界的满足。转引自:冯川. 荣格的精神[M]. 海口:海南出版社,2006。

点晚,基本上各个年级的课程都已经接近尾声,因此不能选择学生已经学习过的内容去参赛,而这个知识点在教材中属于拓展的范围,可深可浅,教师有足够的空间去进行设计。但是本省的数学教材选用的是人教版教材,而人教版教材中这部分的内容在七年级上册才出现。辛斐把北师版和苏教版的教材进行了对比。

苏教版教材这一内容是三年级下册"年月日"之后的一道习题,探究了"3个数的问题"。北师版教材安排在三年级上册"年月日"后的一个活动,呈现了4个数、9个数、和差问题三个内容。虽说课题是"月历表中的秘密",实际上主要目的是引导学生通过观察发现月历表中数字之间的排列规律,并利用这一规律解决相关数学问题的。可以说教学难度可深可浅,不同的年级可有不同的要求。之所以定位在四年级来实施,是因为四年级刚学过了混合计算、乘法运算定律、平均数,练习中出现的和差问题等知识正好是我们在探究规律时要用到的。这既复习前面三年级的年月日的知识,又巩固了现在所学的知识,也为后续五年级要学的用字母表示数做了有效的孕伏。鉴于上述一些思考,我们决定将这节开发的校本研讨课定于四年级来教。(FS-XF-01)

对于辛斐而言,公开课是她可以将自己的教学理念进行自由发挥的舞台,平日的课堂教学虽有诸多限制,但她也仍然敢于进行不断的尝试,试图在课程目标、学校要求和自我对课程的理解之间进行调和。

在讲公开课的时候,我可以自由发挥,但平时的教学得兼顾到期中考试、期末考试等。教材内容多但是教学时间短,如果按照教材的内容编排顺序去讲,根本讲不完,而且难点不能很好地突破。所以我就把属于一个同类型的东西整合在一起,就能够适当地解决这个问题。在教材整合和调整的同时,作业和练习也必须得同步调整。教材配套的学习巩固①是跟着教材一课一课地进行,因此我就和同事们一起根据我们调整后的安排自行设计习题。(FT-XH-0612)

她不仅将自己的想法付诸实施,而且在实践过程中遭遇来自学校制度方面的压力也能淡然处之。学习巩固是必然要检查作业,各个学科还要有特色作业。为了不加重学生负担,辛斐和教研室的成员就将自行设计的练习题作

---

① A市的公立学校,教材配套的学习巩固是必须完成的硬性作业,各教育局会定期进行作业抽查,这也是必查的项目。

为学校规定的特色作业,且习题的选择都是团队教师在对学生的学习情况经过深入分析之后进行设计,每个周五都会根据学生本周的实际学习状况设计下周的练习。辛斐说这样做其实加大了团队教师的工作量,花费很多的心血,而且没有时间批改,于是他们只能抽时间让学生"对改"(教师讲,学生根据教师的答案自行批改)。然而,这样的尝试却在学校进行作业检查时受到了批评,原因是,特色作业需要迎接教育局的检查,而他们的练习册没有经过包装,不仅破旧而且没有教师的批改。

即便用心付出没有被领导认可,辛斐依然非常淡然。她说:"这样做,孩子们的计算能力得到了提升,而且这个作业并不难,为了对不同层次的学生更有针对性,我们还设置了星级练习,最后的星级题目,学生可以根据自己的能力自行选择。而且就算是最后的星级练习也并不是很难,所以基本上大多数孩子十分钟就可以做完。所以学校即便提出了批评,我们还是决定坚持下去,只是确实没有时间批改,但教育局要检查,所以下个学期需要想想办法看怎么解决这个问题,说我们的不够漂亮,那就想办法包装一下了。"(FT-XH-0612)

辛斐对教师与课程之间的关系有着清晰的定位,她从2001年参加工作到现在,教材变了几次,但辛斐认为,哪个版本的教材都不可能十全十美,重点在于教师对教材的理解和定位。"老师是课程的实施者,教材是蓝本,教师在教学的时候必须进行创生。但是想要这样做,就需要老师必须把教材都吃透,对课程目标有着非常清晰的了解。我教的是大循环,就是从一年级到六年级这样循环,我教过几轮。但即便是这样,突然间从六年级回到一年级,六年的时间还是会觉得陌生。因此,一个老师对于教材、学生和教学,既要从一年级到六年级这样纵向看,又需要参透每个年级横向来看。有很多想法不能是一时冲动,要不然就会影响孩子们。"(FT-XF-0604)

辛斐早已到了参评副高级职称的时间,却迟迟没有评上,我催她抓紧时间,她仍旧淡淡一笑,说顺其自然吧。教师们做课题、讲公开课,多数是为了评职称,辛斐认为正是这种功利化的现象,导致很多教师没有办法用心地钻研课程,而教师想要真正沉入教学中去,只能让自己面对各种利益纷争的时候更加坦然。

(二)"学生不是机器,是'小苗'"

辛斐不仅对教师在课程实施中的角色有着清晰的定位,而且对学生的成长也同样坚定而清晰,"孩子们不可能千篇一律""教育不应该统一要求""教师不能只为了自己的面子"等是她对自己日常课程教学中所坚持的教学观念和对学生观念的最直接表达。

  现在都要求培养孩子的核心素养,素养类的东西是最不好的培养的。孩子们天生的素养、智商千差万别,有的孩子逻辑思维能力、空间想象能力天生就强,有的孩子语言智能或者音乐智能比较突出。但是在学校里,无论什么样的孩子,都需要做会同样的题目,教育不应该是这样的。

  孩子们未来的路都很长,中考、高考,其实已经消磨很多孩子的学习兴趣,因此会有一些孩子厌学。但是,我想,无论如何不能在小学,在一个孩子很懵懂的年纪,就用一种独断式的标准去评价一个学生。让孩子在小学就把学习当成一种特别苦恼的事情,那将来这孩子怎么办呢?还有什么底气去迎接将来的学习生涯呢?有时候我就想,当年我们上学的时候,也根本没有什么人管啊,自然而然地学也就读完了。

  现在的孩子,为什么这么多厌学的?整个社会都是焦虑的,所有的人都想去控制孩子们,必须要达到一个什么程度。但是孩子们真正的品质、素养什么的,好像没有。原来哪有这么多补习班,你看现在,不知道怎么了。所有的人都在站着看电影,不能让人静下心来去干一件事情。

  分数真的能说明什么吗?不一定。班上有一些成绩不太好的孩子,但是这些孩子反而思维更敏捷更有想法,这样的孩子如果不用分数去评价他们多好,也许他们的学习兴趣会更好。但是,现在学校就用学生的成绩去衡量老师,学生成绩高,这个老师就好,就搞得老师没办法,在平日的课堂教学中,教学生都用同样的方法,因为这种方法简单、快速,还能得高分。但是,我觉得不好,对孩子的长远发展不好。

——(FT-XF-0617-02)

  辛斐坚决反对用分数和考试来衡量学生,但多数学校对教师进行评价的标准依然还是学生的成绩,因此许多教师在这种压力之下仍然深陷在"唯分数"的论调中。辛斐也不可能完全不受此种潜在文化的影响,但她没有放弃自己的想法,而是竭尽所能在分数与学生身心健康发展之间寻求平衡的途径。

  小孩子的成长,不是像生产机器啊,他们就像小苗,有的刚破土,有的已经长高了一些,不可能齐头并进啊。有的老师会把自己的颜面看得比啥都重要,不考虑孩子的发展。我们班就有个孩子，反应比较迟钝，我从来没有批评过他，不管他考几分，我都没有批评过，也没有叫过家长。生一个这样的孩子，作为父母亲已经很难过了。一年级、二年级的时候他还能回答一些问题，到了三年级以后，可能不会的东西越来越多，所以每次看见他写对答案我就特别高兴，会用各种方式鼓励他。

我只是觉得，那个班级的平均分到底能咋样？考不了第一名又能怎样？到了这个年龄了，可能对学生稍微就宽容一些。但是，人家其他要求严格的老师，学生做错一道罚十道，这样学生长记性，分数就高啊。我就想，即便分数高，又能怎么样？老师，看重的是分数，那么伤害的就是孩子，伤害的是孩子对这门学科的学习兴趣。

——（FT-XF-0617-02）

辛斐认为想要促进学生真正发展，根本在于教师的改变，特别是教师对学生的评价视角必须进行转换，但这种转换需要教师有足够的勇气，敢于坚持自己的想法。田野中很多教师都认为不能用分数来衡量学生，但由于外在的社会文化、学校的评价制度，又使得多数教师无可奈何"穿新鞋走老路"。辛斐的不同之处在于，她不仅有自己对学生学业价值的真正定位，而且有勇气在外部的各种压力之中坚定地践行自己的信念。

（三）"数学是启迪智慧的课程"

辛斐对数学的课程价值同样有着非常清晰的理解，她将数学教学的过程比喻为帮助学生打开思维窗户的过程。

其实数学不管什么教材，知识点都是一样的，但是怎么样让孩子学会触类旁通，让孩子知道遇到这个问题我可以采用什么样的途径去解决，这样才行。很多素养是可以培养的，虽然可能没有天赋，这方面的素养即便经过培训也不可能达到最优秀，但是绝对是可以培养到某一种程度的。培养学生的数学素养、开拓他们的思维方式、启迪智慧，这些才是数学真正的价值所在。（FT-XF-0617-02）

为了实现自己对课程价值的理解，辛斐善于反思，喜爱学习，她不断对教材进行深入的研究和分析。

比如说，其实在二年级就可以讲鸡兔同笼，鸡兔同笼这个问题原本是在六年级出现的，后来下到五年级，现在又编排到四年级。可是这个问题在四年级孩子们可以学懂,而其实他们甚至在二年级、幼儿园都可以思考这个问题,只不过在不同的阶段用的方法不一样。现在二年级有个习题其实就是鸡兔同笼的思维模式。我觉得数学主要是培养孩子的思维,不一定非要按部就班。现在考试的方向很广泛,数学教学得让学生掌握去伪存真的能力,需要让他们学会从很繁杂的素材中找到重点,这不仅仅是应对考试,而是一种应对未来的能力。

不能让孩子们对数学的感觉就只停留在做题,如果一个孩子认为一道题目只有这一种方法,那只能说明教学非常失败,数学这门学科它自身的价值也就消失了,反而固化了学生的思维。

——(FT-XF-0604)

但同时辛斐也深知,想要实现数学"启迪智慧"的目标非常困难,于是她不断在国家政策、学校制度与学生发展、个体价值之间积极地寻找某种价值平衡,并尽可能地从外部世界得到更多的支持和自我实现的条件。她是一个非常爱学习的人,从各种渠道,如市里组织的各类观摩课、示范课、数学教育名家的网络公开课以及各类数学教育的著作,拓宽自己对学科价值及教学方式的理解,这已成为她的日常习惯。她不但善于从他者的智慧中汲取能量,而且同样不用自身习惯性价值观念来判断及定位未来,能够主动吸取外部的支持来为自己所用,知道世界不动如山却仍然能够积极地调整自己以寻求平衡。

积极的课程认同来自教师对自我价值、学生学业价值及课程价值的清晰判断,他们能够对纷繁复杂的各种话语体系进行理性辨识,对教育领域、学科领域的各种新理念、新观点进行学习与领会,能够将各种价值观念进行融合,形成一个新的价值体系。他们不仅积极寻求自我内在世界价值体系的建立,而且能够以此新的价值观念指导自我的课程行动,从而对自我在课程实施中的意义进行定位。

二、"教学到底以什么为中心":自我的①课程认同

若在课程实施中教师将"我"过度放大,只关注自我价值而忽略课程价值的实现,便走向了自我的课程认同。从价值论的角度而言,人不能以自我实现作为最高的追求,而应该以理想社会的实现作为我们追求的最高价值目标。人的自我实现和社会实现是相辅相成的,人的自我实现应该和社会需要结合起来。因此,同样是"我"在场,但若一切价值抉择只以"己"作为中心,只关注自我物质价值或精神价值的实现,那么便会陷入对课程功利性的虚假认同或走向自恋的极端。

(一)"没有分数一切都是空谈"

"教学到底应该以什么为中心?"若在教师课程生活的前台与后台询问此问题,极有可能得到完全不同的答案。

寿老师是五年级二班的语文老师兼班主任,她是 X 小学的"土著"教师,性格直爽,开朗健谈。我全程参与了她参加区公开课的打磨课,也因此有机会了解教师们在台前幕后对新课程态度的巨大反差。寿老师参赛的题目是五年级下册的《自相矛盾》,在这篇文言文教学中,寿老师循循善诱,通过课本剧表演,让学生深入理解短文故事,明白自相矛盾背后的道理,并掌握解读文言文的方法。然而私下的闲聊中,寿老师却是对新课程所倡导的素质教育最为不屑的一个,她认为"没有分数一切都是空谈,谁不知道分数才是硬道理啊!"(FT-CA-0419)。而为了让学生得到高分,寿老师的日常教学多是刷题、背诵、抄写等机械训练的方式。她同时兼任班里的道德与法程的任课教师,但道德与法治课程的讲授基本上只有考前的考点背诵,其他时间都成为语文训练课。寿老师认为想要拿高分都有套路,遵循着这样的套路训练,她的学生每次考试都有不错的成绩,寿老师还作为学校语文学科的代表去区里发言。

教师之所以在前台与后台有着如此之大的反差,在某种程度上是一种自我保护,是"当社会要求与个人真实自我的态度或能力并不一致时,个体为了

---

① 在此需要对"自我的"进行解释,"自我的"胡适将其译为"为我主义"(egoism),其本质是只顾自己的利益,不管群众的利益。(参见:胡适.个人自由与社会进步[M].北京:北京师范大学出版社,2013:2.胡适引用杜威的话。)在本研究中,群众的利益实为学生的发展,若教师在课程实施中只顾自己,而忽略课程价值本身对学生发展的真正意义,即意味着教师属于自我的课程认同。

使得自己在社会中生活顺利或更好,而采取一种迎合并认同社会要求的伪装"①。寿老师的日常教学以分数为中心,以训练为途径,但她认为自己之所以这样做,主要根源来自当下的评价制度。"语文课本来是很美的,但是中考、高考在那里放着,区里私下还要对学生成绩排名,你说不想方设法按照套路让学生拿分能行吗?而且,说实在的,我觉得当下的教学理念有的时候很有毛病,你们看我这节课,'自相矛盾'这个道理不难吧?学生都五年级了,十岁出头的孩子了,这个道理一说就明白。可是,你看这上个课,为了所谓的提高学生积极性、激发学生思考等,我还得让孩子们扮演什么课本剧,在活动中让他们加深理解。你们说这难道不是浪费时间啊。"(FT-CA-0419)

教师在台前与台后的行为有着巨大的差异,好比荣格所说的,戴着"人格面具"。面具使演员可以扮演一个具体特定的角色,而人格面具与其作用相似,使得一个人能够去扮演并不一定是自己本身的角色,让人"在公共场所所展现的面具或者外观,其意在于呈现与己有利的形象,这样,社会就会悦纳他",从而使个体获得相应的利益。② 教师在台前积极响应新课程,在各种公开课、大大小小的会议中对新课程的理念侃侃而谈,演绎得极为深刻,而在真实的后台、在其内心深处却极有可能持截然相反的态度。

"双减"政策出台后,A市教育局要求各个学校进行作业减负,要求教师们制定特色作业,实行弹性作业制。马凌作为学校教学工作的负责人,试图制定学校相应的弹性作业制度。其他学科迟迟拿不出好的办法,我建议她可以从英语学科做起,马凌认为,基础性作业不能少,否则学生记不牢,但是上面要求做特色作业,于是便只好用各种英语手抄报应付。学校的微信公众号里英语学科的手抄报丰富多彩,但在与马凌的私下聊天中她却说,学生的作业不仅没有减少反而因为特色作业又增加了,在"真正为了学生考虑"和"不被领导批评"之间必须有所取舍。

荣格认为人格面具是人格结构中的一种原型,它对于个体生存是有利的,能够使我们与他人和睦相处,甚至可以使人们与自身讨厌的人也能友好相处,

---

① 盛莉.在德育中摘下"人格面具"[J].教育学报,2006,2(3):55-58.
② 卡尔文·S.霍尔,沃农·J.诺德拜.荣格心理学纲要[M].张月,译.李小江,校.郑州:黄河文艺出版社,1987:38.

以此人们获得利益,取得成就,它是人在社会生活和团体生活中得以生存的基础。① 台前的课程教学中,教师掩饰真实的自我以外界要求的形象展现自己,以此寻求自我保护获得既定利益。对于教师而言,展示于台前的面具,符合周围环境的要求和看法,所带来的是教师对课程的虚假认同,但从教师个体生存的角度来说具有积极的意义。

(二)"我有我的想法"

若说寿老师和马凌对课程虚假认同的根本出于对自我的保护或评优评先等物质性目的,那么自我的课程认同中,还有一类教师却并非如此。若教师只追求个体精神价值的无限放大,类似于人们所说的"自恋"倾向,就会只把自己的思想、情感和需要当作日常生活中最主要的事情。而这种倾向是一种对自我的执着偏见,使得个体无法在自我和外部世界之间建立有效的边界。② 此种类型的教师会对课程现场发生的每一个事件都追问"这对我意味着什么",总是将各种课程事件同自我的需求和欲望联系在一起,唯一完全真实的东西是他们自己③。

辛斐的徒弟小李是某知名师范院校的毕业生,刚刚入职两年的她目前担任Z小学三年级的数学教师。"不爱跟人交流,很有主见"是辛斐对其的评价,10月份的青年教师汇报课中,辛斐称又被小李"气得够呛"(WX-XF-1025)。作为省内知名院校数学专业的毕业生,小李的专业知识非常扎实,但在辛斐眼里自己这个徒弟却对小学数学教学有着很多实践上的不足。例如,小李在讲课过程中过于强调知识的逻辑关系,却无法顾及学生的学习状态,无法对学情进行深入分析。对于师父提出的意见,小李每次都虚心表示接受,但其课堂教学却并无改变。

在辛斐的联系下,我加了小李的微信,理工科出身的她,性格相对严肃,因此我们之间的交流并不太多。但在提及日常课堂教学的困境时,她说:"我觉得我的专业肯定是没问题的,我的教学困境可能在于我的教学方法,但是我觉

---

① 卡尔文·S.霍尔,沃农·J.诺德拜.荣格心理学纲要[M].张月,译.李小江,校.郑州:黄河文艺出版社,1987:38.
② 安东尼·吉登斯.现代性与自我认同:晚期现代中的自我与社会[M].夏璐,译.北京:中国人民大学出版社,2016:158-159.
③ 埃里希·弗洛姆.弗洛姆著作精选:人性·社会·拯救[M].上海:上海人民出版社,1989:692.

得数学的逻辑性和严密性是非常重要的,过度地以学生学习兴趣为中心会打乱知识点之间的逻辑关系,而且那样我感觉课堂很拖沓。"(WX-XL-1124)小李的观点听上去不无道理,但辛斐说,"小李教的是三年级的学生,其课堂教学最大的问题不仅仅在于教学过程设计单一、学生学习兴趣不高等,最主要的问题是小李对于学生的反馈往往置之不理,对她这个师父的建议也通常置若罔闻,以一种无声的沉默宣扬着自己的立场"(WX-XF-1129)。

此种课程认同类型与教师们自身的性格特质有着巨大的关系,暂且用吉登斯的"自恋"来对此类教师加以形容。吉登斯认为,此种类型的人不愿与他人有过多的交往联系,因为对于他们而言,与他者建构的私密关系以及与社会世界更为广泛的联系可能会具有一种固有的破坏性,破坏自我的私人空间与生活。由于缺乏与他人的交流,这些人的自我价值感的建构依赖于自我对自身的崇拜和赞许,从而支持一种不确定的自我价值感。[①] 此种课程认同类型的教师,往往持独断主义的价值立场,难以体察外部要求、他者关系中的价值观念,自我的价值(特别是精神上的自恋)总是居于高位,认为自我所做的选择就是无可指责的。

三、"不出差错就行":消极的课程认同

当教师自我状态处于"无我"境地,很少对自身的价值和课程价值进行反思,只是一味以周围人的指令或准则作为课程行动的指南,他便走向了消极的课程认同。消极的课程认同所带来的是教师自我价值和课程价值的共同迷失,此种类型的教师既没有对课程价值有清晰的定位,又很少审思自我在课程实施中的价值及意义,其所做出的各种课程行为是一种"权威式的服从",以外在权威作为标准安排自己的课程生活。

(一)"不给学校添麻烦"

索薇,X 小学的语文代课教师,大学时期所学的专业是法律,毕业后考取了小学语文教师资格证,后来经熟人介绍到 X 小学任语文教师,并从 2019 年开始担任语文教师并兼任班主任。索薇是胡校长的徒弟,所以与其他年轻教

[①] 安东尼·吉登斯.现代性与自我认同:晚期现代中的自我与社会[M].夏璐,译.北京:中国人民大学出版社,2016:171.

师相比,日常的教学及班级管理工作中她更为小心谨慎。

第一次走进索薇的课堂,源自研学旅行前的一次安全课。我随着叶兰来到他们班,索薇正在给学生讲解安全注意事项。她不断重复全体教师会议中校长强调的重点,并选定各个小组的负责人执行她的命令,她多次厉声强调"不许惹麻烦"。也可能是她过于强势,对于需要注意的并不算太多的安全事项几个学生都没回答清楚。见状,叶兰便通过谈话的方式,向学生说明什么是研学旅行、研学的目的是什么、任务是什么;而后讲解具体安全事项,如衣着、坐姿、集合、手机等,告诉学生要学会观察,互相团结。叶兰轻声细语,与索薇的严厉形成了鲜明的对比,在她的引导下,几个小组长把各组的工作安排得井井有条。

两个老师,同样的任务,出现了两种完全不同的风格。教师对课程的理解不同,对课程的关注点不同,造成了不一样的课程行为。索老师是一个非常积极上进的老师,在后面的田野调研中,无论是开全体教师会议还是教研室会议,她都会积极发言。但类似的情境多了,却发现她有的时候可能只是为了迎合。(TYBJ-0426)

索薇是自己所教班级的班主任,无论是语文教学工作还是班主任工作,她都在竭力维持着一种安稳感,她说:"我现在这个班是六年级,当时是在他们三年级时接手的。接的是个退休老教师的班,她带得非常好,我接手以后唯一想的就是能安安稳稳地,不要出什么差错,校长布置的各项任务我都是最先完成,就希望在人家以前打下的基础上把这些孩子送毕业就行了。"(FT-SW-1110)

索薇不仅将"不出差错"这种态度用于她的班主任工作中,而且体现在她的日常教学中。我曾单独听过一节索薇的日常课,教学内容是六年级上册第一单元的《古诗词三首》,但是当天晚上在写反思的时候,"索薇怎么讲课我已经记不起来,只有听课本上几个简单的教学环节记录。只记得索薇严厉的表情,连她怎么训斥那个做小动作的男孩子也记不太清了"(TYBJ-0929)。"不惹麻烦"已经成为索薇日常工作的重点,课堂教学中亦是如此,她把相当一部分的课堂时间用于规范学生的作业与纪律、布置日常班级工作,却忽略了语文课程本该有的美好与学生应该拥有的学习的快乐。

（二）"在校长的指导下……"

索薇的家庭条件不太好,两个孩子都在上幼儿园,丈夫没有固定工作,因此她非常看重这份工作。她的工资由学校参考 A 市的最低工资标准发放,再加上班主任津贴和延时班的费用,一个月的收入也只是勉强够维持基本生活需求。我曾经问她,为何不再去考个教师编制,她的回答是第一年龄大了,第二也没有时间。可能正是对工作的看重,在各类会议中,索薇会经常顺着领导的意思去发言,能感觉到她想得到"被认同、被接受、被人喜爱",从而获得某种安全感。

作为胡校长的徒弟,索薇对于班主任的工作从不敢懈怠,其他的行政任务也总是在第一时间完成。不仅如此,就连上课的方式她也在模仿自己的师父胡校长,但愈想与他人求同,甚至放弃自我去求同,却注定要变得更加孤独。在一次听完索薇校级公开课后的闲聊中,胡校长曾这样描述自己对这个徒弟的看法:"索薇很努力也很认真,不过对语文的理解也好、教学也好,其实有很多时候还是要看教师的个人素质……"（TYBJ-0915）胡校长并没有直接言明,但言下之意对自己的这个徒弟还是有着些许的失望。尽管索薇的做法与自身的家庭经济情况不无关系,但胡校长并非特别强势的人,她也很希望教师们都能对教学进行深入反思,能形成自身的教学风格。而索薇在课程实施过程中却总是选择与周围他者"趋同",不依赖自己而是依赖他者从而寻找获得认可的途径,确切地说是寻找被权威认可的途径。

在索薇的课程生活中,领导占据着主要位置。在与我的交流中,她可能认为我是通过校长进入校园的,更是时时处处把"学校、校长、大局为重"作为交流的中心话题,也许索薇这样做确实是出于保全工作的渴望,但在描写她的故事时心中还是不免失落,甚至有些难过。政策及制度赋予教师反身的自由,但一些教师却并不想真正拥有这种自由,而为了逃避自由,他们用"从众、随大流"来应对,让自己变得与周围环境或者重要的人物相一致。他们无暇顾及自我价值,亦不想去思考课程真正的价值,用服从权威消除自我的焦虑感与恐惧,而以此带来的后果反而是自我价值和课程价值的共同失落。

除了索薇这样选择主动趋同他者的教师之外,消极的课程认同中亦有一些教师是属于机械的趋同。此种类型的教师在日常的课程生活中不寻求出人头地,只想寻求"适应",他们遵循"外来指导",一切动机和行动指令均来自他人。如弗洛姆所言,个体不再是自己,他完全接受了文化模式所赋予他的那种人格。因此,他就和所有其他人一样,并且变得就和他人所期望的一样,这种心理机构宛如某些动物的保护色①。他们对学校的一切持无所谓的态度,用一种"领导让怎样就怎样"的"无我"状态来指导自我的课程生活,这种状态不仅仅意味着自我意识、自我反身性的消失,同样意味着自我对自身价值、存在意义的一种逃避与漠视。

四、"问题很多,但是没有解决的途径":忠实的课程认同

忠实的课程认同是教师的自我存在状态从"有我"走向"无我"的过程,亦是教师从饱含热情到深感无力的过程。"问题很多,但是没法解决",田野中多数教师都发出过这样的感叹,课程理想与现实之间总是会存在差异,教师亦发现课程理念想要扎根于课堂总会出现各种困难。他们并非不想寻找自我价值和课程价值的共同彰显,但是外部的干预(学校制度、文化、人际关系等各种因素)使得他们在自我与课程的价值互动与调适中不知所措,最终只得选择忠实地遵循外部的课程权威并忠实地实施权威规范中的课程。

(一)"不能冒尖"

肖琳是 R 小学的一名数学教师。之所以联系肖琳,是因为叶兰和马凌都是从 R 小学调入 X 小学的,在日常的交流中,两人不断提及两所学校的巨大差别,使得我更加好奇不同的学校环境对教师的课程认同建构究竟有着多大的影响,于是拜托自己的好朋友找到了肖琳。

肖琳与我的朋友是发小,因此我们之间的交流非常顺畅,很快就如同老朋友般熟络。她参加工作已 30 年,是 R 小学的数学骨干教师,亦是学校数学教研室的主任。我曾经提出要去听她的日常课,肖琳百般推辞,见我坚持不下,只好说出原因:"我们学校的关系很复杂,校长很忌讳外人特别是你们这些搞研究的人进来……"(FT-XL-0531)这一原因我在选择田野地点的过程中早已领教过,便不再坚持。肖琳主动把我的问卷发给她的同事们填写,并告诉我:"老师们官方的回答跟现实的情况不一样,你得做好心理准备。"(FT-XL-0606)她自己也填写了所谓的正式的、官方的问卷,确实如她所言,我们私下的

---

① E.佛洛姆.逃避自由[M].陈学明,译.周洪林,校.哈尔滨:北方文艺出版社,1987:111.

交流和她用文本呈现出来的答案有很多不同。

"不能冒尖"这句话,韩玫、叶兰、肖琳都说过,只是在与肖琳的谈话中,显得尤为凸出。她所在的 R 小学在全国都很有名,当下的校长也是 A 市教育界的"风云人物",对于自己的领导肖琳不愿过多讨论,但已经离开 R 小学的叶兰便有了可以向我言说的勇气。叶兰说:"就像马校长吧,她性格非常强势,不是一般强势。她的手腕很硬,方式也很简单直接,甚至有一些粗暴。学校每周会开各种各样的例会,学校教学改革中的某些问题校长会在会上提出,让老师们发表自己的意见。我以前很傻,以为领导让说,那就说呗,但是说完之后,马上,领导连珠炮似的质疑马上就会扔过来,就是让人始料不及,吓得大气都不敢出。以后就再也不敢说了。"(TYBJ-0607-01)性子温和的叶兰都会有如此的感慨,也不难想象心直口快的肖琳在 R 小学的生存状态。

面对同样的问题肖琳亦用"不能冒尖"去应对,她说:

"自己的想法是不能表露出来的,领导说怎样就怎样做,不能去冒尖。一方面国家的理念和政策在,我们教学就变得比以往复杂,但是社会氛围和学校要求在,实际上我们还是要以学生成绩来作为标尺,又没有足够的课时,教学就觉得特别难。这些问题,没有解决的途径,领导说让怎么做就怎么做。

"学校要求一出,所有的班级的学生、教师必须整齐划一,我们慢慢地真的很累,逐步就流失了教学热情。"

——(FT-XL-0606)

R 小学的教学管理工作非常精细,拥有完备的评价系统,但是肖琳认为过于精细的学校制度,让教师们畏首畏尾,只能按照要求按部就班,不能出半点差错。访谈提纲中有一个问题:"如果用一个表示自我感受的关键词来表达每天的教学生活,您觉得出现频率最高的词可能会是哪个?"肖琳的回答是:"忙碌"。而她的同事们大多也是同样的回答,有一个教师加上了前缀"机械地忙碌"(WJ-FT-R-02)。课程实施现场教师们都强烈地感受到了不适、冲突,但是科层制的学校制度,不允许他们将自己真实的想法说出来,教师为了自保,多数情况下便会选择沉默、服从、隐匿自我。

(二)"闷着头往前走算了"①

肖琳对学科自身的价值有着清晰的理解,她认为"数学是一门应用学科,对学生的后续学习起着很重要的作用。小学数学就是培养学生的基本计算能力,良好的学习习惯,培养学生良好的逻辑思维能力"。为了实现课程目标,她能够积极寻找各种方法并付诸实施,"课堂上要培养学生的思维能力、学习习惯,激发学生的数学学习热情。这些都可以在教学设计、课堂调动气氛、发挥学生学习主动性等方面加以体现"。

肖琳说到课程教学中遭遇的种种困难时语气有些激动:"国家的课改理念说要为了学生的全面发展,学科教学要以育人为目标。我做了这么多年的数学教师,说实话,以前数学的教学目标相对来说很明确,就是让学生把知识点学好,同样地遇到学生没听明白,以前我会说来老师再给你讲清楚,哪怕我可以私下单独辅导也好,找借口占用他的体育课也好,总之会想方设法让他学会。可是现在呢,第一没有时间和机会让老师对学生进行辅导,而且也不能批评或者强求,只能说那你再好好想想。但是,问题的矛盾在于,国家的理念说不能唯分数论,不让我们只关注学生的成绩,可是现实呢,虽然现在小升初是摇号制,但是他们进了初中有个新生测试,那个时候要排名。我们学校的理念一贯就是'只能第一'。我担任六年级的数学,六年级的孩子,月考还是不断哪。考完学校要评比,如果你任教的班级成绩靠后,那你想吧,评职称、优秀什么的怎么可能会有自己的机会。而且,如果学生成绩低,家长马上会跳出来质疑老师。"

对于现有的教材,肖琳也有着自己的看法:"小学的数学教材,最初是小开版的,后来中间换了几次。现在的教材最大的问题就是,关键信息变少了,问题的描述很模糊。单纯的读题就是个问题,一个对话题,不同的顺序去读就会有不同的理解。因此就要有专门的时间带领学生读题,但是这个时间根本没有,让学生回家读,不会有人读的。课堂上读也不可能,讲新课时间根本就不够,哪里还有时间去读题。还有,国家配套的教学用书只有教材和巩固。但问题是这些题,考试的时候不可能会考。"

---

① 此部分的内容均来自2021年6月6日晚上我与肖琳的电话访谈,征得她的同意,对当晚的访谈内容进行了录音。资料编码为FT-XL-0606。

教材的变化源自数学课程目标的变化,但肖琳认为,学生的状态、教学时间的匮乏无法适应教材本身的意图。"现在的孩子基本上都很难静下来,不会去深入地思考问题。他们读题,快读一遍马上就说自己会或者不会,很少有孩子能安静地深入思考,所以,面对这些拓展和延伸的题目就很困难。因此会有家长抱怨,有些题老师为啥没讲。可是你说老师怎么讲?"

肖琳认为国家的政策导向是减轻一系列的教育负担,但是考试的难易程度却并没有降低,考试总是要挖广、挖深,而实际教学中没有这个时间。"考试的时候题目会拓展会延伸,我们私下说课堂上讲的是怎么和面,作业是怎么蒸馍,考试的时候考你怎么包饺子。这样就觉得很困难,拓展和延伸的东西你怎么讲,哪里有时间和机会去讲。"再加上教学琐事多,因此几乎没有时间和机会能静下来对课程教学进行深入的反思,她认为"这些困难与问题根本没有解决的途径,只有闷着头往前走算了"。

稳定的政策、熟悉的教材教法与可靠的师生互动模式是课程实施中教师安全感的来源,①但在与肖琳的交流中,我却深刻感受到她在突如其来的各种不确定中内心的挣扎与无奈,她并非没有尝试寻找解决困境的途径,却最终不得不屈服于周围的各种压力与准则,放弃自我以寻求自保作为妥协。

忠实意味着忠诚、无私与牺牲,此课程认同类型的教师在课程实施过程中忠实地做好课程传递者的角色、服从学校各种安排、按要求完成各类任务,他们虽然将自我的价值追求隐匿却仍然想要尽全力去解决教学中的问题,尽自己最大的努力促进学生成长。但此种类型的教师却是课程生活幸福指数偏低的,因为他们惊讶地发现,尽管自己选择放弃自我,但是并不幸福。沮丧、疲劳、无意义等感觉困扰着他们,如同肖琳的妥协"没有办法,不过还好我也快退休了……"。

第三节 "有我"与"无我"的讨论

教师的课程生活并不是线性的,而是一系列的变动和遭遇,变动的生活造

---

① 周淑卿.课程发展与教师专业[M].北京:九州出版社,2006:95.

就了不同的认同,也可以说不同的认同造就了不同的生活。课程改革以一种直接的方式与学校生活融合,进而与教师的"自我"交织在一起,教师们在课程实施中因不同的自我状态进行不同的价值抉择,形成不同的课程认同。在此过程中,我们到底应该如何评判自我、认同与价值?各种价值是否有高低之分?是否消极和自我的课程认同就应该被鄙弃?是否积极和忠实的课程认同就应该被赞扬?人的意识中,自我、认同和价值有时是真实的、可明显感受到的,有时却是模糊的,且随着生活的流动不断变化。

每个人心中都有对自我的不同定位、对价值的不同排序,因此每个人都有自己独特的命运和在生活中的贡献,对教师课程认同类型的划分,并不存在任何好与坏、对与错的价值判断,却需要对各不相同的课程认同所带来的精神后果加以讨论。

一、两种不同的自我在场

"有我"的课程认同即教师自我反身性意识的在场,教师能够将自我视为一个完整的个体人,对自我价值有着清晰的定位,同时有着自我实现的渴望与动力。但在"有我"的立场中由于每个人对价值的选择不同,便形成了积极的和自我的两种不同的课程认同。

人的自我意识有三层:生理自我、心理自我和社会自我。生理自我即人对本质的我的认识(身体、性别等生理特征),心理自我是人对自我兴趣、意志、能力、欲望等的认识,而社会自我是人对自己在社会关系、人际关系中的角色、作用、地位的认识。正是因为人的自我意识处于不同的层面,人对自我价值的定位便有了不同,只有社会自我的觉醒,才能够将"我"的价值和社会价值融为一体。也有人还未达到社会自我的层次,只关注生理和心理的自我,从而将自我的价值(物质或精神)无限放大,因此,即便是"有我"状态,也有着不同的认同体验。两种不同的自我在场带来了不同状态的课程生活,积极的课程认同当然应该被标榜,而自我的课程认同又是否就意味着教师是自私的、是否就应该被鄙弃呢?

(一) 积极的课程认同带来旺盛的教学生命力

在与辛斐的相处过程中,热情、富有活力、执着是她带给人最明显的感觉。积极的课程认同是教师对课程认同"无意识"存在的觉醒,教师试图过一种自反性的生活,对自我日常的课程生活进行积极的管理与引导。教师敢于有意识地行动和选择,将自我价值与课程价值进行互动与调适。这是教师个体独立性、能动性彰显的过程,意味着教师可以自主选择自己的人生,能够勇敢面对各种不确定性,充满活力地为自己而活。弗洛姆将这个个人日益从原始纽带中脱离出来的过程称为"个体化",[1]这种积极的紧张状态,所带来的是一种旺盛的教学生命力。

辛斐的故事,便是一个率真的、自我与各方面协调一致并坚持自我价值与实现的故事,亦是教师个体化的一种体现。在她的课程故事中,她能够将属于生活的不同侧面融汇在一起,对权威、规范、角色以及集体意识做出有意识的反思,从而对自我价值进行不断定位,以求在各种价值规范之间寻求某种平衡。她没有迷失在周遭的纽带和网络中,而是不断积极地去创造、安排自己的人生,对教学中各个方面的状况进行调适与平衡,积极主动地对课程价值进行彰显,对学生学业价值加以促进,这样既实现了自我价值又对社会做出了积极的贡献。

积极的课程认同是教师个体化形成的过程,这意味着从群体之中独立,教师敢于"为自己而活","人们的选择和决定塑造着他们自身,个体成为自身生活的原作者,成为个体认同的创造者"[2]。在此过程中教师形成一种能够直面各种外部压力的积极状态,而这种状态所带来的是充满活力、生机和自由的课程生活。

(二) 自我的课程认同与自爱

如果说积极的课程认同是一种价值平衡的过程,是教师彰显自我价值和课程价值的过程,那么自我的课程认同是否就是自私?在四种课程认同类型中,自我的课程认同总是最容易被人鄙弃,人们第一时间联想到的就是自私、自大、以自我为中心以及狂妄、不可一世等。但从之前对此类教师的故事讲述中不难发现,属于此种课程认同类型的教师,并非没有对课程价值进行过反思,但是由于外部的各种压力(评价制度、社会文化等)或者自我对课程价值的理解偏差,导致无法真正地彰显课程价值,而最终选择以自我价值满足为中心。因此,自我的课程认同并不就是自大或自私,相反,从某种程度上来说,也

---

[1] E.佛洛姆.逃避自由[M].陈学明,译.周洪林,校.哈尔滨:北方文艺出版社,1987:1.
[2] 乌尔里希·贝克,伊丽莎白·贝克-格恩斯海姆.个体化[M].李荣山,范譞,张惠强,译.北京:北京大学出版社,2011:27.

可认为是教师对自己的爱护。

人是否应该自爱,不同的立场有着截然不同的看法。哲学家加尔文认为"自爱是一种有害的东西",康德也同样谴责自爱,他认为,爱自己、追求自身的幸福是"最要不得的事情",此种追求绝不是一种美德。但与之相对立的观点来自斯坦纳和尼采,他们把爱他人斥责为软弱、自我牺牲,而把利己主义、自私及自爱视为美德;同样持此立场的还包括亚里士多德和斯宾诺莎,他们也认为自爱是一种美德而不是一种罪恶。① 正是哲学中对自爱与自私的争论不休,也使得无法对自我的课程认同进行价值判断。

但从价值论的角度而言,人的自我价值实现无法脱离社会价值,人不可能独自存活,人需要服从某些比自身更重要的东西,服从于一种外在的权力或由它所内在化的"责任"。② 将自我的物质价值或精神追求放大却使得课程价值无法实现的教师,是一种自爱的表现,但是若从学生发展的角度而言,这种自爱是狭隘的。人的自我价值实现无法脱离社会存在,真正的自爱是一种共生联系,是人对自己生命、幸福、成长和自由的肯定,这种肯定来自与他者之间的相互关心、尊重和责任的履行。课程的价值以学生发展为落脚点,若课程实施的最终结果并没有真正促进学生成长,或者说没有实现课程本该有的价值,那么从某种角度而言,教师的自我价值也并非真正实现。这也就意味着,自我的课程认同所带来的教师自我价值的实现,并非真正的自我价值,而是一种功利性的物质满足和狭隘的精神满足。

真正的自我在场,能够帮助教师对自我价值和课程价值进行清晰的定位和努力的调适,而此所形成的价值体系会给教师的课程行动带来坚定的信念和源源不断的动力。这样所形成的那种积极的愿景会让教师觉得现在的努力和付出是值得的,使得教师有更大的能力承受奔向美好未来的征途中的艰难。而自我的课程认同,若课程实施中教师的自我物质需求或者精神需求没有得到相应的满足,便易产生愤怒或者失望等情绪,导致教师教学动力的丧失。因此,教师要对自我的价值定位进行反思,将自己的发展扎根于学生的成长之中,而此所带来的教学满足感、幸福感亦会让教师拥有充满活力的课程生活。

---

① 此部分关于自爱与自私的各种观点,均转引自:埃·弗洛姆.为自己的人[M].孙依依,译.北京:生活·读书·新知三联书店出版,1988:124-126.

② 埃·弗洛姆.为自己的人[M].孙依依,译.北京:生活·读书·新知三联书店出版,1988:127.

二、"无我"的后果

"无我"对人而言是危险的。课程实施过程中,若教师处于"无我"的状态,或从"有我"走向"无我",虽然在与周围人的趋同中获得了安全感或者归属感,但这种安全感的获得所付出的代价却是教师的存在与其本质的脱离。这种危险人们自身往往难以察觉,日复一日的"无我"状态所带来的是教师教学生命力的丧失,人们自愿做某些不是自己真正想做的事情,变成了不是他本来潜在的东西,或者说人变得不是真正的自己。①

(一)"无我"带来异化的课程生活

马克思将人的异化分为与自身行为的异化、与物的异化、与自然的异化、与他人的异化以及最后与自己的异化。② 其中,与自己的异化意味着人主体性、自我价值感的消失,意味着自己的生活活动、自己的本质反而变成了维持自己的手段,这是人的一种深度异化。"无我"的课程认同所带来的后果正是教师与自己的异化,教师们为了获得认可主动适应外界,这本是人的生存本能,然而当这种适应超过了一定的限度,人们就会对自己感到陌生。真正的自我在与外界发生关联时隐退到角落里,就连自己也无法感知,人们越无法感知自我就需要越发去适应他人,这就陷入了一个恶性循环。而此通过别人来获得的自我其实一个伪自我,靠着他人的反应而生活,自己想做什么都只是对他人的回应,而不是真正的自我所做出的决定。③

索薇对职业生涯没有规划,作为班主任的她用强硬的控制保证班级的纪律,保证学生不出差错、不惹麻烦,自己期望迎合别人从而获得认可,却没有得到应有的回报,也从未想过自己要去发动或倡议一些事情。对于消极课程认同的教师而言,他们与课程的互动过程中,只以周围他者或外界压力为准则,对自我与课程之间的关系不做思考,对自我与课程的价值没有进行过深入反思。在与课程互动中以获得他人(权威)喜爱为目标,而由于无法像自己想象

---

① 哈特穆特·罗萨.新异化的诞生:社会加速批判理论大纲[M].郑作彧,译.上海:上海人民出版社,2018:7.

② 卡·马克思.1844年经济哲学手稿[M]//马克思恩格斯全集:第42卷.北京:人民出版社,2016:89-103.

③ 卡斯特.依然故我[M].刘沁卉,译.北京:国际文化出版公司,2008:98.

中的那样得到他人的喜爱,他们就更努力地去改变自己,但最终却离自己越来越远。

对于忠实的课程认同的教师而言,"无我"导致的自我异化带来的却是一种无力感。人拥有观照自我内部世界的能力,而当人只能顾及外部世界,而同自己的内心世界、同自己失去联系时,也就意味着自我内在世界的异化。这种异化感所带来的是人们对生活的失望与不满,肖琳作为数学学科的骨干力量,内心对当下的课程教学有着诸多不满,却无力去调适,更无力做出改变。教师陷在周遭的要求与自己的课程理想的冲突中,这种无力感使得教师在日常课程生活中丧失激情,而每天又不得不重复的教学生活无异于一种"自我的耗尽"。

(二)"无我"导致课程实施中教师个体性的消失

个体性的消失也称去个体化或去个性化(deindividualization),亦称责任扩散,是指个人在群体中因丧失个性特征、自我理性和责任意识而表现出来的行为状态。① 教师个体性消失的过程中,个体的自我意识和个性被群体思想淹没,也就是说教师的课程行动往往受身旁事物的影响,他们无法以自己内在的价值标准和态度来支配自己的行为,而是根据别人的反应来反应。

群体心理学中对去个性化的描述除了在群体中个体自我独特性与理性的消失,更多地突出去个性化所带来的某些反社会的偏激行为。但在教师中间,个体性消失的最终结果却走向另一个极端,不是偏激的暴力行为,而是自我无声的消亡。无论是消极的课程认同还是忠实的课程认同,被他者左右、让自己消散在群体中,不起眼、不冒尖都是最终的结果。索薇的故事中领袖的力量超乎异常,服从权威是其最大的特点;肖琳的故事中,权威变得多样化,家长、制度、社会文化、领导等都是影响她课程行动的因素。但两个不同的故事最后的结果却有着很多的相似之处,让自己在人群中不突出都是她们做出的最为安全的抉择。去个性化的后果是个人在群体中因为感到个体性丧失,而降低对自身行为的觉察和控制,依据群体的喜好或者价值体系进行活动抉择。② "从众、不敢冒头、随大流、听命权威"等是他们去个性化的表现,人被淹没在周围

---

① 林崇德,杨治良,黄希庭.心理学大辞典:上卷[M].上海:上海教育出版社,2003:960.
② 兰玉娟,佐斌.去个性化效应的社会认同模型[J].心理科学进展,2009,17(2):467-472.

的群体中,被周围人的思想所左右,接受周围人的判断和爱好。①

"无我"的状态中,干好自己的事情不受批评是教师的处世规则,无法凸显自我意识的课程行动导致他们在课程生活中的疲劳感增强。表面上看去循规蹈矩、按部就班,而在教师内心深处却是自我价值感及意义感的逐渐丧失,是对周遭一切的消极与冷漠,日常的课程生活毫无生机,这最终导致的是教师教学生命力的陨落、教学激情的丧失。

三、不断变化的自我立场与不断变化的课程认同

尽管对教师的课程认同进行了划分,但不得不澄明这些认同体验都并不是静止的、成形不变的。认同是不确定的,是因为自我也是不确定的,自我并非一以贯之而是随着社会和关系的变化而不断变化,因此教师们在与课程互动中的价值抉择也是不固定的。流动的外部环境影响着教师的自我建构,由自我向外发出的课程认同不过是教师自我在混沌环境中确定自身方位的过程,此过程中充满了危机、挑战以及诸多始料未及的不确定。

过完暑假回到田野的时候,辛斐的孩子已经上了初中,中考要进行职业教育与高中教育的分流,因此,从孩子进入初中起,她便有了诸多苦恼。于是一个周末,在韩玫家的店里,我们三个人又聚到了一起。再见时,曾经充满着无限活力和激情的她已经流露出些许的无奈和疲惫。

辛斐:我们家孩子上的这个初中真是严格执行"双减"政策,从来不给孩子们补课,晚上作业也不多。

我:那不是挺好的吗?这样孩子不累啊。

韩玫笑了一声,回了我一句:"你呀!"

辛斐:可是别的学校不这样啊。X中和XX中跟以前一模一样,甚至变本加厉。

我:那没人去告他们啊?

辛斐:谁去告,上高中百分之五十的分流,不让学校给孩子加码,难道到时候让自己的孩子上技校啊?

---

① 古斯塔夫·勒庞.乌合之众:大众心理研究[M].冯克利,译.桂林:广西师范大学出版社,2007:23.

韩玫朝向我说:她在这里纠结要不要给她家孩子报个私人补习班呢？太贵了,但是她们家孩子的好几个同学都报了。

良久的沉默……

——(FT-XH-1023)

此后不久,辛斐开始用空余时间做微商,想来是为了给孩子凑补习班的费用。看见她朋友圈里一条条的广告时心酸又难过,不知道她和孩子经历了多少次的争吵,也不知道她经历了怎样艰难的挣扎和抉择。依稀想起她曾经的话:"成绩能代表什么？""不能让学习变成禁锢孩子们思维的事情"……亦不知道她日常的课程教学会不会受到影响,还会不会像从前一样坚持自己对课程、对学生、对教育的理解。也许过一段时间再见她时,或许已不能再将她认定为积极的课程认同;或许她会不再那么执着,会将自我的需求放大,走向自我的课程认同;或许她会选择放弃调适和抗争,忠实地做好自己分内之事。如此种种,不得而知。

每一个个体的自我都是独特的,每一个个体的认同体验也都是独特的,都有着独属于自己的内部变动过程。自我和认同根植于日常生活之中,而生活是流动和绵延的,因此自我和认同便也总是处于不断的定位和建构之中。改革所带来的不确定与震荡会对教师已经形成的习惯、信仰和价值观提出挑战,教师只能在一次次的不确定中不断审视自己的处境、定位自己的方位、确认自我的立场、形成新的课程认同并规划出下一步的行动。

第五章
断裂与重塑:教师的课程认同危机

> 我们见到了敌人,
> 他就是我们自己。①
>
> ——罗洛·梅

危机,意味着断裂、不安。认同,是自我对未来方向的一种找寻。教师的课程认同是教师对于自我价值及行动方向的定位,而当教师在课程实施中无法确定自己的位置,出现严重的无方向感以及对自己站在何处的极端的不确定性②,遭遇自我身份感、自我价值感、自我意义感的丧失③,便意味着课程认同危机的产生。

任何一种课程认同类型的教师都有可能发生不同程度的认同危机,但每个人遭遇危机后的处理方式不同,教师们通过各种各样的调适方式,或建构了积极的课程认同,或出于各种原因成为忠实的课程实施者,或以自我价值的最大化作为调适方式走向自我的课程认同,或以自我对自由的放弃选择机械趋同。但危机的产生或转变很多时候都发生在日常课程生活中的一瞬间,且它并非静止不变,而是随着时间和情境的改变而不断地变化和流动。本章用情境分析的方式,以研究者与参与者"共同建构"的方式讲述故事,描述教师课

---

① 罗洛·梅.焦虑的意义[M].朱侃如,译.桂林:漓江出版社,2016:Part Ⅰ.
② 查尔斯·泰勒.自我的根源:现代认同的形成[M].韩震,等译.南京:译林出版社,2012:40.
③ 罗洛·梅.人寻找自己[M].冯川,陈刚,译.冯川,校.贵阳:贵州人民出版社,1991:中译者序.

程认同危机的发生、发展与导致的精神后果,以及危机本身为教师课程认同建构所带来的积极意义。

第一节 一个"逃离与寻找"的课程故事

课程故事是发生在教师与课程之间的日常琐事,正是这些或细碎不起眼的或使人震撼的故事构筑了教师的课程生活。正如邓津(Denzin)所言,日常生活世界不是帕森斯式的社会学概念堆砌,亦不是人类学家的诗意想象与感受泼墨,而是一个一个普通人的活动、言语、思想、情感构成的复杂交往画卷,我们作为研究者的目的即是"搜寻人们的日常生活故事,倾听他们的喜怒哀乐,体会他们的成功,理解他们曾经有过的创伤、恐惧、焦虑、梦想与希望……描述那些身不由己、没有选择的人们是如何度过各自的人生历程的,并将这些历程'表演'出来"[①]。

一、故事的选择以及叙事的方式

前面两章以群体为描述对象,但个体故事的完整性就难以呈现。而且因为 X 小学的教育资源薄弱,学校课程建设及教师专业发展缺乏有效的支持,因此对学校当下课程生活的描述所呈现的文本总有着一丝批判的意味。但随着与教师们关系的深入,看似消极与焦虑的课程生活背后,却是教师们日益加深的课程认同危机与危机之中对成长的渴望。因此,我便将焦点放在一个最具代表性的教师身上,希望通过对她的故事描述,从而完整地呈现教师们日常生活中的挣扎、取舍、妥协和改变,使读者们对教师课程认同危机的发生和发展产生比较全面、细致和动态的了解。

韩玫,是研究中最重要的参与者,而且在所有的参与者中,她是焦虑感最为浓重的人,她的焦虑情绪和一些教师对于现状的习惯与安然形成了鲜明的对比。当我与她之间亲密的私人关系形成以后,她便急切地向我吐露自己的

---

① DENZIN N K.解释性交往行动主义:个人经历的叙事、倾听与理解[M].周勇,译.重庆:重庆大学出版社,2004:译者前言.

困惑,仿若抓住了一根救命稻草,我陷入她的焦虑之中,想与她一起寻求摆脱危机的出口,如同陷入泥沼的两个人在昏暗的夜晚极力挣扎却不知道岸在哪个方向。也正是她强烈的焦虑情绪促使我不断地寻找其他参与者并进行对比分析,她对课程的执念、纠结是其他参与者故事的连接线,而且完整地体现了教师的课程认同是怎样在制度和个体能动性两者的纠葛之中建构和变化的。因此,最终选择单独讲述韩玫的故事,以期为读者呈现学校现场身处课程认同危机之中的教师真实的体验。

韩玫给了我两本自己的教学随笔,类似于日记式的随笔与访谈有着本质的不同,那是一种自己与自己的对话,而不是为了回应他人,两本厚厚的随笔记录了韩玫职业生涯中最重要的两段时光。除了随笔,韩玫的资料还包括我的田野观察笔记、访谈记录,她的教学反思、教案、成长计划、专业小结等,以及我们之间随时随地发生的微信或电话沟通。但想要从如此众多的资料里拎取所谓的重点,希冀详尽地描述一个人的生命历程、生活故事与内在体验非常困难。每次写她的故事我都会有不一样的想法和困惑,不知道以何种方式、何种顺序来呈现才能完美地叙说一个人生命历程中所蕴含的种种。

克兰迪宁和康纳利认为,讲述别人的生活与故事,如同到别人的世界去旅行,研究者的根本是用友爱的观点去洞察那个世界,因此没有那种从头至尾严格的、唯一的叙事形式。所有的作者,每次写作的时候,都会经历张力,总会有其他方式撰写文本,总是需要改进的①,既如此,便从合作关系由浅入深的变化历程为轴,先呈现田野中作为"他者"的我对其课程生活的描述,再从她的自我叙事中发现教师与课程之间的关系纠葛,而后将文本交与她,进行"我、她、文本"之间的再次对话。以"人看我""我看人""我看人看我"的方式从他者、自我、对话三个方面来讲述韩玫与课程之间所发生的故事及所遭遇的认同危机。

二、"他者"的讲述:危机产生的关键事件

若非要对韩玫的课程故事进行总结,"逃离与寻找"是作为旁观者和局外

---

① 克兰迪宁,康纳利.叙事探究:质的研究中的经验和故事[M].张园,译.北京:北京大学出版社,2008:165.

人的我在脑海中的第一反应。

第一次见到韩玫是在胡校长的办公室,那是我第一天进入田野,因为有课,她来到办公室的时候,我与胡校长、叶兰还有马凌已经聊了许久。那天她穿着一件浅粉色的风衣,踩着高跟鞋,齐耳的短发显得很干练,简单的介绍和寒暄之后,她便又出门去上课了。不同于叶兰的热情、马凌的局促,冷静、利落是我对韩玫的第一印象。韩玫从小在城里长大,家里六位长辈都从事教育事业,这样的成长环境,让她从小便立志要成为同父辈一样优秀的教育者。成年的她现有的家庭条件也不错,老公做餐饮生意,对她体贴入微,并且全力支持她的工作,只有一个女儿也已考上大学。可能正是这样单纯的生活环境,才会让她心无旁骛把众多的精力投进对课程教学的钻研与改革尝试中。

2019年10月韩玫才来到X小学,在此之前27年的教学生涯里,韩玫一直在Z小学任教,担任语文教师和班主任。1992年中师毕业的她,在Z小学度过了职业生涯中最宝贵的时光,在那里她从一名新手教师成长为学校的年级组长、教研室主任,并取得了丰硕的教学成果。在Z小学的任教历程中,韩玫积极参与、主持各种级别的课程教学改革课题、项目,送走了八届毕业生,而且这些毕业生有相当一部分人都考入了当地的优质初中、高中,并有不少人后来考上了名牌大学,她自己也获得了市骨干教师、市优秀班主任、区优秀教师、区优秀共产党员等众多荣誉。

Z小学和X小学属于同一辖区,但Z小学是区内和市内的优质小学,在A市的小学排行榜上名列前茅,相比起来,X小学在各个方面都有着较大的差距。我特别不理解韩玫为何要离开那里,她给出的答案有两个:第一个是因为被胡校长的人格魅力所吸引;另一个是因为在Z小学时间太久感觉进入了职业倦怠期。之所以产生职业倦怠,与她前后两次经历的课程与教学改革不无关系。

回忆在Z小学工作的27年,给我印象最深的有两次教改。第一次是学校作为全国集中识字实验学校进行的:低段集中识字,中段片段训练,高段习作训练。第二次就是在山东杜郎口学习回来以后进行的课堂模式及教学探索。对于自己欣赏认可的教育理念和教学行为,促使我在这两次教学探索中勇于实践,孜孜不倦,也为我个人成长和形成教学特色打下了坚实的理论和实践基础。其实,只要教学是为学生的学习服务,为学生的成长奠基,每位老师还都是乐此不疲地愿意在教改中成长、蜕变的。只是,一个教师想要仅靠自己的一腔热情去改革其实是不可能的。

——(WX-HM-0823)

最终这两次教学改革都无疾而终,也正是这两次失败的尝试,让韩玫决定"逃离"。

(一) 第一次课程与教学改革尝试

刚参加工作时,Z 小学作为全国集中识字实验学校正在进行语文集中识字教学改革。作为新手教师的韩玫在这次改革进程中快速成长,她回忆起当时的情境,说道:"记得刚参加工作的第一年上了一节展示课,就是二年级的集中识字课。内容是学习"西"字作为基本字加偏旁认识生字,每个偏旁表示什么意思,跟哪类事物有关,都详细讲给学生们。比如说"西"加上三点水旁,三点水的字都是表示跟水有关的,所以洒水要用"西"字加三点水;再比如说加上木字旁成"栖",跟树有关,小鸟在树上栖息。学生用这样的识字方法,不仅学得多,而且记得牢,教师也教得轻松。"(WX-HM-0823)

但这次教改尝试在 2000 年我国第八次课程改革实施起便停止了,而今虽已过去二十余年,韩玫提起那次改革取得的成效仍记忆犹新:"一、二年级集中识字,三、四年级就开始写短文,每个年段都有每个年段的任务。学生们会学习记生字的方法,识字量很大而且记得很清楚。三、四年级的短文描写,孩子们写得可好了啊。就比如一个描写天气热的主题,孩子们就从各个方面,比如人的穿着啊,可以吃冰糕啊,小狗耷拉的舌头啊等来写。还有比如我们学校门口有卖炸串的,让孩子们去观察然后写,都写得特别好。他们从队伍的长啊,人声的喧闹啊,桌子上横七竖八的竹签啊等来描写。到了现在呢,全成了凑数,三年级三百字,四年级四百字,学生都在凑字数,细节描写、感受啊什么都没有。比如说对话,当时就让孩子回到家跟父母餐桌对话,交流完了写下来。反正那时候感觉训练很扎实。到了五、六年级,开始大量阅读,整个高学段的语文教学都围绕着阅读进行,孩子们的阅读水平上去了,语文素养自动地它就培养了。"(WX-HM-0825)

日常的交流中,韩玫多次提及那次改革的种种理念,第一次教改尝试虽然无疾而终,但随着 2001 年新课程改革的全面推行,Z 小学自然也轰轰烈烈地投入这场改革大潮中。此时的韩玫已经从新手教师成长为一名教学骨干,也成为学校课程与教学改革的主力。

(二) 第二次课程与教学改革尝试

2006年韩玫去山东杜郎口中学参观学习,在那里她感受到了"自主学习"的魅力,学习回来之后,便开始进行自主教学模式的探索。她给我的第一本教学随笔,记录了她与同事们在2006年到2011年间不断对"自主学习"进行理论学习与教学尝试的感受。

> 这天的课我交给学生来上。课堂上李焕玉有条不紊地授课,宛如一位熟练的老师。然而让我诧异的事情发生了:在处理找近义词、反义词的这一环节时,她拿出一摞小纸片发给同学,拿到的同学就说出这个词的近义词。这一举动犹如一粒石子扔进平静的湖水中,孩子们的兴趣高涨,争先恐后地要拿到纸片。这样的场面让我惊叹学生的创新意识,也让我自叹在备课中的欠缺之处——没能走进孩子的内心,了解他们的兴趣点,何谓"教学相长",我在此体会得更深了。(BJ-HM-01-061228)

日志里面,除了韩玫,还有一个长者的身影,那是韩玫当年的老领导,Z小学教研室的张主任。

> 今天最大的收获莫过于和张主任的一席交谈,对于杜郎口的学习,我还是很肤浅的认识,一些做法也还未找到可行的理论依据,一切还只在摸索中,但这些却得到张主任的认可,特别是在拿到他亲自整理的一份学习报告时,我感到了前进的动力。
>
> 困惑:课要怎样上,没有现成的案例,没有理论指导,如果探索成功会收获许多,如果不成会不会耽误学生。因循守旧固然可弃,但创新途中的荆棘我们又是否能够跨越呢?
>
> 张主任的批阅:
>
> 前进的道路从来都是坎坷不平的,遇到一些困难、一些问题都是正常的。在困难面前您与您的同伴们做得很好,大家坦诚相见,集思广益,互相鼓励着去战胜困难,形成一种团队精神,这是很了不起的!
>
> ——(BJ-HM-01-060930)

每一篇日记后面,都有张主任的批注,甚至有些批注比韩玫当天的反思内容还要多。面对韩玫在改革中遇到的困惑和困难,张主任如同一个温暖的长者,对她的种种情绪不断给予鼓励和支持。在韩玫的职业生涯中,张主任是一个重要他者,是韩玫口中念念不忘的像长辈一样对自己悉心指导的人,也正是因为张主任在韩玫职业成长中的重要性,她从 Z 小学逃离的原因也与张主任退休不无关系。

(三) 两次改革失败后的逃离与寻找

2010 年韩玫的父亲病重,即便是在医院她也没有停止对自主教学的思考。那一年的反思不少是用医院的稿纸写好粘在日记本里,看到稿纸上医院的名称以及日志中张主任一句一句密密麻麻的批注,我在整理这些资料的时候除了感动还有震撼,因此也更加好奇韩玫为什么要离开 Z 小学那个让自己成长的地方。

2015 年左右,张主任退休了,学校的领导也大都重新任命。对于离开的原因,韩玫不愿意讲述过多的细节,直到有一天,在一次午后的谈话中她告诉了我答案:

"我这个人,其实对教学有着自己的理解,但自己的想法不可能实施,因为一切都要服从领导的意见。其实很久以前就有想走出 Z 小学的想法。因为我是一个性格直爽,爱胡思乱想,也总想实现自己独特见解的人。但是在 Z 小学这个环境中,我努力工作着却找不到自己的位置,再加上有些对我不公平的事情的发生,曾经选择平庸沉沦,但从没放弃成长的初心。来到这里,主要原因还是胡校长的人品跟学识吸引了我,以前做同学的时候我就很钦佩她总能够吸引周围的人靠近她,觉得和有教育情怀的人在一起,用我的经验和思考,加上她的引领和带动,能够真正干出一些有助于教师和学生成长的事情来。"

她将自己从 Z 小学调入 X 小学这一职业生涯转折,称为"朝着太阳奔跑"。

"胡校长给我打电话,说'你来吧,农村学校亟待改变的会多一些,比如班主任工作啊,教学啊,急需一个人来扎下去发现问题,并且去引领'。所以,当时我满怀着一种希望,心里充满激情,豪情万丈。那天,我从原单位的大门走出来,骑着电车一路向东到这个学校报到,看着太阳,我就觉得自己在朝着太阳奔跑……"

——(FT-YHM-0518)

"太阳"在人心中意味着"光明和希望","朝着太阳奔跑"意味着逃脱背后的阴暗和失落,转向一种全新的生活与人生。人的生命历程中总会有一些重要的节点,那些节点都由一些关键事件引起,使人的生命历程发生转折性的变化,在那些危机或重要的时刻,个人的某些性格特征就会表现出来,那些过程,称为人的"心灵发现"。① 心灵发现由一系列的戏剧性事件组成,反映的是日常生活结构的断裂,它往往发生在某一个刹那、某一个瞬间,而当人的心灵发现产生,也意味着人再也不想像以前那样生活,从 Z 小学调入 X 小学对于韩玫而言,意味着一种全新的开始、一个新的起点。

三、教师的自我叙事:危机中的内在感受

以上是作为他者的我对韩玫过去课程生活经历的讲述。人的叙事有很多类型,其中一种为:自我叙事。与其他叙事类型不同的是,自我叙事时人们会在讲述自己经历的同时对自我与事件一一做出解释。② 韩玫,是个爱讲故事的人,她的叙事多为自我叙事,也就是说她的叙事中都有对自己的解释。来到 X 小学之后,韩玫成了教研室主任、语文教研组长,且因为她与胡校长之间的私人关系,在 X 小学终于如她所愿——拥有了对课程教学进行改革与尝试的自主权利。但现实情况却超出她的预料,各种意想不到的因素接踵而至,使得她再次陷入困境之中。

(一)"课堂教学变得很痛苦"

韩玫给我的第二本日记,记录了她 2019 年 10 月到 2020 年 2 月初到 X 小学的感受。学生问题是她来到 X 小学后遇到的最大难题,"对接班的孩子中,低分和学困生较多,期中考试平均分只有 70 分,这简直出乎我的意料,工作的 27 年里,见过差的,只是没有想到差的会这么多。十多分、二十多分、三四十分的孩子占比不少"(BJ-HM-02-191029)。尽管如此,韩玫也并没有放弃或者退缩,而是迎难而上,从改变教室的学习环境,到逐一了解学生的家庭情况、认真准备一次又一次的家长会。在重建班级管理模式的同时,作为学校教研室主任和语文教研组长,她积极组织学校各个学科开展教学研讨、制定各种教师成长制度,更是引领语文学科参与了一项李镇西的主题教育实验,在学校开

---

① DENZIN N K. 解释性交往行动主义:个人经历的叙事、倾听与理解[M]. 周勇,译. 重庆:重庆大学出版社,2004:2.

② DENZIN N K. 解释性交往行动主义:个人经历的叙事、倾听与理解[M]. 周勇,译. 重庆:重庆大学出版社,2004:66.

展语文主题教学。可以说,在刚到 X 小学前半年里,韩玫真的践行着自己当初的信念——我在朝着太阳奔跑。

对于学生,韩玫总是有着特别的耐心和独有的方法,她离开 Z 小学后,很多学生对她念念不忘,接任的新班主任给韩玫发来一篇学生写的作文,一个三年级的孩子用稚嫩的文笔描述着韩玫曾经对她的关爱和她对韩玫的想念。这种对学生的热爱韩玫也同样带到了 X 小学,尽管这些学生的状况是她始料未及的。

2019 年 10 月 28 日下午,我从 Z 小校这个伴我 27 年成长历程的学校走出,来到了 X 小学。在 Z 小学我的经验逐渐丰盈……但已到职业倦怠期的我,强烈地意识到继续留下去吃老本,享受惬意的生活,终究不是我的人生追求,在成熟思考后我果断地找准机会重新开始。在 X 小学两个月的工作经历告诉我,无悔当初的选择,也无悔当初匆匆离开没给朝夕相处的孩子们道别。在这里,孩子与老师们身上的朴实,让我不由得感到一种唤醒的使命感,不由得想带领他们干起来,跑起来,学起来。但来到这里,学生差异是我从没碰到过的,这个难题犹如一个硬骨头,难啃又需时间,这将是我最大的挑战,我愿意将它作为一个问题去研究、去探索,并从中找到乐趣。(BJ-HM-02-200112)

读韩玫的笔记总是给我很多的触动,她对梦想的执着和坚定让我感动又敬佩。但是,当我在 2021 年 4 月进入 X 小学的时候,韩玫初到时的热情已经被逐渐扑灭,在对课堂教学感受的描述中,充斥着负面的情绪。

"我很想激发学生的思维火花,但是使尽浑身解数,学生无动于衷。让他们小组讨论,要不就是在胡说八道,要么就是不声不响。提问时没有人举手,有人举手回应也很僵化。我的设计得不到回应,这就好像一团熊熊燃烧的大火瞬间被扑灭。你想跟学生进行思维碰撞,却发现根本没有人回应你。上课的感觉特别不好,高压地、强制地把学生摁到教材里面,自己感觉很痛苦,学生估计也觉得很压抑。语文就是两个字'语'和'文',会说和会写,可是学生既不说又不写,我使尽浑身解数,仍然感觉无能为力。

"哪怕我的付出能够达到预期效果的一半也行啊,结果根本看不到一点点。慢慢地我也明白了为什么这个学校的教师是这样的状态了。他们已经在这里根植了很多年,对这里的学生和家长的状态非常了解,而我就属于不知道深浅,一头栽进来就妄想去改变。当我发现是这种状态的时候,我曾经不断地寻求各种方法去调整,但是不行。失望的次数多了,便也不想再做出尝试了。"

——(FT-HM-0428-02)

理想与现实总是有着巨大的落差,哪怕一个人满含热情,但若不断尝试始终看不到回报便会逐渐失望甚至颓废。韩玫以前在 Z 小学的教学轻车熟路,感觉非常轻松,倦怠感的出现除了外部因素,还有一方面是感觉自己的课堂教学已经到达瓶颈无法再提升。但来到 X 小学后,曾经驾轻就熟的课堂教学突然变得让她无法掌控,"*课堂上的压抑感让人心累,又无法找到突破口,不知道怎么解决*"(WX-HM-0510)。她的教学反思到这里之后只写了半年,后来学校工作太忙就停止了,她说其实自己很想写下去,但是感觉很累,一种苦闷感压在心头。

(二)"有的时候甚至开始怀疑人生"

影响着韩玫课程实施的,除了来自课堂教学过程中学生的回应,家长的态度亦是一个重要因素。

"*我放弃的更多原因其实是因为家长,在家长会上我跟家长说过,到了我这个年纪我也不需要什么荣誉和赞美啊,我就想做点自己喜欢的事情。我的到来对于一些家长而言,就觉得好不容易找到一个看孩子的人,碰见一个负责的老师。对于班里的那几个差生,无论是课上还是课下我都投入百分之百的心力关注他们,中午甚至不让孩子们回家,给他们辅导。有三个孩子连午托班都不收,当时家长就觉得正好我中午不让孩子们回家,正好有人接手了,他们不用照看孩子而且还不花钱,对老师的付出就没有一点感恩。当自己所有的付出和心血得不到回报的时候,当初的热情就会一点一点地减少。*"(FT-HH-0522)

在 X 小学,她最无法适应的是家长对教师的不尊重。5 月份的一个周六,她和胡校长带着学校军乐队的师生在校园里排练,竟然有家长喝醉了酒来学校闹事,说鼓号的声音太大影响他休息。

"*当时是上午十点多,当时我就愣住了,但等我反应过来,第一时间竟然是向他服软,跟他解释排练马上就结束。在这里尊师重道完全感觉不到,闹事的那个家长自己的孩子在这个学校上五年级,自己的孩子在这里上学他都不能支持学校。就像前几天方洁被投诉的事情。孩子为什么难管,为什么不听老师的话,都是家庭的影响。*

来到这个学校,我感觉到从来没有感受到的一面,这些阴暗的东西都开

始让我怀疑人生,不知道世界上原来还有这样一些人,不知感恩,随意践踏教师的付出,就觉得这些人不是简单的贫穷,而是精神的贫乏。"

——(FT-HM-0522)

刚到 X 小学的韩玫,在短短三个月内就组织了四次家长会。每次开会她都精心准备,家长会的现场确实有很多家长被老师的真诚打动,但是这种改变用韩玫的话说绝对不会超过两周。"除了全体家长会,仅仅差生家长会、问题家长会我一年里面开了五六次,每次开会,都能看到家长的眼神会跳跃,就是觉得说到他们的心坎里了,所以在家长会的时候,那种氛围会让你不知不觉地说一些动感情的话。回到家就会觉得,今天的家长会很成功,接下来,家长会有变化孩子们也会有变化,但是坚持不了两周就回归原来的样子。"(FT-HM-0522)

家长为何对她的课堂教学产生如此大的影响,与她在两所不同学校所面临的学生家庭阶层不无关系。Z 小学的家长大多是体制内的人员,或者是有固定收入的从业者,家长文化层次较高,对孩子赋予较高的期望并对孩子学业有较高的关注度。而 X 小学的家长大多是低收入人群,无暇顾及孩子、文化程度偏低是他们的普遍状况。两所学校家长素质的差异韩玫早已有所预料,但是家长对待教师教学态度的落差却是她始料未及的,"教师社会地位低下,教师在家长心中就是服务人员"这样的话韩玫无意间说过多次。家长不支持、不尊重自己的工作,是造成她压抑感的主要原因之一。

(三)"越来越不会教语文了"

韩玫对语文的学科价值有着清晰的理解,她认为语文就是"语"和"文",让孩子们会"语"会"文"是语文学科最基本的价值所在。但是,近些年来的语文教学理念及学科价值定位在理论界不断变换,让她这个有着近 30 年教龄的语文教师都不知所措。

"语文学科的课改尤其多,形式上的、内容上的,犹如没头苍蝇四处寻找方向却没出路,蓦然发现自己竟迷失了,究竟要教给学生什么,课堂究竟要怎样上才是给孩子的课?就连中高年级对生字教学的处理都不知所措,有领导说是随文识字,因为有语境便于处理;有教研员说可以放在预习时,因为学生具备识字能力;还有说放在课后,因为此学段凸显的是阅读理解和表达方法的学习,可以忽略不占用学习时间。众说纷纭,老师们也就平时用自己赞同的方法

教,有领导听课时就用领导欣赏的方式教以免被批评。"(WX-HM-0823)

她说有人把语文上成道德与法治课,有人把语文上成文学课,"语文教学不仅要包括学科的知识基础,还要蕴含思想品德教育、爱国教育等,再有就是写作。它比任何学科涵盖的东西都多,对老师的要求更高。有一段时间,说语文情感教育太过,弱化了语文的工具性,于是就开始品词析句。然后老师们就开始先品词析句,最后一定要升华到情感教育。语文为啥讲不完,它承载的东西太多了"(FT-HM-0603-03)。

尽管在X小学韩玫拥有了充分的教学自主权,但是乱花迷人眼的语文课程理念也同样让其不知所措。再加上学生的学业水平偏低,在找寻不到合适的方法后,不得已她将"分数"作为当下学科教学的主要目标,而最终的结果是"语文成了学生最讨厌的课"。孩子们讨厌语文,私下里把语文称为"坏课",且这一现象在X小学非常普遍,语文老师自己也都心知肚明。韩玫说,每天下午延时班辅导作业,自己作为班主任和语文教师,亲自交代学生先写语文作业,这样老师现场就可以改,可是大部分学生仍然还是选择把语文作业放在最后写。

韩玫认为,教师想要践行自己对学科价值的定位和理解,需要很大的勇气:"有时听一些语文大家的课,很少听到他们课堂上有怎样精彩的语言在吸引学生,或者是整节课有多清晰或者多先进的教学模式,平实的语言、不露痕迹的引导却彰显着教学魅力,让学生和听课老师在润物细无声中学习着、收获着,感觉他们很少跟着课改走,一直在形成自己独特教学见解和风格的路上不断挖掘研讨,这需要勇气与高瞻远瞩的眼光,或许就是这样的个性十足,造就了他们的特色课堂。""语文本来是情感的对话,现在成了程式化的、功利化的答题模板。这真的很让人痛心,但是有时候真的很无奈。"(FT-HM-0603-03)

从饱含热情到失落再到麻木,想要"朝着太阳奔跑"的韩玫却最终回到了"应试"这条路上,这是她没有想到的,也是让倾听故事的我最为痛心的。讲述这些故事和感受的时候韩玫表面上看去云淡风轻,但是看过笔记才知道,当初的她有多期待,现在就有多失望和无奈。一个对教学充满热爱和激情的人,一个抛却名利只为实现自身教学梦想的人,却最终在现实面前选择妥协。因此,韩玫的故事是一个教师不断寻找梦想的故事,也是一个教师逃离自我的故事。

第二节　故事中的危机表征

在韩玫的叙事中,主要包含着焦虑、为难、抗衡、调适的情感。课程改革总是以一种自上而下的、不容延缓的方式进入教师们的课程生活中去,虽给予他们相应的自由,却又使其受限于种种。如同罗洛·梅所言,"人最大的困境是他同时既是主体又是客体;既是有意识的自由人,又是被生理和社会条件所约束的奴隶;人既有建设性的、自我实现的理想,又有破坏性的、自我摧残的天性"①。正是在此自由与约束之中、在实现与破坏的往来之中,使得教师陷入对课程的认同危机,危机给教师带来的是焦虑的生活状态、空虚的内在世界与浓重的职业倦怠感。

一、无处不在的焦虑

"焦虑"是在与韩玫的闲聊中她最经常提起的词语,也是其课程生活中最主要的情绪。在心理学中,焦虑(anxiety)所指的是一种负向的情绪,是由于不能到达目标或者不能克服障碍,致使自尊心与自信心受挫,或使失败感和内疚感增加,形成一种紧张不安,甚至带有恐惧的情绪状态②。在精神病学上,焦虑是一种最常见的心理障碍,包括忧虑、担心等心理现象,同时也指一些躯体的症状。但在哲学中,焦虑却绝不仅仅是一项专业术语,它所指向的是人的一种生存境遇。③ 此处的焦虑包含了以上两种意涵,是指课程认同危机产生后对教师造成的一种生活及精神状态。

早在20世纪,存在主义心理学家罗洛·梅就称人类社会已经走向一种显性的焦虑时代,而当下的时代焦虑愈加成为一种普遍的生活状态。罗洛·梅将焦虑定义为一种个体深处扩散状态的不安,它没有特定的对象,是一种不确

---

① 罗洛·梅.人寻找自己[M].冯川,陈刚,译.冯川,校.贵阳:贵州人民出版社,1991:中译者序.
② 朱智贤.心理学大词典[Z].北京:北京师范大学出版社,1989:10.
③ 迪伦·埃文斯.拉康精神分析介绍性辞典[Z].李新雨,译.重庆:西南师范大学出版社,2021:20.

定感与无助感,人们之所以焦虑是因为不知道自己该扮演什么角色,该追求和相信什么样的处世原则,是对自由的晕眩,是对"在世本身"的一种担忧,它可能是一种微微的晕眩、一种空洞洞的感觉。① "不知道怎么办,不知道未来的方向在哪里""特别压抑的感觉"是韩玫焦虑感的语言呈现,而且焦虑并非她一个人独有的情绪,在田野中待时间久了,会发现很多教师都有这种情绪。每个人的内心深处都有着种种焦虑在生长,且焦虑感会在彼此间传播。"他们的情绪也已经开始影响到我,烦琐的日常、难以处理的家校关系、政治任务的强制完成,让人产生一种压抑感。我可以一走了之,他们却要重复日复一日的教学生活。"(TYBJ-0608)有的时候为了逃避被他们传染到的焦虑情绪,我甚至会从内心深处对田野工作产生抵触。

当教师对课程的认同危机发生,又无法建构新的认同,其内心深处的焦虑感便会涌出,这种感觉的产生源自人们内在的自我核心受到打击或遭遇困顿。人通过每天的日常生活来回答自身的本质存在问题,借助自己所从事活动的本质来完成对生存本质的回答,而当自身每天所必须从事的活动无法回应自身的本质存在时,自我便如同迷路的孩童,仿佛置身于漆黑的暗夜,这般紧张、恐惧的感觉与情绪便是焦虑产生的根源所在。②

危机来临使得人们陷入焦虑,但当一个人说出"我感到焦虑"时,他们已经不仅仅体验到了一种焦虑的感觉,而且业已认识到使他们焦虑的对象。③ 即便韩玫已隐约知晓了使自己焦虑的对象,她却仍然无法摆脱自我的焦虑状态,亦不知道应该采取什么样的措施去应对。万般无奈中韩玫选择了"逃离",不仅仅是她从一个学校逃离到另一个学校,亦是从"有我"逃向"无我"的一个内在过程。从原来对教学的饱含热情到逐渐变得冷漠,从对学生无微不至的关心到逐渐缺乏同情,其实是韩玫的内在自我对抗焦虑的一种防御措施,她在用这些方式应对自己在面对一个又一个困境时所产生的那种无力感,如同披上厚厚的铠甲让自己避免感觉到这些危险,避免浓重的焦虑给自己带来的无助。

---

① 罗洛·梅.人寻找自己[M].冯川,陈刚,译.冯川,校.贵阳:贵州人民出版社,1991:22-24.
② 罗洛·梅.人寻找自己[M].冯川,陈刚,译.冯川,校.贵阳:贵州人民出版社,1991:25
③ 安东尼·吉登斯.现代性与自我认同:晚期现代中的自我与社会[M].夏璐,译.北京:中国人民大学出版社,2016:41.

二、空虚的内在世界

空虚和焦虑交织在一起,久而久之焦虑会带来空虚,内在的空虚同样会让人产生焦虑,两者之间的因果关系无法清晰地界定,最大的区别在于一个易于感知,而另一个却通常难以觉察。焦虑是因教师的课程认同危机而产生的一种面对课程生活的负向情绪、一种生活中的状态,它可以被他者、被教师自身所感知,是一种"无形中的有形"存在。而在可以感知的焦虑感的背后还有着教师内在世界的空虚,它如蒂利希(Paul Tillich)所言的对空虚和无意义的焦虑①,也可以说正是因为内在世界的空虚才会导致教师产生明显的焦虑感。

空虚,是一种他者难以觉察的深藏于自我内在世界的一种感觉,人们"感到自己摇摆不定,怀着痛苦的无力感,而这一切又都是由于感到空虚"②,其所带来的精神后果往往在无形之中影响着教师对于自我的定位与日常的课程抉择。韩玫进行了一次又一次的尝试,却一次又一次地遭遇困境,多次失败后她发现自我对课程价值和自我价值的追求无法得以实现,感觉到自己无力做任何有意义的事情,自己根本没有能力改变自己的生活和自己的处境,更无法有效地影响周围的世界,便产生了一种深深的无用感,最终的结果是个人心理上的萎缩和荒芜,她将这种感觉表述为"像一只无头苍蝇"。

空虚和失去方向交织在一起,人们不知道下一步的行动目标,对未来的方向无法定位时空虚便会产生,同样,当一个人内心充满空虚感,亦无法去定位自己当下的位置及未来的方向。韩玫曾无奈地苦笑着问我:"你说我这个人是不是无药可救了啊?在原来的学校,觉得领导一言堂,来到这个学校,真的拥有自主权了,反而又因为学生啊什么的其他原因束手无策。"(FT-HM-0520-2)没有方向的空虚感会使人进入对周遭世界厌倦的状态,人们感觉自身的生存受到挫折但又无法解脱,那是一种好比失去自己、万事无聊的感觉,是人精神上的不安。

内在的空虚感会影响人对周围世界的体验,周遭的一切对于自己而言也是空虚的、干瘪的、死气沉沉的。且空虚与孤独总是深深地连在一起,而人们

---

① 蒂利希.存在的勇气[M].成穷,王作虹,译.陈维政,校.贵阳:贵州人民出版社,2009:25.
② 罗洛·梅.人寻找自己[M].冯川,陈刚,译.冯川,校.贵阳:贵州人民出版社,1991:4.

不知道如何确定自我的方位或者为了摆脱孤独便会让他人为自己提供方向感,按照社会或外部权威所认可的方式塑造一个自我,从而摆脱孤独和空虚。韩玫在 Z 小学的自主教学改革失败后,她逐渐在外部压力中屈服,"换了新领导,你难道非要跟人家对着干?自己的想法在学校的制度面前就会变得很可笑,所以之后的工作我就处于我干好不掉到地上,学生成绩在前三、班级管理在前五,校长也不会找我的问题,即便说自己是年级组长是领头羊啊,反正是保证自己不受批评就行"(FT-HH-0520-02)。对自我意愿的放弃、屈从周围的权威,看似确定了自己的行动方向摆脱了孤独,对于韩玫的内在世界来说反而加剧了自我的空虚和无意义感。而接到胡校长的邀请是韩玫摆脱当时处境并寻找依靠与安全感的稻草,她急不可待抛却一切,甚至来不及与学生和同事告别便义无反顾地选择进入一个陌生的环境,以求对自我的未来进行重新定位。但进入 X 小学的韩玫,却在新的课程环境中又遭遇不同以往的困境,当其无法应对、寻找不到突破困境的路径时,在希望的破灭中一种更为明显的空虚、无力及无用感再次侵袭其内在世界。

三、无声的职业倦怠

课程认同危机的产生除了焦虑的生活状态、空虚的内在世界,给教师的教学生活所带来的还有无声的职业倦怠。职业倦怠是各行各业的从业者都有可能遭遇的一种心理状态,这种状态包含了情绪的衰竭、个性化的丧失和成就感的下降,[①]且其已成为教师群体中的普遍化问题。

倦怠感,是教师在教学工作中所产生的情绪、态度和行为的衰竭状态,典型症状是工作满意度降低、工作热情和兴趣的丧失以及情感的疏离和冷漠。[②]这种万事聊赖的感觉,无声存在于教师的日常课程生活之中。前台的学校生活中,教师们的身影活跃在教室里、校园里、各种各样的活动中与公开场合,但是回到独属于教师私人空间的后台,个人内心深处对课程教学兴趣的丧失、冷漠感、无力感便会无声地弥漫。

对教学工作的倦怠感常常伴随着一种深深的无意义感,人们通常将产生

[①] MASLACH C, SCHAUFELI W B, LEITER M P. Job Burnout[J]. Annual Review of Psychology, 2001, 52(1): 397-422.

[②] 赵玉芳,毕重增.中学教师职业倦怠状况及影响因素的研究[J].心理发展与教育,2003,19(1):80-84.

此问题的根源归结为个体理想目标与真实现状之间的落差。① 韩玫职业倦怠的产生同样如此:"原来我在 Z 小学的时候,其实我这个人还是挺愿意想的,就觉得这个地方其实是可以改进的,那个地方其实是可以变革的。但是自己所处的位置不允许你提出建议,当时也是很苦闷,好像不能照着自己的思想在梦想王国里去实施教育,后来慢慢就成了职业倦怠。"(FT-HH-0520-02)产生职业倦怠的并非韩玫一人,肖琳、马凌等都有着同样的感觉。很多次去到办公室,马凌都沉着脸,面对我的询问,她也只是叹息,"难得看见你,才发现世界上还有跟我们不一样生活状态的人,还有人可以安静地说几句话"(TYBJ-0608)。

倦怠对什么事情都提不起来兴趣的无奈与无聊,是一种沉默的、无声的藏于人后的表达,人是空洞的,如同标本,"我不过是许多面镜子的集合物,我反映的都是他人期待于我的东西"②。在给教师们的问卷中,其中一个问题是让他们用一些语词来形容自身当下的工作状态,"机械地忙碌"是最多的回答。叶兰说"都怕学生有心理问题,谁又能体会教师有没有心理问题呢?"(FT-YHM-0518)职业倦怠是一种百无聊赖的状态,并非如焦虑那般张扬与明显,而且表面上看去教师们会按部就班地执行一切指令,但内心深处却对所做之事没有兴趣,不过是在机械而麻木地完成。对课程教学的倦怠感,让教师失去了精神的敏感性和理性的判断力量,对自我当下的以及未来的生活不再抱有一种乌托邦式的关怀或者想象,人如同一架老旧的机器般毫无生气,甚至逐步失去对未来美好教学生活畅想的勇气和信念。

第三节 危机产生的内在根源

教师的课程认同危机是教师在课程实施中所产生的心理状态,它的产生因人而异,虽然离不开外部的影响,但根源性的因素在教师的内在世界里。

---

① DIANE B. A study of coping: Successful recovery from severe burnout and other reactions to severe work-related stress[J]. Work & Stress, 1998,12(1):50-65.
② 罗洛·梅.人寻找自己[M].冯川,陈刚,译.冯川,校.贵阳:贵州人民出版社,1991:4-5.

一、方向感的迷失

认同感和方向感之间有着本质的联系。认同是人们对自我方向的定位过程,认同危机是人们对自己站在何处没有方向感并对自身定位产生极大的不确定性以及无法把握自己在空间中的姿态时所产生的心理状态,因此方向感的迷失是人产生认同危机的直接原因。

人对自我方向的定位来源于对自我的感知,也即是说人们方向感的迷失与自我感的不确定性联系在一起。在韩玫的课程实施过程中,之所以会有课程认同危机的发生,根源在于其"自我感"在一次又一次失败尝试后的丧失,"教材是越来越好了,但是教师教学越来越没有自己的特色了,各种课程理念层出不穷,一会儿让这样一会儿让那样"(FT-HM-0603-03)。新课程改革改变了教师以往熟悉的课程生活,一种不确定性围绕在教师的周边,专家、领导、教研员则是各种理念的风向标,"各种各样的观摩课中,一个又一个的新理念不断出现,教师们接触到之后就回去尝试,其实各种理念背后真正的意义也没有时间过多地反思,只觉得当下流行什么我们就得怎么做"(FT-HM-0603-03)。

韩玫最为不齿的是从众随大流,她希望形成独属于自己的教学风格,而且也在不断地进行尝试。但当自己所做的努力不被新领导认可,就像一个演员总是用观众的评价来衡量自己作为演员的价值,当得到的反馈是消极的、负面的,自我内部便会对自身行为的价值也嗤之以鼻。自己感到自己不被人喜欢、遭到孤立、陷入孤独或者受到抛弃的危险,都在不同程度上摧毁着人们的自我意识,[①]这种"自我感"的丧失,让人不知道自己的目标在哪里,无法确定下一步的行动方案,找寻不到自我,无法确定自我所在的方位,更无法辨明要去的方向,如同在一团浓雾中看不清道路。

在与张主任的交谈中,也感到他对现行教育中存在的如伪教育等现象深恶痛绝,这让我想到在工作中有多少老师为教育的无力、苍白而感到无奈、困惑,教师是传播知识的使者,是崇高道德的典范,当社会对教师的要求越来越高时,很多老师在思忖:我怎么越来越当不好老师了,越来越不知道该怎样当

---

① 罗洛·梅.人寻找自己[M].冯川,陈刚,译.冯川,校.贵阳:贵州人民出版社,1991:23

老师了,老师越来越没有自己的个性,要怎样说、说什么、做什么、怎么做,都要看看是否跟现行的制度有关(BJ-HM-01-061008)。

新课程赋予教师全新的身份定位,但在课程现场,教师的自我却卑微地被压缩到最不起眼的角落,如同一粒尘埃般微不足道。"自我感"丧失所造成的无方向感,意味着人变成自己的"局外人",自己无法决定自己,被各种理念牵着鼻子前行,"如果不是个人拥有思想,而是思想拥有了个人,那么这一思想就成了人头脑中的一个轮子"①。众多的轮子潜进教师的脑中,让他们不知所措、迷失方向,危机感便油然而生。

二、价值感的弱化

价值感与价值不同,价值感是一种情感,是人对自己价值的一种感受,简单来讲,就是人感受到自己是有价值的感觉。个体与他人的交往中感受到自己的才能和人格受到重视,发现自己在团体中享有一定地位、声誉和良好的社会评价,在此过程中个体识别出自己的价值并产生积极的情感体验,这种体验便是个体的价值感。它被视为一种人类的首要情感,并让人知道自己的存在是有意义的。

教师的价值感来自教师在课程实施中对自我价值的感知。教师与课程之间的关系众口不一,但无论如何,教师的根本价值"上好自己的课"总是大众和教师自身共同的认知,教师对自我价值感的评定也在很大程度上源自对"我是否上好了自己的课""我是否促进了学生的发展"的追问与反思。然而,"掌控课程的不是教师",让韩玫对自身的存在价值产生怀疑。课程与教师本是一体,教师最重要的价值便是对课程的实施,但在田野现场,很多时候掌控课程的却不是教师。"掌控课程的是领导"是韩玫最大的无奈,教师如何教、如何设计课程,都要看领导的脸色和喜好,教师自身的课程理想在学校各种关系中根本微不足道。

韩玫在Z小学任教时,新来的校领导要创建书法特色学校,于是全校的语文教师便摇身一变都成了书法教师。但大多数语文教师并没有书法功底,再

---

① 乔尔·斯普林格.脑中之轮:教育哲学导论[M].贾晨阳,译.北京:北京大学出版社,2005:献辞与标题说明.

加上语文教学本身的工作强度就很大,如此一来教师们还要花费很多精力准备书法课程,但是对于领导的要求,大家却无人敢直言只能服从。

"学校的课程、学校的教学风格其实都受领导的控制,但是一个领导一个风格。原来在 Z 小学的时候,新领导来了说要搞书法特色学校。怎么搞？让语文老师教。本来阅读课是两个课时,安排的就是学生读书、写感受、交流等,老师、学生都很喜欢这样的课程。后来一说创建书法特色学校,就变成一节课读书一节课练书法。一节课就 40 分钟,笔墨还没准备好呢,又下课了。一星期就上一节这样的课,然后到期末让学生交一张书法作品,还要求老师每天给学生布置书法作业。

"我们又没有真正地学过书法,怕给学生教错,为了上那一节课真是啥法都用上了……总之真是让老师们筋疲力尽。"

——(FT-HM-0603-03)

课程实施现场,学校课程如何规划和实施,决定权不在教师。掌控课程的除了学校领导的权威和外在制度的制衡,还包括家长对教师教学的支持程度以及社会文化对教师的偏见。一些没有依据的、让人费解的、令人感觉遭到贬低的批评,威胁着教师的自我价值感,让饱含热情的韩玫一点点对自我作为教师的存在价值产生怀疑:"特别想能安安心心地、安安静静地教学上课,不要有那么多人来指手画脚,让我们能安心地学习、分析教材、寻找方法,平心静气地去和学生交流,而不是处处听人指挥(FT-HM-0603-03)。"

怎么上课、上什么课、如何评价自己的课等,这些关涉教师本体性安全的事情在现实中都会遭遇冲突。教师无法掌控自己的课堂教学,有的教师便选择放弃自己,不假反思地听命于周围的人和事,但多数教师都在苦苦的挣扎中逐渐丧失自我的价值感。良好的价值感促使人们积极地评价自己的存在与成就,当价值感受到威胁进而逐渐丧失时,人便会产生"我的存在无法实现自我的价值及意义"的失落感,此种价值落差所带来的是教师对自身的"存在性失望"以及深深的沮丧情绪。价值感的丧失是一种令人难受的体验,人生存的主要动机便是揭示自己生存的意义,而当个体对自身存在的价值和意义产生怀疑时,便意味着精神的荒芜,所带来是一种深深的危机感。

三、自我同一性的解构

自我同一性是个体对自己的本质、信仰、经验,甚至心理、意识、情感、价值等相对稳定的整体意识,其建构的过程来自自我对作为个体全部经验的梳理①。自我同一性稳定的个体能够体验到自己是不同于任何他人的一个独立个体,并能综合自身内部的矛盾与差异使之协调。埃里克森将自我同一性获得后的感觉称为同一感,他称詹姆斯曾将这种感觉描述为,"一种深邃的、热烈的狂喜,心甘情愿,不顾痛苦地去做任何事情"②的状态。自我同一性的获得使得个体感到活力和充满生机,而当个体无法形成对自我稳定的整体意识时,自我的同一性无法得以建构,认同危机便会产生。

保罗·利科(Paul Ricoeur)认为自我的同一性其实包含两个部分,即指向自身与他者的"identité-idem"(同一性-相同)与指向自我自身性的"identité-ipse"(同一性-自身),"但自身的'自身性'包含着他者性……若没有对方,自身也是无法想象的",因此自身是作为他者的自身。③ 也就是说个体自我同一性的建构必然来自与他者的对话关系中,自我同一性发展的目的就在于,让个体在与他人和外界打交道的过程中尽可能保持其真实面目,让来自他者的自我(镜中自我)和自身的自我(现实自我)寻求一致。"自我同一性能令人体验到一个前后一致、'本色不改'的自我,并将其作为行动的依据"④,若各种自我无法达到一致,便意味着同一性的解构。

同一性解构的缘由来自自我在日常生活中所涉及的各种张力和艰辛,吉登斯将这些张力和艰辛定义为一系列的两难困境,认为自我正是在统一与破碎、无力与获取、权威与不确定性等困境之中,遭遇自我同一性的解构。⑤ 问及当年自主教学尝试的停止,韩玫非常无奈。

---

① 埃里克森在其著作《童年与社会》(英文版)中第28页的论述。转引自:卡斯特.依然故我[M].刘沁卉,译.北京:国际文化出版公司,2008:49-50.
② 埃里克·H.埃里克森.同一性:青少年与危机[M].孙名之,译.北京:中央编译出版社,2015:6.
③ 保罗·利科.作为一个他者的自身[M].佘碧平,译.北京:商务印书馆,2013:169-175.
④ 埃里克森在其著作《童年与社会》(英文版)第36页的论述。转引自:卡斯特.依然故我[M].刘沁卉,译.北京:国际文化出版公司,2008:52.
⑤ 安东尼·吉登斯.现代性与自我认同:晚期现代中的自我与社会[M].夏璐,译.北京:中国人民大学出版社,2016:176-187.

"当你正满怀豪情地奔跑在教改的道路上,越跑越远时,领导一声令下要你跑回来,那种不舍与无奈会让你在以后的工作中不再那么充满激情。比如说我在 Z 小学进行的语文自主教学,上课方式、课程评价我都跟别的老师不一样,我们的卷子也是我单个出,但是进行新的尝试,短时间之内学生成绩肯定受影响,语文很慢啊,成绩一旦出现问题了,肯定受到批评。张主任不可能一直'罩'着我,并且我是年级组长,我的学生成绩落下,领导肯定要针对我啊。我怎么办?我难道还要去实现自己的追求?很实际地,绩效工资受到影响。比如说年级九个班,如果在前三就属于一类,后面逐渐二类、三类,根据类别来加分,每一分都是钱。当然,钱可能并不是最重要的原因,难道我一定要违背领导的意愿去实现什么自己的教育理想?太可笑了!

"我们家几代人都是教师,且有几位长辈还在教育界做出了一些成绩。我从小就想也要像他们那样,做一名好教师,但是,真的,参加工作这么多年,我这个人用朋友的话说就是'硌料'①,说我都不想想为啥在 Z 小学最后那几年的评优什么的都没我,别人都能说好话,咋就我一根筋,非要实现什么理想,这么大的人了不可笑啊。"

——(WX-HM-0823)

短短的两段话中,"可笑"出现了两次,且每次出现都是伴随着韩玫对自身教育理想的质疑。韩玫说,父辈那个时代的教育不图名利回报、纯净美好,学生简单质朴,而今的教育受到的制约太多,社会文化、家长的态度、不断变化的理念以及复杂的学校制度与文化,让教师们束手无策。阅读韩玫的日记,最大的感受便是她在自我的课程理想和外部种种制衡中的挣扎,除了日常的课程教学被各种制度及权威掌控,外在的社会文化及家校关系也让她在自我的课程理想和现实之间纠结不已。手写教案、按照上级要求布置及批改作业、反思流于形式、顺应家长自觉放弃自己的想法等,都让韩玫倍感苦恼,真正属于自己的教学自由逐渐消失。

同一性的建构,不仅来自个体的核心,而且同时位于个体的社会文化核心之中,埃里克森认为正是这两个方面的同一性才建立了真正的同一性。② 如

---

① A 市方言,意为"爱钻牛角尖儿"。
② 埃里克·H.埃里克森.同一性:青少年与危机[M].孙名之,译.北京:中央编译出版社,2015:8.

杜威所说,一个人的所作所为及他所能实行的作为,取决于他人的期待、要求、认同和责难。一个与他人相关联的人在开展自己的活动时,不可能不把他人的活动纳入自己考虑的范围,因为他人的活动是他实现自己的各种活动必不可少的条件。① 而在此过程中,若自己的想法与外部的要求无法达至同一,也就是说个体无法应对生活中出现的种种裂变,自我的同一性建构便遭遇解构的危机。

韩玫的故事中,充斥着理想与现实的冲突,在不断的挣扎中,她的真实自我选择隐退在角落里,他者的自我占据上风,而后用虚假的自我去迎合别人的认可。这是一个恶性循环,人们越是感觉失去自我,就越发要去适应他人,以此摆脱孤独与焦虑。真我与假我的纠葛,导致了自我的异化,自我变得不是自己的,反而依靠的是他人的反应,在"我不知道自己到底是谁?不知道我到底应该如何做?"的迷茫中,导致认同危机的发生。

第四节 危机所带来的意义

教师的课程认同危机是教师在课程实施中对自我"存在之虚无"的一种恐慌,它虽然有着消极的意味,但同时具有积极的意义。埃里克森认为,认同危机意味着转折、一个决定性时刻的到来,从而使得事物必须前进和生长。② 韩玫的自我叙事中虽然处处可见危机的影子,但是她的故事却是一个不断寻找、反思自我价值,一个向上流动的故事,如同她对自我定位的隐喻:"我是一个朝着太阳奔跑的人。"因此,教师课程认同危机的背后其实暗含着教师在课程生活中的不断成长与调适。

一、危机意味着课程实施中教师自我意识的觉醒

认同危机并不是个体遭遇的一些重大事件本身,而是个体在遭遇某些事件的过程中所产生的心理感受,也就意味着,几乎人人都会遭遇生命历程中的

---

① 杜威.民主与教育[M]//杜威全集·中期著作:第 9 卷:1916.俞吾金,孔慧,译.上海:华东师范大学出版社,2012:13.
② 埃里克·H.埃里克森.同一性:青少年与危机[M].孙名之,译.北京:中央编译出版社,2015:4.

重大转折,但并不意味着人人都会遭遇内在的认同危机。认同危机是一种心理状态,它有可能发生于重大的生活变动之中,也有可能产生于某一次午后的沉思,因而认同危机的产生是源自人们自我意识的觉醒,源自人们对自身当下状态或生活的突然警醒。

　　人的一切冲突均起源于自我意识,自我意识是人了解自我内部世界的先决条件,是个体跳出自己来观察自己的能力。有了自我意识,人就能清楚地观察世界,领悟事物的意义;否认自我意识,就会导致主观与客观的分裂,导致世界与自我对立。① 只有当人意识到自身的存在时,才会想要超越各种分离去实现自我的整合,追寻自我的存在意义。但同时,自我意识的觉醒会带来焦虑感,会意识到自己与周围人的不同,在既无法脱离社会关系又渴望自由的纠结中产生焦虑与孤独,因此有人为了规避这些不良情绪,便会选择倒退到如动物一样没有自我意识的前个体状态中去。"倒退"可以让人摆脱使自己苦恼的理性和自我意识以此解脱孤独和恐惧,但同时,也有人会选择"前进"的方式,用一种内在的进步力量、一种探求矛盾解决方法的力量去克服危机与焦虑。

　　韩玫便是选择"前进"的人,是一个在矛盾中不断反思、不断寻找解决矛盾的方法且不断付诸行动的人。她曾在反思日志中这样写道:"若个人的生活不是在为自己的成长而积攒着辛酸苦辣、喜悦欢笑,而是为了迎合社会文化、某种制度,我认为这样的生命是悲哀的。做一粒火种点燃自己的生命,点亮前进的行程,不去做一个只靠被人点燃的火把,我想这样会活出自己的人生。"(BJ-HM-01-061118)而后的教学生涯中,尽管她遭遇困境、产生焦虑,但是"前进"是她生活的整体状态。因此,尽管韩玫的故事乍一听上去是逃离的、焦虑的、无奈的,但其背后却是一个教师在不断寻找自我存在价值与方向的旅程。

　　田野中的教师并非人人都感到焦虑,吉登斯认为,人的焦虑是人对自身生命历程中出现的种种断裂与危机的抗争,且这种斗争是每个个体永恒的任务,它意味着人们不仅仅要接受现实,而且要去创造本体论意义上的参照点,并以之作为日常生活情境中"正在进行之事"的一个必要构成部分。② 焦虑意味着

---

① 林崇德,杨治良,黄希庭.心理学大辞典:下卷[Z].上海:上海教育出版社,2003:1770.
② 安东尼·吉登斯.现代性与自我认同:晚期现代中的自我与社会[M].夏璐,译.北京:中国人民大学出版社,2016:44.

冲突的来临,但焦虑也会带来建设性的功能,拥有焦虑情绪的人,也即是产生认同危机的人,他们都有着自由选择的能力与意图,也就是说只有有着自我意识、有着自我实现需求的人才会拥有这种情绪。选择前进,其前提便是教师的自我意识已然觉醒,教师能够对自我的当下课程生活现状进行彻底的反思,他们意识到自我正在遭遇着困境与挫折,意识到自我与周围发生冲突,意识到危机、矛盾与断裂,因此教师便开始寻求调适试图跨过困境。因此也就意味着,课程认同危机并非所有的教师都会产生,只有自我意识觉醒的教师才会产生危机,但也同时意味着教师拥有了重新定位自我价值与追寻新的课程生活的可能。

二、危机意味着教师对课程生活中自我存在意义的追寻

田野中遇到的多数教师都经历过不同程度的课程认同危机,但也同样有一些教师不存在这样的苦恼。当人失去对自我存在意义寻找的动力,对周围的世界与自我的生活持一种无所谓的态度时,便不会遭遇危机。因此,从某种方面而言,遭遇课程认同危机的教师都是有着对自我存在意义进行寻求的意志。

韩玫说:"我有一个朋友,我觉得如果照她那样生活也不错。每天正常上班,下班出去放松,她看见我焦虑就会说,只是为了挣一份工资,那么认真干什么!有时候我也想让自己和她一样,什么也不想多么轻松。学校要成绩,那刷题不就行了;政策说减负,那让学生玩不就行了,但是转头这样想完,一看到学生,一站上讲台,或者说学生都过来围着我叫我老师,我就又会不自觉地回到自己以前的状态。用朋友的话说,就是自己天天跟自己过不去。"(WX-HM-0724)危机感、焦虑感并非人人都能拥有,在日复一日的课程生活中遭遇认同危机的教师,无一例外都对自身存在的意义做出过反思。韩玫的课程故事虽然历经波折,不断地遭遇困境,尽管在其倾诉中饱含着焦虑和无奈的情绪,但她向我倾诉的本意却是想要为自己当下的困境寻求新的方向。我每次听完其他教师的课、参加完学校的全体会议或者各教研组会议后,韩玫总会在第一时间询问我的感受。某些时候我不经意间说过的话,她会在之后安静的空隙跟我再次聊起,她不断地赞同我的观点,认为教师自我内部的调控、对自我工作价值的反思有着巨大的作用。

弗兰克尔(Frankl V. E)将这种人们在困境之中仍然不断寻找自我存在意义的意志称为"求意义的意志"(will-to-meaning),这种意志与弗洛伊德的快乐原则和阿德勒的"求权力的意志"有着本质的不同。他认为处于高压环境中的人可以分为沉沦的和不沉沦的两种类型,不沉沦的人是因为有着追求意义的意志,而这种意志是人生命的最基本能力,这种能力让人发现自我的存在是有意义且有价值的,从而帮助人们渡过苦难。① 我曾让韩玫用一句话或者一组关键词对自我的课改之路进行总结,她的回答是:"奋斗过、收获过、执着过、无悔过。"(WX-HM-0825)认同危机的发生正是因为人们对自我意义感丧失的恐惧,但也同样意味着人们对追寻自我存在意义的渴望。

三、危机建构新一轮的课程认同

课程认同危机是课程实施中教师对自我本体性安全的存在性焦虑。但认同危机依然属于认同建构的过程,因为在危机之中教师自我的存在意识和自我塑造仍然在不断延续,认同危机不仅意味着教师自我意识的觉醒,而且意味着教师拥有寻求自我生存意义的动力,更意味着旧认同的死亡和新认同的萌芽,一个稳定的课程认同恰恰源自教师对课程认同危机的化解。判断一个人是否遭遇认同危机,并不以发生在其身上的事件的微小或重大进行衡量,而在于个体内心深处的情绪与体验。认同危机的发生,通常意味着个体意识到自我处于一个决定性的时刻,且必须去直面一个自己始料未及的处境,正是因为如此,个体不得不对当下的困境和未来的下一步行动进行反思。也即是说,认同危机会逼迫人做出决断与行动方案,从而在行动中迎接新一轮的认同。

韩玫的故事,看似充满了焦虑甚至有着逃离的意味,且她自身也认为进入了职业生涯的倦怠期,而这实际上却是一个教师在制度与自我价值之间不断调适、寻找解决途径并试图建构一种新课程认同的过程。从 Z 小学到 X 小学,造成韩玫产生课程认同危机的原因不断变化,尽管在 X 小学韩玫又遭遇各种各样的困难,并再次对自我价值进行了质疑,但这种质疑实为其自我意识及反身性的在场,是其对当下课程困境的觉察,同时也意味着其对新一轮课程认同的找寻。

---

① 弗洛伊德认为生活只是简单地追求快乐,他认为快乐原则是本我的行事原则,即不用理会社会道德、外在规范,只寻求个体生理本能上的快乐,从而避免痛苦。阿德勒则认为生活是为了争夺权利。详见:弗兰克尔.活出生命的意义[M].吕娜,译.北京:华夏出版社,2010:前言 3.

吉登斯认为,人有目的的行动并不是由一堆或一系列单个分离的意图、理由或动机组成的,而是一种绵延发生的、一种持续不断的行为流。① 认同与认同危机之间并没有特别明晰的界限,两者之间的交替或在刹那间,或经历长时间的纠结与往复。认同是一种肯定的状态,而认同危机是一种否定的状态。人们在应对危机的过程中,通过不断的反思和行动寻找新认同产生的机遇,这种自我存在的连续性恰恰是认同建构的必要条件。教师的课程认同同样如此,它总是在"认同-认同危机-新认同"之间螺旋运动,某一阶段的认同状态也潜藏着认同危机,而认同危机的产生不过是"'认同'中否定的'种子'的发芽和成长"②。也即是说,教师的课程认同危机并非一种断裂,而是新一轮认同的开始。

---

① 安东尼.吉登斯.社会的构成:结构化理论纲要[M].李康,李猛,译.北京:中国人民大学出版社,2016:62。
② 王成兵.现代性语境中的当代认同危机:在人学的视野中[M].北京:北京理工大学出版社,2017:11。

下篇 再反思教师的课程认同

> 我们心灵的所有勇气
> 是对存在第一声呼唤的回声
> 存在的呼唤
> 将我们之思汇入世界的游戏①
>
> ——海德格尔

思,海德格尔将其称为天空的星星,让人凝神与专一。再反思,意味之前已有过反思,如此这里,却又为何需要再反思?"再"并非重复,"再反思"意味着跳出事物本身后,以自我的反身性又对某事某物进行了"再体验"与"再理解"。本篇的再反思是从田野现场抽身后,对田野中之体悟的再反思,意味着自我反身性的极大化。

教师的课程认同是教师对课程实施之中"我是谁"的追问,不同的人会给予这个问题不同的回答与不同的赋意。每个人的生活处境不同、所遭遇的经历不同、所形成的体验不同也就导致了不同的课程认同,也就是说,想要寻找教师课程认同的影响因素并对其加以排序且以此提供一条准确的实施路径是不现实的。但描述与解释的最终目的是改变与实践,因此,对教师课程认同建构路径的审思是必须做的。尽管可能遭遇不够客观、过于理想化的质疑,但用一种更为广阔的眼光重新反思教师日常的课程生活,并朝着美好和理想做出找寻尝试亦是一项学术研究本该有的意义。

---

① M.海德格尔.诗·语言·思[M].彭富春,译.戴晖,校.北京:文化艺术出版社,1991:17.

第六章
"生活在这个世界":
教师课程认同的存在制约

> 我们的心是受制约的,这是明显的事实。①
> ——吉杜·克里希那穆提

究竟是什么在影响着教师的课程认同建构?这是一个复杂且难以回答的问题,来自田野中的资料和体悟星星点点地透露着教师课程认同建构中来自不同方面的压力。教师的课程认同不是在真空之中发生的,教师自身、学生、教材、学校以及学校之外的世界都在直接或间接地对其产生着影响。存在主义心理学家罗洛·梅将人的存在分为三个世界:周围世界(world around,或称环境)、人际世界(with-world,或称共境)与自我世界(own world,或称我境),②从物到人再到己,构成了人存在于世的完整世界。教师的课程认同建构也同样受制于其赖以生存的三个世界之中,这决定着教师的课程认同建构与课程行动除了来自自我力量无法触及的外部世界,更来自教师的内部自我以及紧紧缠绕在其周围的人际世界。

---

① 克里希那穆提.心灵自由之路[M].廖世德,译.北京:九州出版社,2005:4.
② 车文博.人本主义心理学[M].杭州:浙江教育出版社,2003:233.

第一节 复杂的"周围世界"

任何一个教育问题都不仅仅是教育问题,还是一个社会问题,国家政策、社会文化、权利制度等,看似在学校大门之外,却如同一只无形的大手掌控着学校内部的人和事。而同时,学校内部的人也在向外观望,想要看清外界的风吹草动,以此规划自己下一步的行动。人总是在世界中存在,外部世界客观存在着,不会以人的意志为转移,人们被迫进入这个世界,并接受和适应其支配。周围世界便是人们无法控制的客观世界,它是人存在的第一世界,包括形成个体的生理环境与物理环境,其所带来的影响教师们无法规避与选择,只能或主动或被动地接受与迎合。

一、时代的精神状况

课程是教育的核心,教育扎根于社会之中并与整个时代交织在一起。因此,一个时代的精神状况便必然影响着教育改革,同时影响着学校生活中教师的课程认同。

(一)匆忙的时代与平庸的精神

时代精神,不可捉摸、虚无缥缈,它如同弥漫在人们生活中的空气,无声无息却又无处不在。"所谓时代精神,就是人类价值(永恒的、时代的)在一个特定时代基于特定境遇通过价值融会、冲突而生成的一种主导性的价值追求……其中既有积极的成分也有消极的因素。"[1]科技的加速所带来的社会变迁的加速,造成了人们生活世界步调的加速,匆忙成为当下时代生活的主要特征,效率、目的性越发成为人们行动的主要指标。"忙"成为人们的口头禅,也同样成为教师课程生活的代名词,但究竟在忙些什么,多数人却无暇反思或不愿反思,如尼采所说,"匆忙是普遍的,因为每个人都在逃避他的自我……"[2]。

匆忙的时代表面上看去是精神与物质的极大发展,街头车水马龙,人人步履

---

[1] 高德胜.时代精神与道德教育[M].北京:教育科学出版社,2013:前言 4.
[2] 尼采.作为教育家的叔本华[M].周国平,译.南京:译林出版社,2014:译者导言 12.

匆匆,繁忙的背后却也极有可能是人们内在世界的空虚以及潜藏心头的平庸,"多数人靠惯性生活,生活的最大追求就是向周围的人看齐,别人怎样,我也要怎样"①。在这个不确定的时代,人们的生活也充满了变数,生活如同流沙般不可掌握,人们发现征服与创造的艰辛,发现即便在对自身有利的情况下自我对外界的干预也是微弱的,便开始屈服于权威与潮流的力量,用当下流行的社会用语来说,就是"躺平"。人们害怕辛苦,感觉生活飘忽无依,于是发现"躺平"最为可靠,不用发自内心地思考亦不用真切地行动,人人看似努力的背后,平庸却悄然变成一种精明的处世规则。人们用平庸精神麻痹自己的同时,亦要求周遭的人与自己相同,"低欲望"的气氛悄然弥漫,多数人甘于平庸从而让自己抛却烦恼获得安全,这种普遍存在的平庸精神,使得人们"不但承认自己是平庸的,而且还宣称平庸是一种权利,并要求强制推行这种权利"②。

匆忙与平庸同样充斥在教师群体内部,教师们的课程生活看似忙忙碌碌,但不反思、向周围他者看齐成为一种普遍现象,而此带来的是教师精神世界的失落及生存根基的消亡,他们看似在学校中存在着,实则"无家可归",进入了一个"虚无"的自我世界。"不能冒尖、不敢冒头"的背后虽有对权威控制的无奈,但同时也是自保与趋同文化在教师内心深处的真实写照。正是弥漫在人们日常生活中的平庸精神,影响着教师对课程的实施和认同,积极进取、寻求改变的教师反而会被视为不合群的异类,教师为了规避此种被排斥的孤独感,于是选择隐匿自我、趋同周遭的人和事,而此所带来的是教师课程认同的失落。

(二) 焦虑的时代与焦虑的教育

匆忙的时代虽然造就了大众的平庸,但物竞天择仍然暗藏在人的内心深处,人们一方面支持平庸,希望人人都平庸,而另一方面内心深处又暗暗希望自我能够超越平庸,正是自我内心深处对尝试摆脱平庸的渴望,功利、内卷等等又成为另一种截然不同的生活方式。暗涌的时代文化铸就了焦虑的时代现状焦虑,成为这个不确定性时代的一种基本社会心态。③

焦虑的时代,同样铸就了焦虑的教育,教育的目的性、功利性与整个社会

---

① 高德胜.时代精神与道德教育[M].北京:教育科学出版社,2013:前言 3.
② 高德胜.时代精神与道德教育[M].北京:教育科学出版社,2013:前言 3.
③ 王小章.论焦虑:不确定性时代的一种基本社会心态[J].浙江学刊,2015(1):183-193.

的精神生活一样愈发明显。人们将教育的目的期望于阶层的跨越或向上的流动,教育必须是有用的,而这种有用的衡量标准便是名校与分数。人们看重教育的功利价值,希望教育可以帮助自身摆脱焦虑,因此教育要屈从时代的精神状况,教育焦虑成为当前社会的普遍症候,成为功利主义文化的折射。① 新课程改革已经推行了二十余年,经济学的思维方式仍然在衡量教育,教育的投入愈大那么产出就会愈高,而为了这种高能产出,对作为利益生产者的教师的考量也同样采用经济学的方式。对教师的评价采用各种量化标准,对教师付出所得则采用绩效的方式,为了达到相应的考核标准获得相应的报酬,教师们以数字作为目标,扎根在课堂中的教育也变得急功近利。人们用分数衡量教师的劳动,教师则用成绩衡量学生的成就,国家的选拔制度利用学生的分数来作为划分的标准,以"高分数"为终极目标的教育变得愈发焦虑。

焦虑的时代造就了焦虑的教育,而教育的焦虑愈发加重时代的焦虑感,"近代教育诸病缠身",②以此陷入了一个恶性循环。焦虑已经成为一个时代的病症,也同时成为教育的病症,家长焦虑、孩子焦虑,而作为课程实施者的教师则更焦虑。时代与教育的焦虑症人们已然发觉,于是国家颁布各种政策期望减轻这种焦虑感,但关注的重点多在孩子、家长、社会文化上,将摆脱教育焦虑的重任交付教师。这样一来所带来的后果却是教师的焦虑感更为严重,甚至变成一种明显的状态渗透于其日常的学校生活中。这种焦虑紧张的状态将教师裹扎其中,嘈杂的声音弥漫在其周围,一个小小的校园里表面上看去一切井然有序、风平浪静,真实的状态却是连课堂教学都无法拥有安静的时间、空间与心灵。焦灼与浮躁在空气中蔓延,教师无法拥有内心的宁静,无法沉静地面对课程与学生,又何来对课程的认同与建构?

二、不断变化的教育政策

教育的不知所措源自时代精神的无家可归,人们将时代精神状况的救赎寄托于教育身上,救赎的直接途径便是教育政策的颁布与实施。从来没有一个时代对教育有着如此重要的期待与关切,时代的变革、社会的转型对教育提

---

① 王洪才.教育失败、教育焦虑与教育治理[J].探索与争鸣,2012(2):65-70.
② 高伟.生存论教育哲学发凡生存本体论教育哲学论纲[D].南京:南京师范大学,2003.

出了前所未有的要求,教育政策的变迁也从未有任何一个时代如同当下一样快速而猛烈。

(一) 政策变迁中的教师式微

时代的焦虑与教育的焦虑交织在一起,而为了缓解这种精神状况,国家通过一系列的教育政策希冀进行调控。2021 年 7 月份颁布的"双减"政策,是近年来为了缓解时代焦虑与教育的焦虑而出台的重大教育政策之一,政策的目的旨在减轻家长与学生的教育压力,构建良好的教育生态环境,旨在增强学生和家长的幸福感、获得感、安全感。

《关于进一步减轻义务教育阶段学生作业负担和校外培训负担的意见》(以下简称《意见》)颁布后,相应的学校作业管理政策①、睡眠管理政策②、各地方的课后延时服务政策③、校外培训机构治理政策等相继出台,一切政策的目的都旨在减轻家长与学生的教育压力与负担。减轻学生作业负担、减轻家长负担是政策的核心,教师在政策中被提及之处,皆是强化教师职责、不给家长增加负担、切实履行作业指导职责等。教师仿若成了教育问题的罪魁祸首,为了缓解教育焦虑,教师就必须身先士卒。"双减"确实减轻了家长和学生的负担,但是大大增加了教师的工作量,课后延时服务开展之后,教师们的工作时长甚至接近 12 个小时。如此长的工作时间却仍然还会有很多工作需要带回家里去做,原有的教研时间、备课时间、批改作业的时间被课后延时所占用,课程任务的完成变得愈发困难,没有时间、讲不完是多数老师的困惑。但教师所面临的各种各样的困境在政策的推行之中却很少被考虑。

政策的目的总是为了调控,为了改变现状,因此政策的实施便充满了强制与控制,以此希望得以快速、准确地达至目的。然而,自上而下的政策实施,实然的状态却总是与应然的状态有所不同,而当政策强制实施一段时间,就会发现实然与应然之间的出入,某些时刻便会修正政策以期在两者之间寻求平衡。以此,摇摆不定、不断变动的政策,让身处教育现场的学校与教师都在观望,看别人的行动而后做出回应。"有的学校严格执行'双减'政策,有的学校暗地里还是老样子,我们应该怎么办?"是田野现场教师们发出最多的疑问,"没有

---

① 参见《教育部办公厅关于加强义务教育学校作业管理的通知》(教基厅函〔2021〕13 号)。
② 参见《教育部办公厅关于进一步加强中小学生睡眠管理工作的通知》(教基厅函〔2021〕11 号)。
③ 参见《教育部办公厅关于做好中小学生课后服务工作的指导意见》(教基一厅〔2017〕2 号)。

时间教研,没有时间进行作业设计与反思,作业量的减少带来的是学生成绩的下降,我们到底要怎么办?"教师们在政策的应然与实然之间焦虑不已、不知所措,但政策的变动与调整却很少从教师的困境出发。

2019年,中共中央办公厅、国务院办公厅印发了《关于减轻中小学教师负担进一步营造教育教学良好环境的若干意见》,旨在进一步为教师减负。政策所减的第一要务便是减去那些超出教师本职范围的非教学类负担,从而使得教师把更多的时间和精力,用在作业研究、教学观念改进和教学水平提升上,聚焦在教育教学提质增效上。但在 X 小学的班主任微信群里,非教学的行政任务依然大量充斥着教师们的日常生活,"家长电动车上牌情况、家长反诈中心 APP 下载情况等等"[①]——一系列与教师本职工作毫无关系的事物不断出现,教师教书育人的天职反倒在这些行政性事物面前变得微不足道,教师的主体性前所未有地走向式微。

(二)愈发复杂的课程政策

课程政策是教育政策的具体化,是对教育政策的具体回应与落地。学校一张方寸间的课程表背后隐含的却是愈发复杂难以处理的课程政策,一张小小的课程表上,包含的课程除了学科课程,还有延时服务、阳光体育大课间、劳动课程、德育课程、美育课程、综合实践课程以及政治教育的课程(少先队队会课程)等,每一门课程名称的背后,都是一个课程理念的具体实践,但课程表的容量有限。因此,一张小小的课程表背后也同样意味着各个课程之间的权力争夺。

"双减"政策出台后,每天下午要有一个小时的课后延时服务,体育课程政策要求下,学校30分钟的大课间从一个变成了两个,再加上每周四节的体育课;艺术课程政策中,每周四节艺术课程;劳动课程政策规定每周不能少于两节;地方及学校特色课程要占到四节左右……一些小学美术教师的周工作量达到二十多节课,而对于以往的主科教师(如语文和数学)而言,教学任务变得更加复杂。以语文学科为例,一周的课时量只有六节,若不允许给学生布置家庭作业,那么仅靠一周六节的课时量,想要完成语文复杂烦琐的教学任务实属不易。

[①] 来自对 X 小学班主任微信群的观察。

每一门课程的实施都以"课程化"为途径①,"课程化"的背后是每一门课程的具体政策、课程标准、课程资源,甚至包括实践基地等相应的课程体系保障。德、智、体、美、劳五育并举的真正落地,带来的是学校场域内巨大的课程变动,而若学校缺乏有效的课程保证体系,如课程硬件环境、课程师资等基础性要件的匮乏,课程引领、课程整合设计与有效实施的缺失,那么教师便会在众多课程要求之间不知所措。教师发现课程理想如同镜中花水中月般地遥不可及,便会在理想与现实之间的冲突中选择沉默求全,以至于对新课程改革的热情也逐渐被消磨殆尽。

三、规约与控制的学校制度

"人们受各种思想、感情和习惯所左右——这是我们的本性使然"②,学校是课程实施的中心,学校场域中的制度与文化是教师思想、感情、习惯形成的基础与根源,以一种最为密切、最为直接的方式渗入教师的课程认同建构过程中。制度是学校得以运转的基础,文化则是学校内部蕴含的灵魂,两者相互交织维持着一个学校的正常运转,也从硬与软两个方面影响着教师的课程认同。

(一)科层制的学校规约制度

学校制度以一种直接的形式影响着教师的课程认同建构。学校是社会的有机组成部分,宏观的社会文化、国家政策所产生的影响或明或暗地进入学校内部,影响着学校的建设与发展。而学校又将来自校园外部的社会力量作为一种衡量自身的标准,形成一系列的规章制度以此规范、组织着师生的课程生活。学校制度以韦伯(Max Weber)的科层制管理为主导形态,"规约""命令-服从"是其主要性质,③其功能是保证学校正常的运行秩序,其目的在于提高学校管理的理性水平以及工作效率,并且有利于学校教学目标的实现。对于教师而言,学校的管理制度(包括教学管理制度、校本教育制度、学生评价制度、教师评价制度以及其他学校内部管理制度)是他们实施课程行为的标准与准则,他们用学校制度来判断自我的行为合适与否。

---

① 刘登晖,卞冰冰.中小学课后服务的"课程化"进路[J].中国教育学刊,2021(12):11-15.
② 古斯塔夫·勒庞.乌合之众:大众心理研究[M].冯克利,译.桂林:广西师范大学出版社,2007:30.
③ 王琳.教师专业发展与学校管理制度:矛盾与矛盾之解决策略[J].中小学管理,2004(5):12-13.

学校制度所产生的压力有着积极的一面，它能够在某种程度上提升教师的教学积极性与效率，促使教师对日常的教学工作做出反思与改进。特别是对于正处于建设和发展中的学校而言，周全的制度能够极大地保证学校教学工作的快速运转，帮助教师明晰自身的工作职责与行为方式，促进教师成长。以在田野中的 X 小学为例，胡校长到来之前，学校的教研制度形同虚设，教师们甚至没有固定的研讨时间与形式，而当相应的制度颁布，虽然最开始教师们会产生不适，但度过适应期之后，规范的教学研讨使得教师的教学水平有了大幅度的提升，教学反思的撰写也从最初的应付了事，到慢慢成为一种习惯，教师们逐渐开始对自身以往的教学方式进行反思，对学生的实际情况进行深入分析，而不是只一味地抱怨和推责。因此，适度的制度规约对教师的课程认同建构有着重要的推动作用。

但犹如硬币的正反面，规约的学校制度也有着消极的一面，特别是当规约的性质超出一定的限制，其所带来的问题也就更为明显。日常的学校生活中，教师的行动要同时接受校长、教务、德育处、总务处、科研处等行政管理机构的制约；在学校的例会中，从校长到各个科室的行政负责人轮番发言，宣布规定各种各样的制度规范，令人眼花缭乱。教师通常位于学校科层体系的底层，很少参与制度的制定，只是被动地接受制度的管理。而且，当下多数学校的制度管理愈发精细化，出勤、坐班、教学质量监控等，某些时候甚至精细到上课时的教学过程与教学模式，教师在课程实施中四处受限，畏首畏尾，久而久之，便会导致教师的工作热情衰竭。特别是学校对于教师的评价制度，对教师的课程认同有着更为明显的影响。量化的评价方式，使得教师的工作结果最终都以数字为呈现方式，一篇读书笔记加 0.5 分的背后，是教师读与没读、读与读懂之间的巨大差异；一篇工整的手写教案背后极有可能是教师在浪费自己真正反思的时间去机械化地抄写……过度的规约，使得深处学校之中的教师如同身在一座"全景式的监狱"。工具理性取代了教学中的心灵与精神，教师被限制在固定的轨道上，"个体理性思考的机会与作为自由人行动的能力"被剥夺①。

---

① 米尔斯.社会学的想象力[M].陈强，张永强，译.2 版.北京：生活・读书・新知三联书店，2005：183.

（二）规训与控制的学校文化

科层制的学校制度背后是随之而生的规训与控制的学校文化。文化与制度相互交织影响，制度是硬性的、可见的，文化则是软的、流动的、不可见的，它无形地隐藏在学校生活的方方面面，是一所学校经过长期发展而形成的某种无形的价值信念与行为准则。[1] 学校的文化以学校的办学目标或宗旨为引领，其最重要的特点是蕴含着某种价值信念，且这种价值信念是身处其中的教师群体所共同拥有的，使得教师自觉地按照此种价值信念去工作，若教师的行为合乎学校的文化便会受到群体的承认和赞扬，教师便会获得心理上的满足。[2]

学者们已有的研究表明，不同的学校中勇于参与课程变革的教师比例不同[3]，这与学校文化有着巨大的关系。"人在一定程度上是文化塑造的，这是人区别于动物的一个根本标志"[4]，因此，学校的文化或氛围则对教师的心理状态变化有着重要的影响。若学校的文化是开放的、平等的、互助的，那么在此文化氛围中的教师个性便有机会可以呈现。良好的学校文化能够支撑教师的自我发展意识，使得教师在课程实施过程中，能够对课程价值进行深入思考，勇于进行教学改革尝试，教师的积极性、主动性和创造性就会喷涌而出，教师的课程认同建构也更容易走向积极的方面。而若一所学校的文化处于一种封闭的状态，如同一潭死水，无人敢打破，教师的课程认同建构便会陷入被动的消极的状态中去。

校长负责制的学校责任制度，也就意味着校长是学校制度和文化建设的关键角色。叶兰、韩玫、肖琳等在讲述自己的课程故事时，都在暗暗提及学校领导的行事风格。校长所创造的规训的学校文化中，教师们不敢轻易发表自己的看法，不敢进行自主的教学尝试，不敢参与学校的文化建设与管理，学校的气氛陷入"一言堂"的权威状态。在由此所带来的控制与被控制的压抑氛围中，教师的课程行动便会"比葫芦画瓢"、按部就班，以权威的意图来统领自

---

[1] 林一钢,何强.学校课程领导、组织文化与教师专业发展关系的研究：以中国大陆教研组为例[J].江西教育科研,2005(7):8-10.
[2] 殷磊.学校文化建设与教师专业发展[J].中国高教研究,2005(3):52-53.
[3] FULLAN M.教育变革的新意义[M].武云斐,译.上海：华东师范大学出版社,2010:73.
[4] 朱旭东.论教师专业发展的理论模型建构[J].教育研究,2014(6):81-90.

己对课程教学的理解与实施,学校所谓的文化引领功能实为文化控制。一所学校的整体文化与课程文化通常相辅相成,课程文化中蕴含着学校对课程的理解,对课程价值观念的解读,因而,一个规训的学校文化同时意味着规训的课程文化。教师处于被规训之中,规训与控制便会进入课堂教学,建构出同样的课堂或班级文化。教师们在此文化氛围之中,时时处处进行着自我防卫,缺乏自主成长的支援,对学生缺乏理解与关爱,教师的课程认同便难以积极地建构。

第二节 冲突的"人际世界"

人际世界是指由人和他人构成的世界。课程认同的人际世界是课程实施过程中环绕在教师与课程周遭的由人与人之间的复杂关系所构筑形成的世界。这个世界是属人性的,是教师与他者之间所进行的双向与互动的意义结构。课程实施中的重要他者,是教师认识自我与课程价值的"透镜",教师在他者的眼中发现"镜中自我"。不同的课程环境会产生不同的他者关系,我在对田野资料的分析中发现,影响教师课程认同的关系错综复杂,而其中师生关系、同事及领导之间的关系、家庭与工作之间的关系是其课程实施中人际世界的主要影响因素。

一、"非其所是"的师生关系

师生关系是课程实施中最主要的关系,是影响教师课程认同的最重要的人际因素。刘铁芳教授曾说,"教师活在师生关系之中",确实如此。教师每一天的心情多数取决于与学生之间的互动情况。如马凌所说:"如果今天上课跟学生的互动很愉快,我的心情就会很好,讲课也有劲儿;如果跟学生发生一些什么不愉快的事情,一整天心情就会很糟。"(FT-HML-0414)这本是教师课程生活中最普通的状态,但在田野中却发现,教师们赖以生存的师生关系却不再是单纯的教师和学生两者之间的关系,这种关系由于多方介入而开始变得复杂。

（一）师生关系变成了家校关系

尽管教师与学生分别代表着学校与家庭，但纯粹的师生关系仅是存在于教师和学生两者之间的关系，是属人与人之间的关系。而家校关系，是两个不同的社会单元之间的关系，因此，师生关系与家校关系两者之间有着本质的不同。但在当下，对师生关系建构的"无力感"是田野中教师们最大的无奈，用肖琳的话说，"以前学生做错了我们当老师的可以批评，但是现在学生做错了，老师有的时候却没法批评"（FT-XL-0606）。不能这么做的原因，是家长过多干预了师生之间的正常人际互动，师生之间的问题动辄上升成为学校和家庭之间的问题。

新课程实施以来，学生的主体性被推到了前所未有的位置，而教师的主体性却在逐渐减弱，"以学生为中心、以学生为主体"的口号络绎不绝，然而当学生的绝对主体性地位占据高峰时，所带来的是如柏拉图所言的"教师害怕学生，迎合学生，学生反而漠视教师和保育员"。不只师生之间的地位发生改变，教师在家长心中的地位也发生了变化，教师权威遭受前所未有的质疑。例如，"双减"政策规定学生的学业问题负责人是教师，因此当学生学业出现问题，甚至学生在校作业没有写完，也会有家长将责任归结于教师。师生之间发生的细小问题，家长动辄要投诉，教师们为了避免麻烦，便只好尽可能地"离有些学生越远越好"，"学生不再敬畏老师"也成为见怪不怪的情况。① 家长对学校教育的过多干涉，影响着教师教学中的情感投入与积极性，如肖琳说："当我们发现教不动孩子的时候，一般情况下背后都有个无法交流的家长。"（FT-XL-0606）

田野现场，两个学生之间发生矛盾，作为三年级二班班主任的方洁，因为其处理结果不符合其中一方家长的要求，家长便投诉到市长热线，而市长热线又反馈到市教育局，市教育局便下令要胡校长尽快做出回复。一件日常教学中再平常不过的事情，已经上升为一种学校与家庭之间的矛盾，上升成为一桩行政事件。课后延时学生作业没有做完，或者学生课堂任务没有完成，教师让学生留下改正或补全作业，也会上升成为一种学校与家庭之间的纠纷。但若

---

① 百里清风,宫福清,张鹏.学生为什么不再敬畏教师?：兼论师生命运共同体的构建[J].当代教育科学,2021(11):60-66.

学生成绩下降,家长又会将责任怪罪在教师身上,教师们在这种难以处理的家校关系中难以抉择,这些都影响着教师对课程的认同建构。

(二) 法律关系替代了伦理关系

师生关系除了被家长和学校行政过多地干预,其建构的困难还在于动辄需要法律来加以规定和调控,法律过多地介入,师生之间的伦理关系便逐渐走向式微。

《中华人民共和国教育法》《中华人民共和国未成年人保护法》《中华人民共和国教师法》都明确规定了教师侵犯学生权利所要担负的法律责任。法律的健全、学生维权意识的提升本是社会文明程度进化的一种表现,但法律和道德都是支撑人类社会发展的支柱,在法律没有产生之前,人类社会的运转依靠的是道德。若过度依赖法律,教师与学生之间最基本的伦理规范都要通过法律来约束,教育的道德本性便被淹没在冰冷的法律条款中。2019年11月,教育部颁布的《中小学教师实施教育惩戒规则(征求意见稿)》对教师惩戒权重新进行了界定与赋予;2021年11月29日,教育部发布的《中华人民共和国教师法(修订草案)(征求意见稿)》再次将教师"对学生进行表扬、奖励、批评以及教育惩戒"纳入教师享有的基本权利中。但法律的出台,却并没有给师生关系的改善带来转机,教师们依旧"不愿管""不敢管""不会管"。之所以出现这种问题的根本原因在于,法律无法将一些日常教学惩戒中的细节问题进行明确的定位,教师们在处理师生关系的过程中畏首畏尾、瞻前顾后,生怕一不留神就会被处分,甚至要负一定的法律责任。

人与人之间的伦理道德本就是模糊的、无法用明确的是非对错进行标准化衡量的,法律的基本特征是要债权分明,因此把师生伦理道德关系的法律化,最终的结果是师生关系建构的困难。作为学校心理健康教师的叶兰,对学生的心理状态和教师们的处境更了解,她说:"感觉现在的孩子很可怜,家长大多都很忙没有时间跟孩子们交流,很多家庭是独生子女也没有人玩,有二胎的家庭也很麻烦,孩子们会觉得受到冷遇。所以有的小孩就会偏激、敏感,老师们都不敢说一句重话。现在这教学时间紧,每一天都安排得满满当当,老师想找那学生安静地聊一聊都很少有机会。可是不管吧,有时候实在看不过去,管吧,又担心得不得了,恐怕这孩子想不开再出点什么事,当老师的肯定是第一责任人啊。谁敢去冒这种说不定都会触及法律的风险啊。"(FT-YHM-0518)

师生之间的法律关系越过伦理关系,导致教师将教学看成一件充满"危险"的事情。批评学生犹豫再三,不敢管教问题学生,处理一些教学日常琐事变得小心翼翼、畏首畏尾。这种动辄会牵扯到法律的师生关系,使得教师将安全、不出意外地完成基本教学任务作为工作重点,又岂会有精力与意识去反思自我与课程的价值实现程度,亦无法建构对课程的真正认同。

二、难以调和的同事关系

合作是人们不可逃避的存在之境,人的内在精神不可能在孤立的状态中形成。[①] 但真正的合作是参与双方自愿的、平等的、朝着共同目标的、共同进行决策的、共同承担后果的、共享资源的以及可以突出彼此特性的,想要形成真正的合作关系并非易事。田野现场的教师合作要么陷入虚假的合作,要么走向抱团式的平庸,真正的合作关系难以形成,而缺乏合作意识的同事关系也对教师的课程认同产生重要的影响。

(一)私下的竞争与虚假的合作

众多的研究表明,同事之间的合作关系有助于教师成长,来自同事的支持较来自行政方面的支持更为重要。[②] 但若同事之间因为利益竞争或行政干预,就会产生虚假的合作关系。多数中小学的职称评审指标少之又少,不良竞争关系蕴藏于同事之间,大家表面上一团和气,背地里却暗暗较劲,缺乏互助与合作精神的同事关系也同样在影响着教师对课程行动的反思。韩玫说:"在Z小学,职称指标每年就那么几个,说实在的,今年校长会让谁上,大家心里都清楚。虽然教师们的个人素质都很强,但大家之间的关系是竞争关系,领导也缺乏人文关怀,同事讲优质课都是一轮一轮的校内比赛,而后出去参赛。帮同事磨课也是为了完成任务。"(FT-YHM-0518)有效的同伴支持,能够给人带来情绪上的抚慰;提供与工作相关的支持;提出技术性挑战以促进个体的成长。[③] 而表面合作、私下竞争的同事关系,所带来虚假的合作关系却不能真正有效地促进教师的专业成长。

---

① 金生鈜.规训与教化[M].北京:教育科学出版社,2004:29.
② HARRIS D L, ANTHONY H M. Collegiality and Its Role in Teacher Development: Perspectives from Veteran and Novice Teachers[J]. Teacher Development, 2001, 5(3):371-390.
③ 杨秀玉,杨秀梅.教师职业倦怠解析[J].外国教育研究,2002,29(2):56-60.

有学者指出,同事关系可以强化教师的道德视野和价值观,从而减少倦怠。英国学者尼亚思(Nias)指出,在一个以相互支持与关心的合作文化背景下,个体觉得可以表达他们消极和积极的情感,坦陈失败与弱点,发泄怨恨和失望之气,表露喜爱之情①。韩玫职业生涯的前期,为何有极大的热情投入课程改革,因为有张主任的引领与帮助,她在课改中遇到的困难有人可以倾诉,也有人在背后予以极大的支持,才能使其积极地进行课改尝试。而当张主任退休,原有的同伴支持消失,新上任的教研主任反而认为韩玫的努力是对其地位的一种威胁,韩玫表面上与其一团和气,内心却深知对方对自己的防备与敌意。虚假的合作关系背后,是教师无法向同伴表露心声,亦无法得到真正有效的支持,其课程认同便会遭遇危机,甚至进入消极的状态。

(二) 抱团的平庸与无奈的孤独

私下的竞争与虚假的合作关系会阻止教师的课程认同建构,而抱团的平庸也同样会起到消极的作用。X 小学属于乡村小学,教师们评职称有绿色通道,所以同事之间没有竞争压力,彼此之间关系融洽,"关起门来就像一家人"是 X 小学的教师对自身与同事关系的普遍描述。但丝毫没有竞争关系的缺点也同样明显,因为没有竞争压力,大家便没有动力对课程与教学进行认真的钻研,就连在别的学校你争我抢的公开课参赛名额,在 X 小学也是大家彼此间心照不宣的"轮流制"。缺少竞争,便极易走向抱团式的平庸,大家用"差不多就行了,还是省点劲儿吧"来对彼此成长动力的匮乏进行相互安慰。

"双减"政策要求教师们对课程作业进行认真设计,减少作业量,设计特色作业,从而既能减少学生的作业负担,又可以发挥作业真正的育人功能。但政策的理念实施在 X 小学推行起来尤为麻烦,在语文、数学、英语学科的教研组会议中,大家对此问题发表看法,最终讨论的结果却是,"不知道怎么做,学生不行,怎么设计效果都不会好"。韩玫、马凌对于大家的讨论结果无可奈何,韩玫说,"有的时候我都很无语,让老师们动脑筋特别麻烦,怎么推都推不动"(TYBJ-1013)。缺乏共同体的力量,一些有想法的教师无法得到同伴的有力支持,从最开始的对孤独的焦虑,到慢慢逐渐被同化,消失了成长的意愿,自然

---

① JAZABKOWSKI L M. The Social Dimensions of Teacher Collegiality[J]. Journal of Educational Enquiry, 2002(3):1-20.

对日常的课程教学也不再进行深入的反思与实践。

同事关系是学校制度与文化在人际世界的投射,以竞争为核心的制度与文化带来的是虚假合作的同事关系,而缺乏竞争的制度与文化带来的则是教师们群体成员之间抱团式的平庸。教师们的合作是教师与同事的互动和对话过程中的共同发展,真正的教师合作容许差异性的存在,教师们之间的坦诚互动可以促进彼此间的思想碰撞,教师可以在平等与真诚的交流中反思课程实施过程中的不足并获得成长。而缺乏互助与包容、没有发展氛围的同事关系会导致整个群体的课程行为缺乏活力、停滞不前,有着积极课程认同意愿的教师会因为缺乏真正的同伴支持陷入孤独,失去课程认同建构的动力。

三、无法取舍的家庭关系

教师们的日常生活不仅包括学校生活,而且有更为重要的家庭生活,特别是已经步入婚姻、成为母亲或父亲的教师,其在家庭中所承担的角色与责任也同样重要。但若教师这一社会角色与其在家庭中的角色发生冲突,即个体在家庭和工作生活领域中的角色发生不相容的状态,便会对教师的生活满意度产生消极作用。而消极的生活满意度同样对教师的课程认同产生消极的影响;反之,生活满意度高的教师课程认同也会更加趋向积极。

(一)用心工作意味着家庭责任的缺失

教师工作时间长、工作量大,难以顾及家庭。若作为教师的社会角色和作为母亲或父亲的家庭角色之间无法很好地调适,消极情绪的产生也会极大地影响着教师对课程的认同建构。田野中的一位教师,延时班课程结束已经将近18点,语文作业没有时间批改,她便拿回家里批改。家人认为,她白天在学校忙了一天,晚上回到家仅有的一点时间还要用来批改作业,认为其家庭责任失职,导致家庭矛盾的产生。而由于家庭矛盾所导致的教师不良情绪,又严重地影响着教师第二天的教学状态。这样的情况并非个例,问卷中教师们的回答如下(二十多份问卷中,大部分老师都提到了繁忙的工作对家庭关系的影响):

工作状态对私人生活有影响,比如回家时间太晚,没有时间陪孩子和家人,在学校工作一天太累,回家不愿意动弹。(WJ-FT-R-01)

我是个对工作十分较真的人。投入工作的时间与精力过多,身体的损耗

就相对较多,颈椎、腰椎各种症状全有;陪伴家人与孩子的时间过少等。(WJ-FT-X-02)

有学者用"溢出效应"来解释工作、家庭互动和生活满意度之间的关系,即家庭和工作之间可能产生积极的溢出效应,且会将积极的情绪在两者之间转移。反之亦然,来自某一方的消极情绪也同样会溢出并影响另一方,由于不能兼顾家庭所产生的消极情绪,如忧虑、愧疚、疲劳等,又会影响到教师们日常的教学工作。有研究表明,工作、家庭之间的非良性互动会带来倦怠、抑郁和对工作、生活的不满意。[①]焦灼的家庭工作冲突所导致教师的自我效能感的降低、自我价值感的迷失,产生的种种不良情绪也影响着教师的课程生活和课程行动。

(二)趋向家庭便无法全身心地投入工作

相较于男性教师,女性教师要面临着更为严峻的角色冲突。基础教育阶段的女性教师比重远远超过男性教师,女性由于本身的性别特征,在其成长过程中要面临更为复杂的自我与外部环境的冲突,在日常教育实践中的矛盾也更为突出。职业角色与家庭角色的双重定位所产生的摩擦,甚至影响着女性教师的人生态度和价值取向。

叶兰无论对语文课程还是心理健康课程,都对课程本身的价值有着清晰的定位。她认为学生是发展中的人,不可能有完美的孩子和完美的家长,日常的课程教学为何出现各种问题,原因不能都归结到孩子们身上,教师自身更应该反思。但是,她也同时说道:"一个教师如果想要真正地去反思、去践行自己的理念,需要很大的勇气。而首先具备的便是要能够接受无法顾及家庭的愧疚感,要有抛家舍业的勇气,因为人的精力有限。"(TYBJ-0518-01)在 R 小学,叶兰是语文学科的教学骨干,无论在整个区的教育系统还是家长群体中都有着非常好的口碑,她曾经教过的孩子及家长,无论何时提起她都对她赞不绝口。而之所以来到 X 小学,源自她的家庭变故,到了 X 小学之后,她迫切地想跨学科成为学校合格的心理健康教师,但除了学校的行政事务,她要花费很大一部分精力到家庭,因此,进行学科专业知识的学习和培训成为叶兰最大的渴望。

---

① ALLEN T D, HERST D E L, BRUCK C S, SUTTON M. Consequences associated with work-to-family conflict: A review and agenda for future research[J]. Journal of Occupational Health Psychology, 2000(2): 278-308.

叶兰在读书笔记中这样写道,"当我们全身沉浸在自己所热爱的工作中时,就会感到前所未有的兴奋与满足,这就是一种幸福。"(BJ-YL-01-210501)"一个独立自主的女性身上所显露的坚强、勇敢、自信等气质,远比那些依赖性过强的女性身上的漂亮衣服和首饰更吸引人,而女性的独立自主,主要体现在工作上。"(BJ-YL-01-200725)成为一名好教师,是叶兰的梦想,在职业生涯的前半段她也在一直朝着这个目标努力。家庭变故是她人生中的重大转折,也正是这样的变故改变了她的职业生涯,日常的交流中,女性如何在家庭和工作之间进行艰难的抉择是她最常提及的话题。工作和家庭共同构成了女性教师的私人生活,两者之间很难有清晰的界限,社会对女性的性别角色定位和女性自身的价值追求之间总是出现冲突或碰撞,女性教师便总需要在工作和家庭之间进行两难选择。

第三节 失落的"自我世界"

自我的内在世界即"我境",是人类独有的自我意识世界,是指人的自我意识或自我存在的经验,它是主观的和内在的,正是自我的内在世界帮助人们对自我的行为、喜欢、需求进行判断。在不可控的外部世界中、冲突的人际世界中,希望与黑暗、肯定与怀疑交织并存,教师们如何从课程生活中找到自身存在的价值和意义,自我的内在世界起到了最为关键的作用,但这独属于自己的世界,也在逐渐走向失落。

一、学科知识与学生知识的欠缺

舒尔曼(Lee S. Shulman)将教师的知识结构分为学科知识,一般教学法知识,课程知识,学科教学法知识,有关学生及其特征的知识,关于教育背景的知识,有关教育的目的、目标、价值及其哲学与历史渊源的知识。国内有学者将舒尔曼的教师知识结构进行归类划分为学科知识、条件性知识和实践性知识。① 条件性知识是教师所掌握与运用的教育学与心理学知识,实践性知识是指教师实际教学过程中处理真实事件的情境知识以及与之相关的知识。在对国内一些城市(如北京、宁波等)的量化调研中发现,教师的学科知识普遍程度较高,而有所欠缺的是条件性知识和实践性知识。② 后续类似的研究也基本上都持相同的结论。但在田野研究现场,或许是因为 X 小学所处的地域(我国中部某四线城市)以及办学条件(薄弱学校),我发现教师们的知识结构中作为基础性要件的学科知识以及学生知识都处于不容乐观的状态。

(一) 跨学科教学与不完备的学科知识

学科知识是教师知识结构中最基本的知识类型,即教师对于自身所教学科内容的知识,也是教师的本体性知识。若学科知识欠缺,学科教学也会陷入"言而无物"的尴尬境地。③ 虽然随着近些年来信息技术与人工智能的快速发展,有人认为教师的专业知识可以并不那么完备,教师知识结构的重点应该在教学法知识或者学科教学法知识。但在仍然以学科教学为主的现场,教师的学科知识依然是教师对学科进行透彻理解的基础,是教师教学的重要"情境"和前提,亦是教师学科教学法知识的基础。

跨学科教学,对田野中的教师们而言再平常不过,一个老师通常身兼数职。几乎每一个语文教师都要兼任道德与法治课,或者兼任心理健康课、综合实践课、各种社团课等。对此问题他们早已见怪不怪,"大部分小学都这样"是大家给出的最为普遍的解释。师资力量不足是造成这一现象的主要原因,但同时也就意味着不完备的学科知识不可避免地要对教师的课程认同产生影响。

只有对学科知识理解透彻,教师才有可能实实在在领会学科真正的目的与价值,在众多对专家型教师的研究中,厚实的学科知识是专家型教师的共同特征。虽然"教师要有一桶水才能给学生一碗水"的知识要求在当下知识爆炸的时代饱受诟病,但学科知识仍然是学科教师这一职业专业性最根本的要

---

① 林崇德,申继亮,辛涛.教师素质的构成及其培养途径[J].中小学教师培训(中学版),1998(1):10-14.

② 辛涛,申继亮,林崇德.从教师的知识结构看师范教育的改革[J].高等师范教育研究,1999(6):12-17.

③ 龙宝新.教师教育学科:现象、隐忧与走向[J].教育研究,2021(7):60-70.

件所在。马凌中师时的专业是英语教育,来到 X 小学以后,又兼任音乐老师。虽然对音乐比较热爱,但缺乏专业训练的她,在音乐教学中感觉力不从心,"我又不是这个专业的,上课没办法就只能糊弄糊弄,教一些简单的乐理知识什么的,再带着他们唱一些歌,想要教得出色,那绝对不可能啊"(TYBJ-0525)。

这一现象不光在 X 小学,即便在 A 市其他教学资源相对优厚的小学也同样存在此问题,只不过问题的程度深浅不一。大多数学校并没有专业的心理健康教师,同样也都是其他学科教师跨专业兼任,因此,心理健康课日常大多不会正常上课,即便是需要参加公开课比赛的教师,由于缺乏专业的学科知识,也对学科的意义及价值含混不清,有人把心理健康课上成道德与法治课,有人上成活动课,缺乏心理学的学科根基。

舒尔曼认为,教师必须理解所教学科的知识结构、概念组织的原理以及知识探究的原理,以此才能回答学科领域的重要观点和技能、学科领域的知识如何产生、如何更新。① 教师拥有深厚广博的学科知识是一种责任,因为教师是学生对学科进行理解的最主要的源泉。因此,若教师对学科本身的知识体系就一知半解,又何谈对学科价值的真正理解与彰显?

(二) 被忽视的学生知识

学生知识亦是教师知识结构中的重要组成部分,它决定了教师形成何种学生观与教学观,决定了教师平日里的课堂教学方式。舒尔曼的教师知识结构中重点提出了学科教学法知识,认为学科教学法知识是教师学科内容和教学法的结合物,是教师自己的对有关专业理解的特定形式。② 它能够帮助教师把教学的内容和教学法整合起来,帮助教师明晰教学主题应该如何组织与呈现,从而适应学习者的需求和能力。在舒尔曼的表述中,教师学科教学法知识的最终目标是为了学生的需求,因此也可以说想要获得真正的学科教学法知识,需要教师掌握相应的学生知识,即关于学习者及其特性的知识。只有教师对学生有着深入的了解,才有可能选择最合适学生的方法将学科内容转换成学生可以理解的知识,也即是说只有教师知道学生的理解方式、思维特性是

---

① 舒尔曼.实践智慧:论教学、学习与学会教学[M].王艳玲,等译.上海:华东师范大学出版社,2014:156.
② 舒尔曼.实践智慧:论教学、学习与学会教学[M].王艳玲,等译.上海:华东师范大学出版社,2014:155.

什么,才有可能找到合适的方法。因此,学生知识是教师知识结构中的一个基础要件,但在田野现场,除了作为基础的学科知识不完备,学生知识的欠缺同样是一个重要却容易被忽视的问题。

在 X 小学,教师们认为影响课程教学的首要问题来自学生,最为普遍的问题包括:自己的教学设计得不到学生的回应、学生的学习观念发生了变化、学生学习习惯不好等。也可以说,教师发现学生难以掌控、不在自己的预期范围内是影响其课程认同的重要因素。处理学生问题成为教师们日常工作的重要内容,在教师们集体座谈与私下聊天中,如何解决学生问题、如何培养学生的行为习惯、如何推动学生的学习内驱力是大家关注的重点。种种问题的背后实为教师对学生知识的匮乏。

对于教师而言,获取学生知识的途径来自职前阶段对教育学、心理学等课程的学习,但职前教育阶段此类教育课程的占比非常小,且大多内容空泛,被定位成理论课程,从而与教学实践相距较远。职前师范生在课程结束后大脑中所仅存的某些概念和原则,进入教学现场后却不知道如何用那些概念与原则解决实践问题。[1] 而一些非师范类毕业的教师,对教育学、心理学知识的学习仅局限于获得教师资格证证书时对知识点的机械记忆与背诵,对知识背后的意义却全然不知,更无法用于实践教学。在职后的师资培训中,大多数培训的内容都为教师们的教学法知识,即各种新教学理念的培训轮番上阵,却极少有针对教师的学生知识的相关培训。

田野现场,教师的学生知识的深浅多与教师们的工作经验直接相关,教龄较长的教师所掌握的学生知识相对较多,教龄短的教师远还没有达到"关注学生阶段"。而即便是教龄长的教师对学生知识的了解多来自自我的经验总结,缺乏科学性,若教师没有学习的意识又缺乏相应的培训,便会用自己以往的经验来处理学生问题,新教师的学生知识也大多来自老教师的师徒传授。无论教学理念如何更新,教师课程实施的核心应仍然根植于提供给学生可接受的解释,[2]而判定什么才是学生可以接受和理解的方式,需要教师具备相应的学

---

[1] 申继亮,李琼.从中小学教师的知识状况看师范教育的课程改革[J].课程·教材·教法,2001(11):49-52.
[2] 舒尔曼.实践智慧:论教学、学习与学会教学[M].王艳玲,等译.上海:华东师范大学出版社,2014:281.

生知识。"教"最终为了"学",若对"学"不甚了解,又如何能实现教的目的,课程本身价值又如何实现?

二、自我物质价值与精神价值的隐匿

价值,无论是物质价值还是精神价值都是人们生活的核心,一旦价值破灭,人们的生活也会同样遭到毁灭。[①] 自我的价值是人对自身的意义和对自我需要的满足,也即自我对自我的意义。[②] 教师们如何定位自我的价值,决定了教师自我如何对日常学校生活的意义进行赋予。

(一)被矮化的自我物质价值

人的自我价值包括自我的物质价值与精神价值。教师的物质价值便指自我所创造的物质财富对自我的满足,通俗来讲,即作为人的"我"对于自我物质需要的满足。人在不同的价值之间进行取舍本是一种简单的心理行为,但由于人所处的社会文化、环境以及集体的道德观念,人的价值抉择便成为一种复杂的伦理情境。[③]

物质价值是人生存的基本条件,是人存活于世的基础,但在人们对教师职业所赋予的隐喻中,"蜡烛""春蚕""园丁""路灯"等,都在暗喻教师应该将无私奉献、不求回报作为其职业价值实现的基础,因此,教师自我的物质价值不自觉间被矮化,甚至被鄙弃。在田野的私下交流中,收入问题也是我和教师们经常讨论的话题,"教师的工资太低、教师工资想要高于公务员工资是不可能的"等多次被提及,但这些讨论只在私下的后台进行,教师们对自我经济收入的抱怨仅暗藏于私下。"双减"政策出台后,课后延时服务的开设导致教师们的工作时间增长,但月收入却没有因此增加多少,大家虽然心有不满,却从未有人敢正式提及此问题。仿若教师看重自己的工资与收入且拿此来论道就不配成为教师,就会被人鄙夷"太物质"。虽然教师们不敢在公开场合谈论,而教师这份职业给教师自身所带来的物质价值却是大多数教师选择从教最根本的原因,也是为何有些教师进入职业倦怠期混混沌沌却仍然不放弃这份工作

[①] 罗洛·梅.人寻找自己[M].冯川,陈刚,译.冯川,校.贵阳:贵州人民出版社,1991:29.
[②] 马捷莎.对人的自我价值观的辨误[J].四川大学学报(哲学社会科学版),2004(1):16-20.
[③] 施普兰格尔.价值的等级[M]//马斯洛,等.人的潜能和价值:人本主义心理学译文集.北京:华夏出版社,1987:16.

的原因之一。

教师也是人,是个需要养家糊口、需食五谷杂粮才能活下去的人。若每日的工作仅让教师停留在维持生计的边缘,又何来工作的尊严和意义?因此,在成为一个"道德人"之前,教师也必须是一个"经济人"。人的自我的物质价值是人之生存于世的一种正常诉求,但为何放在教师身上这种正常的诉求就要变得卑微与不齿。社会舆论无声地要求教师将自我生命生存最基本的需求进行压制,作为人的教师在这种对自我物质价值的渴望、失望与无法正常诉求的纠结中,被所谓的伦理道德束缚。作为普通人的教师其内在精神世界的丰盈建立在其物质世界得到保障的基础之上,若从事教师这份工作连自我最基本的物质价值都无法实现,又何谈教师精神生命的生长?教师又需要多大的勇气和态度才能建立积极的课程认同?

(二)被隐匿的自我精神价值

自我的精神价值是自我对自己精神需求的满足,教师自我的精神价值,是作为一名教师对于教师自身精神需求的满足,是从教师自己的角度出发,问询"作为一名教师对我自己而言意味着什么?"但对于教师而言,由于有了"教师"这个社会身份,自我的精神价值便隐匿于教师这一职业的社会价值中,如施普兰格(Eduard Spranger)所说,确定价值标准的是一种规范的价值良知,这些良知超乎个体和一切具体的情境。[①]

在所收集的开放式问卷中,教师们谈及自我价值的定位,都将其定位于自我社会价值的实现:

做学生喜欢的老师,家长和领导放心的老师。(WJ-FT-R-01)

做一个公平公正的老师,平等对待每一个学生。(WJ-FT-R-03)

引领孩子们用数学的眼光看待生活中的事物,会用数学的思维影响自己的思考与决策。(WJ-FT-X-01)

在平凡的岗位上,也能做出不平凡的事情。看似重复的工作,因为面对是一个个鲜活灵动的个体,在创新与学习的路上不断探索。(WJ-FT-X-05)

教师们在对自我价值的定位中,都是从"为他"的角度出发,忽略了"为

---

① 施普兰格.价值的等级[M]//马斯洛,等.人的潜能和价值:人本主义心理学译文集.北京:华夏出版社,1987:17.

我"的需求。"假若一种价值不是自足的,那么它就不是足够基本的,它还需由于有利于另一种价值才成为一种价值。或者说,它是派生性的,而只有自足的价值才是原生性的,才能够充当绝对前提。"① 人总是先为了自己的生存,才能做到"为他"的生存,尽管作为教师的人的自我价值离不开其社会价值的实现,但作为人的教师也同样需要自我精神需求的满足。

教师首先是人,而后才是教师,是一个具有独立性的个体,一个有着自己的权利和精神需求、有着自我追求和价值实现的欲望的人。尽管人的自我价值和社会价值交织在一起无法清晰地分隔,但两者之间仍然有着本质的区别。自我的价值从"我"的角度出发,是对自我需求的满足;社会价值是从社会的角度出发,是人对社会需求的满足。人的自我的物质价值、精神价值和社会价值缺一不可,成为一名教师不能意味着作为独立个体的自我的消亡,只有教师自我价值和社会价值的真正融合,而不是一方为了另一方做出牺牲与妥协,才是教师生命价值的真正实现,这也正是教师课程认同所要达到的最终目标。

三、放弃与失去追寻自由的勇气

自由是几千年来哲学家们争论不休的问题,也是人之本质问题。对于一些人而言,自由是一种负担、一种威胁,而对另一些人而言,自由却是梦寐以求的目标。自由并非放纵自我,所谓自由,是指独立思考,根据自己的见解、行动从而获得并保持自己的本质生活的连续性。② 人人渴望自由,但当自由真的来临,人们却有可能亲手摧毁自由。对于教师而言,如何对待自由,便决定了如何定位自我在课程实施中的价值与课程行为。

(一)认为自由不可能

此次课程改革的最重要之处便在于赋予教师课程重构的权利,然而有些教师却从内心深处没有这样的意识,或者说认为这只是理想而非现实。他们将自我的角色定位为一个课程方案的执行者或者传递者,认为自由是不存在的、不可能的,没有意识到课程实施中自己拥有着相应的自由。此种认为自由不可能的意识,导致教师以别人的指令和行动作为自己课程行动的框架,对于

---

① 赵汀阳.论可能生活[M].2版.北京:中国人民大学出版社,2009:97-98.
② 雅斯贝斯.论自由的危险与机会[M]//中国科学院哲学研究所西方哲学史组.存在主义哲学.北京:商务印书馆,1963:205.

自己为何如此安排教学生活不做反思,陷于模仿或者盲从。

对于教师而言,放弃自由最普遍的做法莫过于听命于他人、听命于教材、听命于除了自己之外的种种,行使自己的自由反而会让其不知所措。若说其他的放弃是不得已而为之,是否听命于教材却可以完全被教师自己所掌控。"照着教材讲"看似忠实、尽职尽责,实则是教师在躲避反思的自由、躲避行动的自由。

六年级的数学课堂上,苏老师严格按照教材的顺序和内容讲解,45分钟的时间在不断地讲授和练习中过去,但遗憾的是坐在我身边的女孩(第一排)并没有听明白。这个女孩上课过程中非常认真地在听,但书上的习题她不会写。每一个知识点老师都没有留下反思的时间,而是快速地讲解和提问,到了课堂的后半段已经有学生开始跟不上节奏,但是苏老师依然继续。课下,提及那个女孩的状况,苏老师的回答是,时间太紧张,顾不上个别学生,教学安排就是这样的,这节讲不完就得留到下节,书上的每道题都得让学生做。(TYBJ-0427-01)

我曾委婉地跟苏老师提起,是否可以对书中的知识点或者习题进行相应的整合,从而留出让学生思考和讨论的时间,但她的态度很坚决,认为学生基础不好,讨论也讨论不出来什么,反而浪费时间,而且教材上的内容是最基础的,基础都做不好还谈什么整合。同样的问题在辛斐那里得到的回应却是"教材只是蓝本"。课程,不应该是控制教师和学生的利器,课程本身的目标是美好的,教师拥有这种朝向美好的自由,但是有人固执地放弃了。

柏拉图的"洞穴之喻",或许是一种很好的比喻。即便有人告诉洞穴中的人们自由的世界是多么美好,一直深处洞穴之中的人也未必相信,他们或许已经习惯黑暗世界,或许为了逃避获得自由后的恐惧与太阳的炙烤,因此宁愿选择不相信自由的美好。追寻自由意味着付出、牺牲、辛劳,所以会有人想方设法竭力去逃避自由,并从潜意识层面就告诫自己自由是不可能的,如杜威所言,"我们已经习惯了我们所戴的锁链,一旦被拿去时我们还会想念它……之所以不舒服,是由于无意义的活动如果长时间坚持的话也会变成可接受的"[①]。

[①] 转引自:威廉 F. 派纳,等. 理解课程:历史与当代课程话语研究导论[M]. 张华,等译. 北京:教育科学出版社,2003:102.

（二）失去追寻自由的勇气

有的教师意识到了自己在课程实施中所拥有的自由，但在尝试过后决定放弃这种属于自己的自由，因为追寻自由便意味着脱离平庸，所带来的后果不仅会有成就感的获得，而且更有可能是浓重的孤独和焦虑。而当成就还未来临，反而是自己先遭到了孤立和排斥，为了寻求自保便决定放弃自由，久而久之便也就失去了追寻自由的勇气。教师们之所以轻易就放弃这种自由，多数情况下是因为周围的社会或学校文化没有给予相应的支持与暗示。若教师所生存的环境不允许有创造和批评的存在，大家便会认为自由根本是不存在的妄想。但也可以说，教师之所以放弃掉重构课程的自由，源自他们对自身所处环境与文化的屈从。

作为数学骨干教师的肖琳，曾经尝试想要在学生成绩和数学素养培养之间寻得一种平衡，但是由于学校过于精细化的管理，使得她放弃了自己的尝试。放弃自由确实会让人变得轻松，不会产生诸多烦恼，但勇气的消失所带来的却是一种无力的颓废感，"不能冒尖""盼着退休"成为她课程生活的常态。在课程实施中，能够在各种价值体系与自我价值之间找到平衡，能够在各种要求与自我需求之间寻得出路的教师并不多见。田野中的教师都在奔忙，很多时候却又不知在忙些什么？当我希望他们能够留一点时间给自己反思时，很多人都一笑而过不予回应，人们主动或被动地在放弃自由，失去追逐自由的勇气与意志。

每个人都是独特的存在，每个人都理应在唯一一次的人生中实现自我价值，如尼采所言，"每个人都是一个一次性的奇迹"[①]。但如何把这个独特的自我展现出来，不盲从、不虚假，需要人们的勇气。人们缺乏四处与人辩论的苏格拉底所拥有的那种独到的、建设性的勇气，这种看似天真的执着却正是一个人真实自我的生成，是自己变得更加自由、更加负责任的根源。课程实施中教师失去追寻自由的勇气，也就意味着失去了成为自己的动力，而此所带来的后果是自我价值的陨落和无意义感的产生。

---

① 尼采.作为教育家的叔本华[M].周国平,译.南京:译林出版社,2014:3.

第七章
自我的寻求：
一种完备的教师的课程认同建构

信仰、理论和认同，有时像旅途中的艰难险阻，有时又是一个个完美的起点和终点。在途中，我们会偶尔陷入黑暗，但抬头仰望时，发现光明就在我们上方。①

——斯科特·塞缪尔森

世上有一条唯一的路，除你之外无人能走。它通往何方？不要问，走便是了。②

——尼采

认同，是自我所做的一种无声活动，是个体逐渐认清自己并确认自身方位的过程。教师的课程认同，便是从教师自我所发出的、在日常的课程生活中确认自身价值及意义的寻求活动。但认同是易变的，因为自我也是易变的，自我是易变的是因为周遭是不确定的，在对教师课程认同的讨论中，即便是积极的课程认同也会随着生活处境的变动而发生动摇与改变。因此，我们试图追寻一种理想化的课程认同，暂且称其为"完备的课程认同"（achievement curriculum identity）③。

---

① 斯科特·塞缪尔森.在心灵最深处遇见哲学[M].王伟,译.北京：新华出版社,2018：序曲2.
② 尼采.作为教育家的叔本华[M].周国平,译.南京：译林出版社,2014：6.
③ 完备的课程认同借鉴心理学家詹姆斯·马西娅关于同一性的研究成果，她在对同一性进行分类的时候，提出了完备的同一性（identity achievement）。详见：MARCIA J E, et al. Ego identity: a handbook for psychosocial research[M]. New York: Springer-Verlag, 1993：7.

完备的课程认同意味着教师拥有坚定的自我内核与强大的力量去面对课程实施中的诸多不确定性,在困境面前仍然能够坚持自我、屹立不倒,能够帮助教师去挑战那些已经被加强与固化的认知。当然,完备的课程认同不可能天生就有,而是教师在经历过种种危机之后,对自己所受到的影响进行重新审视之后才能形成的,是教师在历经重重困境后终于获得的"内在感、自由、个性和被嵌入本性的存在……在家的感觉"①。人都有追寻生命本真意义与价值的本能与渴望,寻找并建构完备的课程认同是教师的生存本能,只是在不同的境遇中,教师或正在走向完备的课程认同的途中,或对达到完备的课程认同已失去动力,或还没有走向完备的课程认同的意识。但只要教师与课程之间不能隔断的关系一直存在,获得完备的课程认同便是教师寻求自我之存在意义的重要途径。

如何才能让教师寻得此完备的课程认同?自上而下的权力压制性策略并不能说服教师认同课程的价值观念并促使教师改变,②教师改变的真正力量来自教师的内在自我。但人与世界不可分割,没有一个自我是纯粹的自我,它永远处在社会的境遇之中。③ 因此,完备的课程认同的建构便是教师自我在影响课程实施的外部结构、人际关系以及教师的内在世界三者之间的寻求之旅。

第一节 社会结构对教师课程认同的塑造

人必然置身于周围世界当中,只有获得世界的支持,才能朝着美好的生活存活下去。罗洛·梅说,每个人在世界中的生活都有意识或无意识地在其行动中采用了一种结构,这些结构使大多数人倾向采用某些源于他们的无意识的规则,人们遵循结构是为了与社会对他们的期待保持一致。④ 教师的日常生活,细碎平常,但组织着那些司空见惯、看起来平淡无奇的教学活动的,反而

---

① 查尔斯·泰勒.自我的根源:现代认同的形成[M].韩震,等译.南京:译林出版社,2012:序言 ix.
② KELLY A V.课程理论与实践[M].吕敏霞,译.北京:中国轻工业出版社,2007:133.
③ 金生鈜.规训与教化[M].北京:教育科学出版社,2004:29.
④ 罗洛·梅.人寻找自己[M].冯川,陈刚,译.冯川,校.贵阳:贵州人民出版社,1991:131.

是看似遥不可及的结构。来自田野现场的资料,无不在诉说着课程实施中教师对价值、时间与自由的渴望,这些事物表面上看去可以被教师自己掌控,但社会结构却以不可控的力量无形地渗透其中。因此,需要社会结构对教师的价值、时间与自由进行再审视与再赋予,发挥其使动性功能塑造教师的课程认同。

一、教师自我价值的赋予与社会价值的明晰

价值是教师课程认同的内容,亦是教师课程认同的起点与终点,因此完备的课程认同建构必须先从教师的价值谈起。人的价值包括自我价值和社会价值,自我价值是对自我需要的满足,社会价值则是人对社会需要的满足。人的自我价值又可分为人的物质价值和人的精神价值,自我的物质价值是人自身对自我物质需要的满足,自我的精神价值则是人自身对自我精神需要的满足。对于教师而言,自我的物质价值、精神价值以及社会价值,缺一不可,课程实施中教师的完整价值体现需要这三种价值的共同彰显才能促使其建构完备的课程认同,而此彰显的途径离不开外部结构的力量。

(一)社会结构对教师物质价值的再赋予

马斯洛将人的需求分为五个层次,从低至高依次是人的生理的需求、安全的需求、感情的需求、尊严的需求、自我实现的需求。人的生理需求是人生存于世最基本的需要,是人的衣、食、住、行等人对基本生存条件的需要,只有这种最为基本的对于物质的需求得以满足,人才有可能去寻求其他需求层次的实现。教师也是人,教师也有对人之生存所必要的物质基础的需求,对于结构而言,想要让教师实现其社会价值,必须先保证教师物质价值的实现,必须让教师获得最基本的生存条件,让教师有尊严地活着,才能让教师有对自我精神价值和社会价值实现的渴望。

中华人民共和国成立以来,教师工资的改革大致经历了四次:1956年货币化的职位等级工资制、1985年的结构工资制、1993年的职务等级工资制以及2006年的岗位绩效工资制。[①] 义务教育阶段的教师工资近年来不断上调,且

---

① 马香莲,邵怡雯.新中国成立以来教师工资政策改革演进[J].宝鸡文理学院学报(社会科学版),2021,41(5):107-114.

政府不断下文要求教师工资不能低于当地公务员工资,2020年全国近三千个区县承诺要实现此目标,但目前为止,中部地区的教师工资仍然不容乐观。近些年,西部地区的教师工资增幅比较明显,东部地区近年也有着明显的变化,而中部地区省份的教师工资则显著低于全国义务教育阶段的教师平均工资水平。①以田野中的教师为例,韩玫作为参加工作近30年的教师,其工资每月三千多元,远低于当地公务员工资水平,近两年来因为疫情,当地经济效益受到影响,教师们的绩效工资也一直没有发放。且X小学有相当一部分代教老师,此类教师的工资按照当地的最低工资水平发放,只有不到两千元,且不包括各种保险。中部地区的人口密度高,因此师生比也相对较高,大班额的现象比比皆是,也就意味着教师的生均工资水平实则更低。叶兰说,R小学当年主体教育实践的骨干教师后来都到了东部发达地区,他们离开的原因除了主体教育实践被A市政府机关过多地干涉,更多的原因是东部地区的学校所开出的报酬丰厚。

教师工作时长高、工作强度大,但作为人的教师同样有着对自我物质价值实现最基本的渴求,琐碎的日常工作若长此无法得到相应的回报,让教师们一直徘徊在为了斗米而折腰的生存边缘,他们又岂有精力顾及课程的价值实现。教师们自我物质价值无法得到体现,所带来是教师精神的陨落与对生存的无力感,所谓的课程认同更无从谈起,教学更沦为教师们满足自身基本生存需要的工具。因此,如何让教师得以体面生存,得以不为生计而发愁,让教师们能够毫无顾忌地全身心投入教学,需要社会结构的力量赋予。

(二) 社会结构对教师精神价值的再赋予

人除了自我的物质需要,亦有着内在的精神需要。课程教学不能仅局限于满足教师的物质需求,而更要使教师能够在平凡的课程生活中获得自身精神需求的满足。舍勒(Max Scheler)将精神看作人与动物之间的本质区别,他认为,精神是"人可以称作他的特殊地位的东西,远远高于人们所认为的理智

---

① 田健、杜晓利对2000—2018年中国小学生均教师工资成本进行比较研究发现:尽管中国生均教师工资成本在不断上升,但中国生均教师工资成本仍较低且省际差距比较突出,基本呈现东西部高、中部低的"U"字形特征。详见:田健,杜晓利.我国小学生均教师工资成本及影响因素的比较与分析[J].中国教育学刊,2021(3):77-81.

和选择能力的东西"①。正是精神让人可以不受本能和环境的控制,能够洞察万物并向着绝对的存在向别人展示自己,课程实施中教师所获得的精神价值便是教师对自身在课程中存在本质的洞察与定位。因此,教师在日常学校生活中所产生的焦虑、空虚与倦怠,其核心根源在于教师"价值的混乱与自相矛盾以及精神核心的缺乏"②。

教师自我的精神价值,源于教师自我对自我内在精神的需求,然而教师对自我精神价值的需求不仅需要内在力量,也同样需要外部结构的肯定。舍勒将人的价值分为五个等级,即感官价值、实用价值、生命价值、精神价值和神圣价值,并依据此排序由低到高地提出了价值的等级秩序。他认为,人是一个趋向性的存在,人能够超越自己,人超越自己的能力来自人的生命与精神的完整,因此,当一个人的精神价值被予以肯定,他就会感到精神上的愉悦。③ 对于教师而言同样如此,若课程实施中当教师的精神价值得到外部认可时,教师在日常课程生活中的愉悦感便会增强。也即是说,外部结构对教师价值的关注,不能仅限于关注教师的物质价值,更需要关注教师自我的精神价值。

课程实施中教师精神价值的获得,来自外部对教师的尊敬与赋权。要使教师感到自我并不只是一个传递课程的工具人,更非一个机械人,而是一个充满自由之精神、有着完整生命的人。课程实施的现场对教师的要求甚多,却不给予教师足够反思与计划的时间,更不给予教师提出意见的机会,为了防止教师们产生不满情绪,有些时刻相关单位(社会、学校等)便会以奖赏、激励来作为对策。但作为人的教师,其自身存在意义的定位更多层面上依赖自我精神价值的满足感,因此,让教师真正地在课程创生、课堂教学、课程评价中获得自主性,以此才能让教师获得幸福感,才能够帮助教师对自身的琐碎的课程生活赋予价值和给予肯定,帮助教师走近完备的课程认同。

(三)社会结构对教师社会价值的再明晰

人的社会价值,是指人对他人和社会需要的满足,即人的活动满足了社会需要,人对社会是有用的,由此说明人是有社会价值的。人都有体现自己社会

---

① 马克斯·舍勒.人在宇宙中的地位[M].李伯杰,译.贵阳:贵州人民出版社,2018:29-30.
② 罗洛·梅.人寻找自己[M].冯川,陈刚,译.冯川,校.贵阳:贵州人民出版社,1991:138.
③ 舍勒.伦理学中的形式主义与质料的价值伦理学[M].倪梁康,译.北京:商务印书馆,2011:172-180.

价值的需要,人正是在社会互动中知晓自己对他人和社会而言是有价值的,人的存在才能趋于完整。也就是说人的价值具有二重性,人的价值不仅体现在对社会和他人有用,而且也能够反身自我,对自己有意义。因此,教师的社会价值不仅仅是教师对社会需要的一种满足,更同时满足了教师自我物质的需求和精神的需求。

问题在于,教师的社会价值取决于教师自身对社会需要的付出,又何来结构赋予呢?问题的根源恰在当下社会对教师的要求与教师这一职业本身的社会价值产生了差异,也即是说当下社会对教师的要求已经背离了教师这一职业自身本来具有的社会价值,所以教师的社会价值需要外部结构的再次厘清与赋予。《小学教师专业标准(试行)》中的首句话便对教师的职业性质进行了清晰的界定:小学教师是履行小学教育工作职责的专业人员,也即是说专业地、自觉地履行小学教育工作便是教师社会价值的体现。但当下社会对教师的要求已远远超出了原有的界定,教师好像是一个"万能人",而当这一外部要求没有被满足时,教师便又陷入"无能人"的价值舆论中去。① 韩玫说:"心理健康教育、劳动教育、性教育、安全教育、道德教育等,甚至包括学生的睡眠管理、手机管理以及其他有关家长的各种行政事务都被归到了教师身上,教师好像变得无所不能。疫情防控我们要进社区服务,洪水来了我们也要去服务,反正总是什么来了我们都得去服务。为社会服务没什么,但是,有的时候已经影响我们的正常教学,太心累了。"(FT-HM-0618)教师们想安安心心地教学,却发现想达到这最基本的要求反而变得非常不易。

对教师的要求无限制地扩大,牵扯到学生生活的一切问题都与教师有关,日本学者佐藤学曾经提出教师职责的"无边界性"②,田野中的教师们同样饱受此困扰。教师这一职业的社会价值变得繁杂,同时带来的是教师专业的空洞化和教师课程实施中认同危机的产生。实施课程、用心教学、促进学生发展是教师最本职的工作,亦是教师职业最本质的社会价值体现,但属于家庭和社会的部分职责被转嫁到教师身上,也即是说外部对教师所应该做出的贡献与要求越来越多,已经远远超出教师这一职业本身的社会价值,而当教师无法满

---

① 张仙凤.当代中国教师职业价值取向之偏差[J].教育发展研究,2007(17):37-40.
② 佐藤学.课程与教师[M].钟启泉,译.北京:教育科学出版社,2003:213.

足外部的价值要求时,便又陷入"被指责"的困境中去。因此,社会结构需要对教师的社会价值进行再次界定与赋予,明晰教师的工作职责与范畴,让教师能够将精力真正用于课程教学,使得教师在课程实施的过程中得以实现自我的社会价值,达到自我价值和课程价值的共同彰显。

二、教师言说权利的保证与精神自由的获得

教师如何看待自我价值、如何定位课程价值、采取何种课程行动的背后实为教师有着怎样的自由自主程度。田野中最为明显的体悟是教师语言自由和精神自由的匮乏,但自由不可能出现在真空中,它并不是像鲁滨孙那样孤身独处的自由,更不是一种无政府的状态,教师自由的获得除了来自个体的自由意志,更需要来自外部结构的肯定与给予。

(一)教师言说权利的保证

语言,是人之思想的工具,也是人之思想表达的工具。人们通过语言来理解世界的意义,同时也用语言表达自己对世界的理解,如海德格尔所说,语言是人存在的家。[①] 因此,语言的功能并非只局限于人与人之间的日常生活交流,并不只是人之生存的工具,更是人存在意义的呈现。人的独特性、个体、思想性通过语言来表达,语言的自由表述成为人之自由的一种外在表现。但在现代性的时代背景中、在科层制的学校制度中、在服从权威主义的无意识规则中,教师的语言也被予以限制。其所流露出来的语言是一种被规训的、被官方允许的、不会对自我产生威胁的官方语言。这种语言是干涩的,"是平静的和没有意义的,就像风从干草地中吹过。就像老鼠,在我们干燥的地窖中,踏过玻璃碎片的声音"[②]。

语言自由并不是人说话的自由,而是人能够自由地说话的自由。乍听上去,这好像并不是一个真正的问题,人们会反问,"难道教师不能自由地说话?"教师当然能够自由地说话,但教师的话语之中却不能自由呈现用于彼此交流深邃个人意见的思想,那些包含着自我真实想法的语言对于他们而言只

---

① 海德格尔.人,诗意地安居:海德格尔语要[M].郜元宝,译.桂林:广西师范大学出版社,2000:46.

② 艾略特的诗歌《空洞的人》节选。转引自:罗洛·梅.人寻找自己[M].冯川,陈刚,译.冯川,校.贵阳:贵州人民出版社,1991:46.

能出现在私下自认为安全的环境中。"录音我就不能说实话了。""老师们官方的回答跟实际情况肯定不一样啊。"……田野现场的教师们将表达自我真实意愿与想法的语言称为"乱说话","乱说话"将会带来严重的后果：被孤立、被攻击、不能参与评优评先等一系列包含着精神与物质的惩罚。而为了规避这些可能出现的后果,保持沉默成为教师们共同的选择,如韩玫所言："Z小学新来的校长搞的书法特色课程,我们谁心里不清楚那套方案不行啊,但是没人敢说。"(FT-HM-0603-03)"你在我们学校发现的这些新课程实施的现实问题,你敢写出来吗？"(WX-HM-211109)

教师的言说之所以重要是因为它向外部传递着教师的语调、语言、品格和感觉,有着独属于教师自身的特点,代表着独特个体和集体两者的声音。① 而日常的学校课程生活中教师实际被剥夺了学校教育的"自由话语权",为了生存,教师们不敢自由表达自己真实的想法,而能够正式表达出来的语言便都是对外部结构的讴歌。但是新课程理念的真正实施,不仅需要支持与歌颂,而且同样需要质疑与批判,特别是来自田野现场的教师们在实施现场所发出的对真实问题的批判。因此,教师们需要真正的语言自由,结构要有允许教师们自由发声的机会,同时也要赋予教师们勇敢发声的权利,这样才能真正地让课程实施中的真实困难浮出水面,实现课程愿景。

(二) 教师精神自由的获得

语言是人表达自我的外在工具,而精神则是独属于人自身的本质,完备的课程认同不仅仅需要教师拥有语言表达的自由,更需要教师精神的自由。精神自由相对的是身体的自由,身体的自由是作为公民的基本权利,但并非人之自由的全部,将人的身体自由当作人之自由的全部,在杜威看来是"最普遍的错误"②。对于教师而言同样如此,教师们需要真正的自由,这种自由不仅仅包括结构所赋予教师身体行动的自由,更应该包括教师的精神自由。

但在真实的学校现场,教师所谓的精神自由被受困于烦琐的各种规章制度之中,被无穷尽的琐碎之事所替代。"无效的教案在等着誊写,成堆的作业在

---

① BUTT R, RAYMOND D, MCCUE G, YAMAGISHI L. Collaborative autobiography and the teacher's voice[M]//GOODSON I F. Studying teachers' lives. London: Routledge, 1992.
② 杜威.经验与教育[M]//杜威.我们怎样思维·经验与教育.姜文闵,译.北京：人民教育出版社,1991：281.

等着批改,现行的评价体系束缚着老师在工作中的大胆创新。如果这些问题能得到有效的解决,相信会有更多的专业型教师迅速成长起来。"(BJ-HM-01-060929)教师评价体系的僵化带来的是教师精神自由的失落,教师们不敢想,无暇去想,想了也白想等是田野现场教师们精神自由被限制的种种表现。

假若人失去了精神上的自由,就会变成一个机械的人,对于教师而言,就变成了一个机械传递课程、机械教学的工具人。当阅读和反思变成一种外在的行政任务,当自由说话变成一种禁忌,当每日的工作重点被检查和分数所控制,当教师的日常教学被所谓的大纲、方案、权威所控制,当教师失去继续学习的动力,教师的课程认同也就无从谈起,教师的生命价值、职业价值实现也就更加遥不可及。人与机器不同,人的特点在于人有各种想法与情感,在于人有精神,而当作为人的精神自由被禁锢,人也就变成了"机械人"。一个机械的教师,又如何能够教出有着自由之精神的学生?因此,外部结构的力量需要更多关注教师的内在精神,需要对禁锢教师精神之解放的各种外部规训制度加以反思和修订,从精神上、内在心灵上真正地解放教师,使得教师拥有无限的活力和热情去塑造自我的课程生活,从而形成完备的课程认同。

三、教师教学时间的归还与闲暇时间的拥有

人的存在是时间性的存在,人的生命在时间中得以展开,正是时间在无声无息间构筑了教师的日常生活以及生活中能被深刻感触到的要件。人的时间分为劳动时间和闲暇时间,劳动时间即是工作时间,是人能够生存的必要时间,而闲暇时间则是在生产劳动之外人们可以自由支配的时间。拥有时间才意味着拥有人生,然而在田野现场,教师们没有属于自己的时间,成为一种普遍现象。时间是人自我意识的起点,想要让教师对自我的日常课程生活进行反思与概观,社会结构需要重新审视对教师时间的保证。

（一）教师教学时间的归还

教学是教师最本职的工作,教学时间自然是教师学校生活中最主要的时间。但在田野现场却发现,属于教师的教学时间被不断侵占、挤压,也就是说教师的教学时间并没有被完整地给予保证,或者说看似教师与学生都在教室,但课堂中的时间可能并非真正属于教学时间。

侵占教师教学时间的首先来自各种突击性的行政任务,如突然收到的安

全教育的通知、国防教育的通知、心理健康教育的通知等。学校接到通知便立刻要求教师们在课堂上课时间实施(而学校之所以这做是因为在接到通知时已距离上级要求的上报时间所剩无几),教师便需要占用正常的教学时间完成这些突发任务并留下实质性的资料(照片、报告等)上交。"也许一天就会有好几个任务,上着课还得同时观察着微信群的通知。任务一来就赶快让学生看个什么视频,做个什么活动,拍照片。就是天天干这些事情。"(FT-HT-0520-01)此种情况层出不穷,教师们戏称为"就像补窟窿"。侵占教师教学时间的,还包括各类活动,"其实每个活动都是好的,比如爱眼日、无烟日等,作为学校确实需要对学生进行这方面的教育,但问题是,这么多的活动,一个接一个,而且还有硬性的要求,就失去了本来的意义,成了老师和学校的负担"(FT-YL-0603-01)。各种各样的节日、例会、比赛、培训、学习等形形色色的干扰,都以直接或间接的方式影响着正常的课程教学,仿佛所有的事件都比教学重要,"没有时间备课""基本的教学任务都无法完成"成为最直接的后果。

国外有研究表明,教师们不愿参与改革的一个重要原因,是因为改革导致教师远离课堂。[1] 对于田野现场的教师们同样如此,迅速完成各类行政任务是一所学校高效率办公的体现,各种各样精彩的活动展示又被看作一所学校素质教育的体现。而在高效和精彩的背后,却是由于课程政策的不断调整,主科的教学时间本来就被大幅压缩,教学时间变少,教学任务繁重,在各类活动及行政事件的挤压中,教师们能够保证完成最基本的教学任务已实属不易,无暇去对教材进行重组整合,更没有机会去思考课程本身的价值及实现,也就无从谈起对课程的认同。

教学时间,是独属于教师、学生、课程三者的时间,是教师专门进行课程实施的时间,是教师将自己对课程的理解经由教学转化为学生的经验课程的时间。如果连最基本的教学时间都无法保证,又何来真正意义上的课程实施。因此,外在的结构需要从根本上对教师的教学时间给予最基本的保证,减少教师的非教学性任务,将教学时间真正地还给教师,这才有可能促进教师的课程认同建构。

---

[1] CAMBONE J. Time for Teachers in School Restructuring[J]. Teachers College Record, 1995, 96(3):512-543.

(二) 教师闲暇时间的拥有

教师的闲暇时间,是指教师工作时间之外的属于自己的时间。闲暇时间是人的精神自由的基础,如亚里士多德所说,人唯独在闲暇时才有幸福可言,恰当地利用闲暇是一生做自由人的基础。只有让教师拥有属于自己的闲暇时间,教师们也才有幸福可言。

柯林森(Vivienne Collinson)曾专门研究过"教师太忙,没有时间参与改革"这句话所包含的意义,其包括:教师感觉自己受到压制;教师没有或者缺少可支配的学习时间;教师缺乏与同事进行分享交流的时间;教师缺少公共时间;教师缺少专门用于分享的时间;教师缺少不受打扰的时间;缺少没有压力的时间;缺少恢复的时间;缺少习惯性的时间。① 他所总结出来的九种时间,其实都是属于教师自己的闲暇时间,分享、交流、学习、没有压力、不受打扰都是教师对于闲暇时间的安排。真实的学校生活中,正是由于教师闲暇时间的匮乏,导致教师们没有机会反思,无法进行自我成长,更导致课程认同无法得以建构。

刚刚看到一篇名师的教学探索反思,我感到很无奈甚至有些伤心,我周围的教师们没有这样的教学自由。他们每天不停忙碌却留不下一点自我反思的时间。叶兰说,其实每天能够抽一会儿空我们几个坐在一起聊聊当天发生的一些事情,就会觉得很踏实,可是很少有这样的机会。(TYBJ-0518-01)

教师闲暇时间的消失已成为多数中小学教师日常生活的常态。教师的日常工作特别是班主任的日常工作中,一些对于教学本身毫无意义的行政任务占据了教师们很多的精力与时间,而由此造成的教师劳动时间过长已经成为一个不争的事实。在 X 小学的班主任微信群里,各种各样的通知、不断下发的文件,且这些任务的完成要求大多不在教师的工作时间内,也就是说教师的劳动时间已经被延长至没有固定的边界,各个小学的班级群中也最能说明这一点。无论是否处于休息时间,教师们的工作都在随时随地发生,教师劳动时间的连续性和广延性已经成为其重要的职业特征,从制度到社会认知早已对此习以为常。但教师首先是"人",其次才是教师,"为人性"是其生命存在的前

---

① COLLINSON V, COOK T F. "I don't have enough time" Teachers Interpretations of Time as a Key to Learning and School Change[J]. Journal of Educational Administration, 2000, 39(3):266-281.

提,而闲暇时间是人精神自由的基本条件,是人全面发展的必要条件,人们只有有了充裕的闲暇时间,才有可能进行个性的自由解放。

教师闲暇时间的消失,导致教师时间的"无我化",其所带来的是教师自我存在之时间根基的消失。① 教师闲暇时间的真正拥有需要外部结构的力量将教师从过度延伸的劳动时间中解放,从而给予教师自我成长的机会与空间。教师的闲暇时间是真正属于教师自身的自由自主的时间,在此时间中教师不用被工作任务所束缚,读书、反思、研究课程与教学等,无一不需要教师在自由的状态中自觉地进行。闲暇时间中教师心无旁骛地沉浸某件自己喜欢的事情中,才有可能对习以为常的生活进行审视,才有可能从"无意识"的课程认同状态中惊醒,对自我价值和课程价值进行深入反思,"弥合了时间、生命、自我的割裂状态"②,从而对平凡琐碎的课程生活赋予生命及意义。

第二节 美好关系对教师课程认同的支持

完备的课程认同建构离不开美好关系的支持。迈克尔·富兰等曾经指出,影响教师个体层面发生变革的因素中,学校内的组织情况,如同伴、领导的支持等将会使得整个改变过程更成功。③ 若在教师所处的学校场域中,学校整体的关系氛围是包容与尊重的、同事间的关系是合作与互促的、师生间的关系是平等与对话的,就能够更大程度上促使教师进行课程认同建构,进而推动课程变革。因此,想要让教师建构完备的课程认同需要对其在课程实施中的关系发出相应的诉求。

---

① 辛继湘,唐泽霞.柏格森"生命哲学"视域中的教师时间审视与重建[J].教育科学,2021,37(5):49-55.

② 辛继湘,唐泽霞.柏格森"生命哲学"视域中的教师时间审视与重建[J].教育科学,2021,37(5):49-55.

③ 转引自:威廉 F. 派纳,等.理解课程:历史与当代课程话语研究导论:下[M].张华,等译.北京:教育科学出版社,2003:726.

一、包容与自由的学校共同体文化

共同体是志同道合之人共同建构的一个"温暖而又舒适的场所"①,处于其中的个体能够获得赖以信任的、安全的感觉,如待在自己的家里般温暖。一个共同体中蕴含着成员共同信仰的文化,这种文化并不是一种显性的存在,而是一种润物无声的、潜移默化的某种氛围与力量,它蕴含着师生的共同信念,而这种信念与价值观又促使师生自觉地形成某种行为方式。因此,想要走向完备的课程认同,需要学校共同体文化的改变。

(一)允许多种认同类型存在的包容文化

学校的课程改革进程中,教师表面上看起来都在前行,他们内在却有着完全不同的心理状态。教师们的内在反应不一,有人积极,有人观望,有人不为所动,有人被动配合,也有人为了自身利益迎合,如同鲍曼(Zygmunt Bauman)所说,在流动的现代性中人的生存境遇出现了各种境况,有观光者也有流浪者。② 但这才是人们正常的生存状况,教育变革的时代浪潮带来各种不确定的价值冲突,有人早已厌倦传统的课程教学模式,而一种全新的价值观念出现,对于他们而言自然有着巨大的诱惑力,于是他们带着观光者的心态,兴奋地走在前列;而同时也会有教师感觉已有的熟悉的安全感被打破,但又不得不跟上改革的进程,于是用一种向外流浪的心态被迫加入前行的队伍中去。

不同的心理状态是教师们面对改革时发生的必然情况,一个学校的建设文化应该具有包容性,能够体谅教师们的内在情感,能够允许多元的价值观念存在,能够包容教师们各不相同的课程认同类型。以下内容来自我与一位某小学领导的谈话内容记录:

我们是学校文化场比较强的学校,进入这个团队中的老师,他对课程、对教学的价值理念会受到影响,会发生改变。项目变革开始时总会遇到许多困难,我们允许老师犹豫不决时的观望,允许老师走在队伍的后面,我们用看得见的行动影响老师,用看不见的文化改变老师。③

---

① 鲍曼.共同体[M].欧阳景根,译.南京:江苏人民出版社,2003:序曲,或是欢迎捉摸不透的共同体.
② 鲍曼.后现代性及其缺憾[M].郇建立,等译.上海:学林出版社,2002:109.
③ 2021年1月13日下午与一位小学领导的谈话.

包容、不强迫是这所学校文化的特点,他们用鼓励、激励来引领教师们突破惯常的课程理念,他们并不要求所有的教师都必须建构积极的课程认同,甚至允许教师对新的课程改革方案"不认同"。教师们正是在这种被尊重、被允许、被包容的文化氛围中,流浪者变成了兴奋的观光者,也有越来越多的教师渐渐走向积极的课程认同。

教师的课程认同体验并非固定不变,而是处于不断的变化之中,因此任何一种认同类型的教师在受到某种来自外部或内部的刺激时,会不自觉地寻求改变,形成另外一种新的课程认同。想要让教师的课程认同产生根本性的变化,学校的文化氛围或者团体力量有着巨大的作用,在一个懂包容、懂尊重的共同体中,教师们"新的信念可以得到贯彻实施、自由表达、培育成长"[1],教师可以获得更多的支持与鼓励,也更容易走向完备的课程认同。

(二) 自由与秩序共存的蜕变文化

自由的内涵之前已有论述,真正的自由并非单纯的身体与欲望的随心所欲,真正的自由是一种理性的自由,是人的自由自觉的活动。学校的自由文化,是鼓励并促使教师自由之精神回归的文化,是允许教师主体性彰显的文化。

自由背后依赖着相应的秩序,学校的秩序保证了学校的正常运转,但若完全依靠秩序,且秩序总是一成不变,必然使得学校发展和教师成长陷入毫无生气、封闭固化的境地。充满压制和紧迫的学校氛围容易导致教师感到沮丧和绝望,教师们的认知总是受到接连不断的困扰。[2] 韩玫在 Z 小学的教改尝试无疾而终,根本原因在于学校的领导文化以及学校对教师自主自由的过多干涉。秩序保证了学校生活的稳定性和连续性,"一切井然有序"是大家都期望的画面,而通常为了维护与保证秩序,学校明文规定的制度与暗暗形成的某种准则便要对师生的行为加以限定与规约。制度越详细、控制越严密,便意味着秩序越井然,但随之带来的,可能是师生自由之精神的丧失。

---

[1] 富兰.变革的力量:深度变革[M].中央教育科学研究所,加拿大多伦多国际学院,译.北京:教育科学出版社,2004:60.

[2] 富兰.变革的力量:续集[M].中央教育科学研究所,加拿大多伦多国际学院,译.北京:教育科学出版社,2004:46.

自由的学校文化并非意味着就是推崇个性化和彼此对立,[①]想要达到秩序与自由的和谐统一并非易事,如化学的平衡状态一样,绝对的平衡是不可能存在的。但制度是刚性的,而文化是柔软的,若说一所学校的制度是保证学校正常运转的骨架,那么学校的文化则是使得学校充满温暖与生机的血肉。制度不能成为"一种异化的、压制的力量或多余的东西"[②],学校的文化建设正是要发挥制度中的柔性作用,给予教师改变与尝试的自由。对于教师的课程认同建构而言,既需要制度与秩序的支持与保障,也同样需要教师有主导的自由,以此自由与秩序共存的学校文化,才会形成教师敢于改革、敢于尝试、愿意分享互助的蜕变文化,促使教师的课程认同发展转变。

二、合作与互促的教师同伴关系

日常的学校生活中可能因为不同类型的活动、不同的生存空间等从而形成不同的教师关系体,这些教师教学集体与学校的课程教学状态和学生的学业成就之间有着紧密的关系。教师在课程生活中遇到困难时,最有效的来源通常是同事的帮助,因此改革的程度与教师之间的互动程度、同事的技术帮助、同事之间的支持和压力密切相关,教师的同伴关系成为改革能够成功的有力指标。[③] 因此,想要让教师建构真正的课程认同,具有支持意义的同伴关系是必不可少的。

(一)批判性互动的合作关系

教师合作,是教师们"为了改善学校教育实践,以自愿、平等的方式,就共同感兴趣的问题,共同探讨解决的办法,从而形成的一种批判性互动关系"[④]。学校中的教师合作有各种各样的形式,其中教研室因为学科而组织,因此处于同一教研室的教师也通常因为学科而建立起相应的同伴关系,学校中最常见的"老带新""青蓝工程"等都是教研室中同伴关系建立的方式。教师合作特别是教研室内的教师合作对促进教师的课程理解、教学水平有着巨大的促进

---

① 富兰.变革的力量:续集[M].中央教育科学研究所,加拿大多伦多国际学院,译.北京:教育科学出版社,2004:44.
② 叶澜."新基础教育"论:关于当代中国学校变革的探究与认识[M].北京:教育科学出版社,2006:354.
③ FULLAN M.教育变革的新意义[M].武云斐,译.上海:华东师范大学出版社,2010:106.
④ 饶从满,张贵新.教师合作:教师发展的一个重要路径[J].教师教育研究,2007,19(1):12-16.

作用。正是在与同伴的交流中,教师们能够对课程的标准、价值以及教材文本产生更为深刻的理解。

团结互促的同伴关系可以成为教师们的"避难所",此独属于教师们的独立空间可以增强教师在日常教学生活中的自信心。① 但同时,如果教师之间无法形成良好的合作关系,反而会对教师的课程认同造成消极的影响。例如,"集体备课"是教师同伴合作的常见方式,大部分小学都采用"集体备课"的方式,即每个学科的教师们以集体的形式对学科内容进行备课,从而形成一套完整的教学方案,学科内的教师都按照这一方案实施教学。集体备课解决了教师个体备课的局限,能够使教师们通过协商、参与对学科问题进行讨论、反思的同伴互助活动,正是在此过程中教师们遇到的教学问题得以在商讨中解决。但同时,集体备课同样会遭遇问题,教学经验丰富的教师、教研组长等通常在此过程中成为"主备","新教师应该尊重老教师""听从教研组长的安排"等彼此之间默认达成的规则,使得多数教师在集体备课中只是听从或服从,而后按照最后形成的教学计划与教案上课,教师之间的真正有效的合作并没有发生。教师们反而在集体备课中"消失了自我",自我对于课程的看法与理解没有表达,按照统一的教学方案教学,千篇一律,这会使教师逐渐丧失个性。

真正的教师合作不是表面的一团和气、亲密无间,而是教师们本着积极、自愿、主动、平等的原则,针对共同的课程问题提出差异化的建议,是一种表面看似有争议,实则是同伴间的批判性互动。正是在不断的各抒己见与冲突中,整个教师团队共同进步,带来教师共同体的持续更新。② 互相批判、紧密合作、共同促进的同伴关系,能够让教师在面对教学困境时获得更多的帮助与支持,从而建构完备的课程认同。因此,教师合作应该回到其本质,回到其"批判性互动"这一根本关系中去。

(二)跨越学科界限的同伴互助

教师间的合作关系,除了发生在教研室内,也可以发生在教研室之间。学校场域中的共同体不应该是以教研室为单位的一个个孤立个体,一个学校的合作文化应该是跨越学科界限甚至是跨越学校界限的。特别是在学校综合实

---

① 石艳. 我们的"异托邦":作为社会空间的学校[D]. 南京:南京师范大学,2008.

② ACHINSTEIN B. Conflict Amid Community: The Micro-politics of Teacher Collaboration[J]. Teachers College Record, 2002, 104(3):421-455.

践活动课程的实施过程中,更需要学科间的互助与合作。跨越学科界限的交流,能够帮助教师拓展眼界,从其他学科的课程教学中汲取灵感,从而能够更加有效地应对学生问题。

某学校科信节中,学校信息组与科学组共同作为活动的承办团队,准备过程中,有想法的教师都可以提出自己的方案,年轻教师的方案在同伴的帮助下不断修改,另一个教研组的同事被他们的热情感染,最终在共同的努力下完美地完成了此次活动。打破各种壁垒的同伴互促,不仅超越了教师个体的范畴,而且超越学科的范畴,而此形成的互促关系也同时会对学校的课程组织文化产生影响。教师们在不断的合作中,形成对某课程问题的共有的思维方式和行动方式,为了学校课程实践中的某个问题,共同对活动方案进行商讨并提出解决办法,以此形成的教师之间的凝聚力能够极大地提高课程实施的效率。

跨越学科的同伴互助,不仅可以发生在学校的综合实践活动以及各种活动类课程中,而且可以发生在班级管理中。同一个班级任课教师间为了学生而形成的互助团结,比班主任一个人的单打独斗会产生更为积极的效果。如马卡连柯所言,"如果有五个能力较弱的教师团结在一个集体里,享受一种思想、一种原则、一种作风的鼓舞,能齐心一致地工作的话,那就比十个各随己愿地单独行动的优良教师要好得多"[①]。而以此所带来的学生问题的解决不仅仅能够缩小学校班级间的差异,更能够同时提升各学科的教学效率,促进教师的课程认同建构。

同伴关系的质量高低与新课程实施的深入程度高低有着密切关系,教师们要真正理解并认同新课程的意义、方法、价值体系等,离不开教师与同伴之间所发生的思想碰撞,以及在同伴中所获得积极支持。因此,教师们要积极寻求良好同伴关系形成的路径,从而走向完备的课程认同。

三、平等与对话的师生关系

师生关系是影响教师课程认同的重要人际因素,想要走向完备的课程认同,一段美好师生关系的建构尤为重要。

---

① 苏联教育家马卡连柯在其著作《论共产主义教育》中的观点。转引自:胡波.合作:新课程对教师的新要求[J].课程·教材·教法,2004,24(7):79-83.

(一)"尊师爱生"的回归

"尊师爱生"是师生关系最为根本的伦理内涵。但是,田野中的师生关系却在这一基本伦理关系的建构中遭遇困难,原因包括学生学习态度的变化与尊师重教的缺失,亦包括教师对学生缺乏足够的关爱。教师的课程认同,建构于日复一日的课堂教学之中,因此,没有达成"尊师爱生"的师生关系,也就无法真正实现"教学相长",这亦影响着教师的课程认同建构。

尊师重教是我国历来的传统,但在当下这个自古以来就有的传统却遭遇了挑战。"教师没地位""不敢管学生""家长不尊敬教师"等严重影响着教师的职业幸福感,更影响着教师的课程认同。因此,教师们对于良好师生关系的诉求第一便是希望学生、家长能够尊敬教师。"尊敬师长"是《中小学生守则》中的基本条款,因此对身处校园之内的学生来说,尊敬教师是一种绝对的道德法则,这种法则是"缘于我们的义务与职责,出于我们的自觉自愿……是绝对的、无条件的"[①]。中小学的学生大多能做到这一点,但很多家长却无法做到,家长对教师的不尊敬、对师生关系的过多干涉,影响着学生对教师的态度。马凌说:"当老师特别是代教老师,外面的选择那么多,做什么都有可能比当一个教师挣钱多,之所以做教师,无非是觉得能帮助学生,能让学生成长。如果学生不感恩,特别是家长不理解、不支持,教师会觉得自己的付出不值得,没有意义。"(FT-ML-0511)而当教师感到自己的付出不被尊重,他们对教学、对学生本有的热情便易消失,影响着他们课程认同建构的动力。

影响师生关系的另一个原因来自教师对学生关爱的不足。学生对教师不够尊敬除了受到家庭和社会的影响,教师本身并没有对学生付出足够的关爱也是原因之一。或者教师认为自己对学生付出了很多关爱,但学生却认为并非如此。曾有教育机构专门对此问题进行调研,发现参与调研的教师百分之九十都认为自己关爱学生,而在对其学生的调研中却发现,只有百分之十的学生认为教师关爱自己。[②]

教师希望得到学生的尊敬,学生希望教师关爱自己,"尊师爱生"这一基

[①] 吴康宁.无条件的道德要求与有条件的道德行为:学校道德教育的一种内在紧张[J].教育理论与实践,2006(9):56-60.
[②] 林崇德.基于中华民族文化的师德观[J].西南大学学报(社会科学版),2014,40(1):43-51;174.

本诉求在课程实施中成为最主要的关系诉求。而这一师生间基本伦理关系的建构不仅对学生的学习兴趣、态度有着巨大的影响,而且影响着教师对课程积极认同的愿想。因此,想要让教师建构真正的课程认同需要从社会文化、家校沟通、教师的学生观等方面出发,让"尊师爱生"这一师生基本关系回归。

(二) 走向平等与对话

课程愿景的达成依赖师生之间深层意义的交流与互动。杜威认为,"教育过程中的基本的要素或因素体现在两个方面,一方是未成熟、有待发展的个体,另一方是体现在成熟之人身上的特定的社会的目的、意义和价值。教育过程就是这两种因素的相互作用。只有将这两种因素相互联系起来,以促进它们最完全的、最自由的相互作用的观念,才是教育理论的根本"[1]。

教育是主体间的灵肉交往,这一对教育本质的解释成为多数人支持的观点,教师与学生应该互为主体,教学是主体间的交往活动。然而,在现实教学中,平等与对话的师生关系少有见到,教师们在抱怨学生不能对自己的设计进行有效回应的时候,实则已经默认了自己是高于学生的,已经将彼此限定在"教师"与"学生"的身份里。而真正的平等与对话的关系,所指的是人与人之间的关系,是一种人与人之间的相互尊重与信任,是一种人与人之间的开放式的言谈和倾听。例如,在与三年级二班最调皮的孩子交流时,他说:"最喜欢的课是语文课,最喜欢语文老师,因为语文课上会让我们背诵很多古诗……"(FT-ST-0609-01)但这位语文教师也就是他的班主任却曾经在上课过程中硬生生将这名学生拖到教室外面,在班主任眼里这个学生是班里"最让人头疼的捣蛋鬼"。

尽管教师们自认为能够做到平等地对待学生,但是对长久站在讲台上受学生仰视的教师来说,发自内心地走进学生的世界相当困难。有学者比喻教师最终都是为前排的学生而教[2],师生之间需要更多交流与沟通的机会,建构更深层的联系。教师需要在教学观与学习观上发生转变,课程教学中,教师不能将自己的角色定位在"教",应将每一节课程教学都看成与学生朝向无限可能的对话过程,将每一节课都看成自我与学生共同学习、共同成长的过程,学

---

[1] 杜威.儿童与课程[M]//杜威.我的教育信条:杜威论教育.彭正梅,译.上海:上海人民出版社,2017:12.

[2] FULLAN M.教育变革的新意义[M].武云斐,译.上海:华东师范大学出版社,2010:135.

生才能积极地投入课堂和学习中去。以此所带来的学生在课堂中的变化、学习态度的改变,又提高了教师的教学效能感,使得教师投入更多的激情到课堂教学中去,促使教师积极地进行课程认同建构。

第三节 自我力量对教师课程认同的实现

教师的课程认同是价值观的认同,是一种新价值观的形成,但外来的力量通常不足以改变人心中的价值体系,最核心的力量来自教师的内在自我。[1] 不可掌控的外在力量确实会拿走人们很多东西,却无法剥夺人们自主选择的自由,而能给予教师坚固持久之力量的源泉,来自教师内部的真实本性与理性。想要建构完备的课程认同,教师自我的力量尤为重要,教师需要在不断的学习中定位自我的存在意义,在价值意识和理性的指引中澄明自我价值,有勇气与意志追寻自由,从而实现完备课程认同的建构。

一、主动学习中的意义找寻

教师学习在其日常课程生活中是一种常态,各种大大小小的培训、会议、观摩课等都是教师学习的方式。教师的学习分为主动学习和被动学习。所谓的主动学习是教师自我导向的、自发的,以改变自身生存状态,追求职业幸福为目的的学习。教师只有通过主动学习,才能快速更新自我知识结构,才能对课程价值和自我价值有着更为深刻的理解,并带来对自身存在意义的重新定位。因而教师需要克服自我的惰性,以一种全新的眼光审视惯常的生活,拥有不断学习的动力,从而寻找自我在课程实施中的存在意义。

(一) 克服自我的惰性

学习是教师成长的必经之路,缺乏学习的动力、没有学习的意识,所带来的是教师目光的短浅和视域的狭隘。但是学习是一件辛苦的事情,特别是对于教学任务繁重的教师而言,学习更成为一种额外的负担。因此,多数情况下

---

[1] VULLIAMY, GRAHAM, KIMONEN, et al. Teacher identity and curriculum change: A comparative case study analysis of small school in England and Finland[J]. Comparative Education, 1997, 33(1): 97-115.

的学习都流于形式,变成了一种应付性的差事。但时代变化迅速,学科知识不断更新,各种课程教学理念层出不穷,学生的思维方式与生活习惯也早已不同往日,若教师还停留在以前的老知识、旧认知上,一份教案几年不变,一种理念对待所有学生,所带来的不仅是自我价值的迷失,而且深刻影响着课程的有效实施和学生的成长。

教师要克服自我的惰性,不断地督促自己跨出舒适区,主动地进行知识、思想的更新。善于学习的教师其知识结构更为完备,知识更新也更为迅速,他们能够对各类课程政策、制度、理念等有着清晰的理解,亦能够深入地分析学生的学习状态。也正是因为如此,他们能够在纷乱的课程话语中判断方向,而不是一味地盲从他者。主动学习给教师带来的不仅仅是知识结构的改变,更能帮助教师明晰自我在课程实施中的作用和角色,能够不断地对课程教学进行新的尝试与改变,从而让自己平凡而琐碎的课程生活变得有价值。

(二)"陌生人"返乡式的审视与意义找寻

教师对自我价值的定位不仅仅要从不断的学习中获得,更需要教师用一种"陌生人"般的眼光来审视自己习以为常的课程生活,从而帮助教师对日常习而不察的问题进行警醒。没有时间备课、对自己所兼任的课程一知半解、对自己主教的课程失去热情、后台的教学方式简单机械,甚至没有完整地通读课程标准等,都是教师们日常课程生活中的常见现象。在日复一日的学校生活中,教师承担着教育功能最日常化、最细小化的部分,琐碎而繁重的工作无形中消耗着教师在课程教学中的激情,时间久了便仿若克尔凯郭尔口中的"收税员"般机械而麻木。而"陌生人"的眼光,能够让教师对自身惯常的教学方法、对早已重复多年却没有大的变化的教案、对早已需要更新的知识结构进行审视,"为何我会用此种方式来讲授课程?我如何理解我所教授的课程?我给学生和自己带来了什么?"正是在这种警醒中,教师对早已熟悉的课程生活重新赋予意义。

叶兰教授了二十多年的语文,到 X 小学之后她成为学校的心理健康教师,但其并没有将任教学科的改变当成一种压力与负担,而是带着浓厚的兴趣持续不断地学习。也正是在对心理学知识的学习过程中,她对自身教学及生活中的困境有了更为深刻的理解,以一种全新的眼光看待早已熟悉不过的课程生活。她在自己的读书笔记中写道:"教师要等一等自己的灵魂。"(BJ-YL-

02-0923)以此用"返乡的陌生人"的眼光来审视自我周遭被认为是理所应当的一切,以崭新的视野对课程生活进行觉察,对自我的存在价值和课程价值进行反思与体察,而此所带来的是教师找到比过去更有意义的活着的感觉。①

主动地学习和"陌生人"式的眼光所带来的是一种更为宽广的视野和天地,教师的课程生活不再是狭隘的而是敞开的,教师能够在学习与反思中发现与以往完全不同的思路,从而开始新一轮的课程认同建构,重构自己的课程生活。

二、自我价值的澄明

教师自我价值的澄明,意味着教师的自我价值变得明晰、澄亮,宛若一条趋向光亮的林中路。海德格尔将"澄明"注解为:解蔽-敞开-澄明-闪耀②,那是"一种无遮蔽的状态",是"一个敞开的处所……比存在者更具存在者特性。因此,这个敞开的中心并非由存在者包围着,而不如说,这个光亮中心本身就像我们所不认识的无(Nichts)一样,围绕一切存在者而运行"③。想要寻得自我价值的澄明,需要教师自我内在力量的反思、定位与自我实现。

(一)教师价值意识的觉醒

对于教师而言,在课程实施过程中,自身的角色是一个课程执行者还是课程价值的实现者?自我的价值到底要被置于何处?为了认识自身,教师必须深入到自我背后,观照自我的生存状态,反思自我的价值定位。每个人的自我都是独一无二、不可重复的,每个人都理应在唯一的一次人生中实现自我的价值。教师的自我价值意识即是教师对自我价值进行审视的意识,自我价值意识的觉醒意味着教师开始对自我价值进行反思,拥有了反身内观的渴望。"一旦他终于达到自我意识,那么他就不仅踏上了通向他本身的真理的征途,而且

---

① GREENE M. Teacher as Stranger: Educational Philosophy for the Modern Age[M]. CA: Wadsworth publishing company, 1973:267-268.
② 张海涛等对比认为莱因哈德·梅依在《海德格尔与东亚思想》中提到,海德格尔曾在《存在与时间》的页边空白处对"澄明"进行了注解:解蔽-敞开-澄明-闪耀。详见:张海涛.澄明与遮蔽:海德格尔主体间性美学思想研究[M].北京:人民出版社,2013:10.
③ 海德格尔.林中路[M].孙周兴,译.北京:商务印书馆,2017:43.

也踏上了通向他的世界的真理的征途,并且随着这一认识,也就会有行动。"①

新课程改革所带来的是新的价值变动,作为课程实施者的教师需要从自己的内心深处对课程的目标与价值进行体悟,对自我价值进行反思与定位。作为价值性的存在物,人的发展就是人之价值不断丰富、提升的过程,价值哲学家布伦塔诺(Franz Brentano)认为,价值是在自明性情感中被把握的,自明性是价值的保障,那是一种如同绘画般映显的、具有独特性的、充满了内观的能力。② 教师的价值重建,来自教师内在的自我观照,来自教师价值意识的觉醒。因此,课程实施中教师价值意识的觉醒,能够帮助教师在生活世界中反求诸己,查问和审视自我的生存状况,从而使得自己成为一个思维、情感、意志的统一体。③ 以此,教师才能对某些早已达成共识的价值体系形成反思意识,才有可能使得教师对自身价值去蔽澄明。

(二) 教师价值理性的回归

教师价值的澄明,不仅需要教师价值意识的觉醒,而且需要教师价值理性的介入。价值理性是人们制定日常行动指南的依据,"但不是为了解决日常问题而计算手段与目标的关系,而是建基于某些价值信条之上,以某种特定的终极的立场(或方向)为依归"④。人在寻找价值的普遍原则时需要理性的介入,价值理性的介入帮助人们祛除遮蔽自我价值的某种桎梏,对自我价值进行澄明。

教师的课程认同,是对课程价值的体察与自我价值的定位,是两种价值的调适与新价值观念的形成,而此一系列价值澄明的过程,离不开教师的价值理性。对于教师而言,价值意识帮助其从对课程无意识的认同状态中觉醒,而价值理性则指引其对课程价值进行重新思考,对自我的存在价值再次进行界定,使其能够从内在问询自己对课程的感觉、课程实施中的体验、诠释自我及课程实施的方式进行反思,并生成一种新的价值观念与目标,从而制定下一步的课程行动方案,使得教师对自我价值与课程价值进行彰显。

---

① 马尔库塞在其著作《理性和革命》中的观点。转引自:埃里希·弗洛姆.弗洛姆著作精选:人性·社会·拯救[M].上海:上海人民出版社,1989:348.
② 许为勤.布伦塔诺价值哲学[M].贵阳:贵州人民出版社,2004:145.
③ 罗洛·梅.人寻找自己[M].冯川,陈刚,译.冯川,校.贵阳:贵州人民出版社,1991:35-36.
④ 张德胜,金耀基,陈海文,等.论中庸理性:工具理性、价值理性和沟通理性之外[J].社会学研究,2001(2):33-48.

教师价值理性的回归,不仅能够帮助教师在课程实施中形成对自我与课程的价值定位,而且能够为自我制定一套系统的、有条不紊的行动守则。在价值理性的指引下,教师们便不会盲目地服从权威、随大流,亦不会用易变的情绪来控制自我的价值趋向与行动,正是自我的价值理性,教师才会相信自己的行为是合理的。

生活在不稳定的今天,或许只有价值和目标是我们所可以依靠的,价值理性的回归会给教师带来安全感,从而应对周遭不断变化的或因循守旧的价值体系。弗兰克尔认为,当一个人为了追求价值而不断成长进步时,他的生活也是有意义的,而这些价值来自创造、体验和态度。① 正是教师的价值理性帮助其将不同的价值观念进行调适与融合,为自我与课程找到一种新的统一性,避免自己成为一个里里外外都是"碎片"的人,找到合适的成长方向。

三、拥有追寻自由的勇气与意志

人的生活不仅是一个自然过程而且是一个自由的过程②,教师的课程生活亦是教师实现生命之自由的过程。人是自由的,但要受到命运的限制,同时,只有在自由中,命运才有意义。教师对自我自由之精神的追寻是完备的教师课程认同建构的基础,但这一精神的回归艰难且复杂,需要有追寻自由的勇气,生成追寻自由的意志。

(一) 拥有追寻自由的勇气

"勇气说到底并非别的什么东西,而是面对存在的震荡做出肯定性的回应,而这乃是为了实现一个人自己的天性。"③人成为自己的根本,在于人对自由的选择,人被抛入这个世界,首先存在着、出现、登场,然后才能通过自由的选择给自己赋予意义。但自由会带来焦虑,因此想要真正地追寻自由需要勇气。

当然,拥有追寻自由的勇气并不意味着我们如同斗鸡对周遭一切都不屑一顾,勇气的真正的意义在于教师敢于对自身习以为常的课程生活进行反思,

---

① 沃克.存在的焦虑与创造性的生活[M]//马斯洛,等.人的潜能和价值:人本主义心理学译文集.北京:华夏出版社,1987:402-403.
② 赵汀阳.直观[M].福州:福建教育出版社,2005:35.
③ 罗洛·梅.人寻找自己[M].冯川,陈刚,译.冯川,校.贵阳:贵州人民出版社,1991:178.

敢于用一种陌生人的眼光重新审视自我,敢于打破日复一日被深陷既定轨道里的日常琐碎,从而"层层叠叠就将垒建起他自由而负责任的人格大厦"①。人之所以为人,是因为"人的位置就在于没有定位和趋向于定位之中——X,这个趋向于定位 X 有如一条生命力的洪流由下而上奔涌,把生命强力奉献给精神价值……"②。人们需要用勇气来渡过崎岖艰险,指引个体寻求自我实现。焦虑能摧毁人的自我意识,但同时只要有勇气,我们的自我意识也可以摧毁焦虑,特别是在这个焦虑的时代,在这个有着不确定价值体系的时代,勇气更应该成为一种必不可少的东西。

拥有追寻自由的勇气,会使得教师敢于进行自我反思,敢于向外观望并打破习俗。"躺平、随大流"的背后,是教师自我实现之勇气的缺失,正是勇气帮助教师正视自身及周遭的焦虑感、空虚感、无意义感,给予自己一往无前的动力,帮助教师与自动顺从进行对立,对熟悉与安全敢于放弃,从人群中脱颖而出,实现自我在课程实施中的意义。

(二) 生成追寻自由的意志

想要真正地拥有自由不仅需要勇气,而且需要历经磨难时所生成的自由意志。自由意志是个体自主行动、自由选择、对自己的行动和选择负责的能力,是人拼命追求自由而能克服一切困难的意志,它关系到个体精神生活的整体价值和意义。③

拥有自由意志的教师敢于直面在课程实施中可能遭遇的困境,即便在困境之中也敢于不断尝试寻找方向。韩玫在一次又一次的课程行动中,不断遭遇困难而陷入焦虑,却仍然没有放弃追寻自由的勇气。同样如此的还有辛斐,她并非没有遭遇自我课程理想与现实之间的冲突,但当冲突来临时她能够积极主动地找寻各种积极因素,行使自我在课程实施中所用的权力。自由意志的拥有意味着教师敢于在周遭守旧的文化中寻求突破,意味着教师意识到自我的独特及与众不同,意味着教师敢于用行动去进行自我的价值定位,并寻求自我与课程的价值实现。

教师不仅仅是群体中的成员,更是一个独特的人,教师有着实现自我独特

---

① 罗洛·梅.人寻找自己[M].冯川,陈刚,译.冯川,校.贵阳:贵州人民出版社,1991:182.
② 马克斯·舍勒.人在宇宙中的地位[M].李伯杰,译.贵阳:贵州人民出版社,2018:14-15.
③ 杨钧.焦虑:西方哲学与心理学视域中的焦虑话语[M].北京:北京大学出版社,2013:194.

价值的本能与渴望。而教师的自由意志所带来的是教师个性的绽放与自我价值的彰显,意味着教师不是千篇一律的机械人,而是一个不断奋斗、成长,有着自由之精神的人。自由意志帮助教师在自己内心深处找到力量的核心,从而才能够在纷扰的课程现场面对周围的惶乱或强制而屹立不倒,实现着课程价值的同时也创造着自我的价值。

第四节 在结构–关系–自我之间的实践

为了建构理想化的完备课程认同,教师需要对影响课程实施的外部结构、人际关系和教师自我发出相应的诉求,但现实中想让这三个方面都趋于理想的状态是困难的。因此,完备课程认同的建构需要教师在结构–关系–自我三者之间进行协商与实践。

一、在自由与规训之间找到出口

不同的课程认同类型,实为课程实施中教师所秉持的自由立场不同。讨论自由,必然要牵扯到规训与控制,因此,对于教师自我而言,课程实施中"我"是否存在,来自教师如何在自由与规训之间进行调适与协商。

(一) 真正地理解自由

此次课程改革给予教师在课程教学中更多的自由,比如教师应成为课程的开发者和建设者而不是机械的执行者,教师应成为教学的研究者而不是简单的知识传递者,教师应该是学习者而不是单纯的教学者等。也即是说,课程实施中教师本拥有着相应的自由,但在田野现场遇见的教师们,却只有少数人能真正地行使自由。因此,想要让教师走向真正的课程认同,需要教师对课程教学中自我所拥有的自由进行反思和再理解。

究竟何为自由?胡适曾解释"自由就是由着自己"[①]。由着自己,好似意味着人可以为所欲为,因此,自由在我国的传统文化中是一个贬义词,是一服有着魅惑力的毒药,是如同动物般的人的欲望和冲动。但人之所以为人,与动

---

① 胡适.胡适精品集:自由主义:第14卷[M].北京:光明日报出版社,2000:68.

物有着本质的不同,人有着自我意识,人能够从同伴或群体身上看到自己,这种反思意识使人得以明了自己与同伴都有着某种精神上的共同性,而正是这种精神意识,让人有了意志与理性,也即是说人与动物的最大区别恰恰在于人可以按照理性来控制自己的欲望和行为。[1] 因此,人的自由与动物的自由不同,人的自由是"自由自觉的活动",不是为所欲为,是对某种本能欲望的克制,是能够按照自己的意志,而不是自己的想望,进行的行为[2]。

对自由不同的理解,决定了教师们如何去建构对课程的认同。教师的课程认同建构于结构、关系、自我三种力量的交织中,虽受制于外在世界,更受制于自我的内在世界。若教师无法在内与外之间找到平衡,若为了规避选择所带来的焦虑而主动放弃自己的自由,便极有可能成为一个"被塑造的人"而不是"自我塑造的人"。因此,教师追寻自由并不是洪水猛兽,教师向往自由并不是自我中心,正是因为有着自由的渴望,教育才能造就自由的主体而不是被规训的机器。一个自由的主体,是一个丰富的主体,有着丰富的精神世界、丰富的愿望和丰富的自由行动,[3]因此,一个真正理解自由的教师才能拥有一个丰盈的灵魂,才敢于在课程实施中不断寻找彰显课程及自我价值的途径,并让学生成为一个向往美好与自由的人。

(二) 在规训中追寻自由

想要真正拥有自由,必须考虑到强制、规训、控制。自由的程度,是一个人在多大程度上能够自行其是,在多大程度上可以自己确定其行为方式,以及在多大程度上可以根据自己所执着追求的目标,而不是根据别人为实现其意图所设定的强制条件去行动。[4] 人们在追寻自由的过程中,面临障碍时通常采用两种方式:一是勇往直前,克服面临的障碍,实现自己的欲求;二是看到面临的障碍太难克服,或者不愿做很多的努力,就放弃原来的欲求。[5] 正是因为采用不同的应对方式,在课程实施中,教师如何处理自我意志与外在强制之间的关系,便形成了不同的课程认同立场与不同的课程认同类型。

---

[1] 邓晓芒. 什么是自由? [J]. 哲学研究,2012(7):64-71;129.
[2] 王海明. 论自由概念:上[J]. 华侨大学学报(哲学社会科学版),2006(3):1-9.
[3] 马凤岐. 自由与教育[M]. 北京:北京师范大学出版社,2006:27.
[4] 哈耶克. 自由宪章[M]. 杨玉生,等译. 北京:中国社会科学出版社,2012:31.
[5] 马凤岐. 自由与教育[M]. 北京:北京师范大学出版社,2006:13.

对于规训者而言,"无我"的教师最为可靠,无论是消极的还是忠实的课程认同类型的教师,他们在学校的日常工作中兢兢业业、唯唯诺诺,他们服从一切安排并尽心尽责完成任务。但同时,"无我"的教师也更多地听命于教材、大纲等文本不敢或不想逾越半步,他们服从于权威的力量、周围的习俗,不想或不敢说出自己的想法,不对课程教学进行反思,随大流、混日子,将自我的工作降低为机械的习惯,降低为虚伪地、半心半意地例行公事①,而此所带来的不仅仅是教师自由意志、独立性、反身性的消亡,更是课程价值的迷失。

想要从"无我"走向"有我",教师不仅需要真正地理解自由,而且要敢于在规训中追寻自由。自上而下的课程改革路径、科层制的学校制度中规训与控制大部分时间都会存在,教师难道任由自我自由意志消亡在各种习俗、舆论与控制中,变成机械执行课程的人?还是在种种枷锁之中寻找获得与行使自身自由的途径?完备的课程认同的建构,是教师自我价值和课程价值实现的过程,因此,教师需要在自我的自由意志与外部规训之间进行某种协商并寻得出口,而并非以失去自我为代价被动地接受与执行。

二、在个体主义与集体主义之间寻求平衡

完备的课程认同建构不仅需要教师在自由与规训之间进行协商,而且需要教师在个体主义与集体主义两种立场之间进行调适与平衡。是否集体主义的立场就一定高于个体主义?是否课程实施中教师一定要以集体利益为重而失去自我的理想和坚持?完备课程认同的建构需要教师在两种立场之间寻求平衡。

(一)个体主义?集体主义?

集体主义与个体主义②(individualism)如同一条线段的两端,集体主义以集体利益为目的产生一系列的制度、准则与道德体系,个体主义以个体的想望为中心促使个体的独特性发挥。长此以来,个体主义被认为是西方的价值观,而集体主义则是我们的价值观。"集体的利益"高于一切,是我们从小都要接受的价值熏陶,在此观念体系中,个体主义自然应该被鄙弃,被指责。但是,何

---

① 尼采.作为教育家的叔本华[M].周国平,译.南京:译林出版社,2014:译者导言.
② 国内有学者将 Individualism 翻译为"个人主义",但"个人主义"在英文中的表述为"personalism",而 individualism 则更多地代表着个体的独立性与自由。

为集体主义？为了集体的利益是否就是让自己的利益消亡在集体中？何为个体主义？个体主义是否就是自己鹤立鸡群般的不合时宜？不同课程认同类型的教师属于个体主义还是属于集体主义？教师是否应该为了规避自己被划分到个体主义的立场而选择放弃自我，还是应该为了集体利益而忽略个体价值？

我国传统意义上的个体主义，是一个贬义词，意即一切从个人出发，一切以个人利益、个人价值为目标，把个人利益放在集体利益之上，只顾自己，不顾别人的错误思想①。西方的个体主义则是一个中性词，甚至是一个褒义词，它强调个体的自主选择、自我奋斗和自我解放，高度重视个人自由，是自我独立的美德。杜威认为，个体主义的特性有两个：一是独立思想，不肯把别人的耳朵当耳朵，不肯把别人的眼睛当眼睛，不肯把别人的脑力当自己的脑力；二是对自己的信仰所产生的结果敢于负责，不畏惧权威。② 个体主义能够让个体关注自我的独特性，并提供了足够的自我力量(ego strength)，让人们可以有自由选择的勇气，但同样可能的是，个体主义也许完全限制了人们对世界的感知。③ 也就是说，个体主义容易忽视自我与他人的关系，更看重自己的成就和幸福而非团体的目标和要求。

集体主义的中心原则是集体利益优先于个体利益，在此原则之下，人们的生活中便自发产生一种道德准则，即个人要以集体为重，在必要时要为集体利益做出牺牲。因此，一个秉持集体主义立场的人会将集体的规范和目标置于首位，亦会为了建立良好的集体关系而加强自我与集体其他成员之间的互助与协商。④ 但完全的集体主义立场又易走向另一个极端，即集体中的个体思想被无视与弱化。

集体主义与个体主义好似总是对立的两极不可调和，我们究竟要为集体还是为自己？田野现场的教师也是社会中的人，在课程实施中也会不断地在集体主义和个体主义之间摇摆，但通常情况下他们都会遵循集体主义的原则，

---

① 中国社会科学院语言研究所词典编辑室.现代汉语词典：修订本[Z].北京：商务印书馆，1996：426.
② 胡适.个人进步与社会自由[M].北京：北京大学出版社，2013：23.
③ 丹尼尔·沙拉汉.个人主义的谱系[M].储智勇，译.长春：吉林出版集团有限责任公司，2009：135.
④ 丁小斌，赵楠."集体主义—个体主义"的差异：来自基因、大脑的证据[J].心理与行为研究，2015,13(1)：131-137.

也就是我们通常所说的"为了大局着想"。但在课程实施中,若教师明明发现集体的规范或者目标发生错误,却仍然选择隐匿自己的想法,服从集体的安排,又是不是真正的集体主义立场呢?

(二) 超越个体主义与集体主义

在真正的课程实施过程中,教师完全持集体主义的立场或完全持个体主义的立场都会带来诸多问题。心理学中的研究指出,持集体主义立场的人更容易受到外界干扰,会因为将别人的看法、集体的决策置于最高位置从而放弃自己的观点。[1] 持此种立场的教师在课程认同建构的过程中,过度依赖别人的看法,甚至一味服从,所带来的是课程价值和自我价值的陨落。持个体主义立场的教师不易被外界干扰,更重视自己的内心,敢于坚持自己的想法,在课程实施中,若教师完全以自我为中心,忽视集体的规则与周围人的意见,又极易陷入一切以自我为中心的旋涡。

忠实的、消极的课程认同,看似完全消亡自我,服从集体,兢兢业业,这是否就是集体主义的立场?是否就是为了集体的利益?以自我为中心的教师是否就是典型的个体主义立场?若教师为了避免麻烦,为了规避责任,而选择忠实或消极,看似服从大局,实则由于没有竭力实现自我的个体价值,也导致没有给集体带来更多的价值。而以自我为中心的教师,看似难以管教,但若其在追逐自我实现的过程中,竭尽全力同样为集体利益增添光彩,又难道真的就一定是个体主义?由此看来,个体主义或集体主义的对错无法划分。同样,教师们不同的课程认同类型孰是孰非亦同样无法明确判断。

人类终究是由个体组成,若个体不存在,集体也自然无从谈起,但人人若只为自己没有集体,人类也就无法生存。教师想要建构完备的课程认同,需要在集体主义和个体主义之二元对立之间寻求平衡与超越。杜威说,人寻找安全通常有两种途径:一种是试图与他周围决定他命运的各种力量进行和解;另一种是发明某种技艺,而后利用自己的力量,从而在威胁中建造一个安全的堡垒。[2] 教师们在集体主义与个体主义之间的平衡与调适中,所生成的对自我

---

[1] KITAYAMA S, SNIBBE A C, MARKUS H R, SUZUKI T. Is there any "free" choice? Self and dissonance in two cultures[J]. Psychological Science, 2004, 15(8): 527-533.

[2] 杜威.确定性寻求[M]//杜威.我的教育信条:杜威论教育.彭正梅,译.上海:上海人民出版社,2017:194.

价值和课程价值定位的坚定信念,便是教师在日常生活世界所建构的堡垒。因此,对于教师课程认同的审视,需要跳出二元对立的思想,不将教师们的课程认同立场做正反两面的划分,而是促使教师们在这两者之间寻求平衡,既体现自我价值又实现课程价值,从而走向完备的课程认同。

三、在反思、叙事与行动中走向自我实现

完备的课程认同是坚韧的、不易受到干扰的,其根本原因在于教师有着自我实现的渴望与动力。自我实现是人最高层次的需求,它的极点是"高峰体验",是指一种真正升华为人时所体验到的状态,如同一道彩虹,绚烂令人难忘。① 人与动物最大的区别之处在于人有着自我实现的原始本能,在课程实施中,教师同样有着进行自我实现的本能与愿望,只是在日复一日平凡而琐碎的课程生活中,教师自我实现的生命本能逐渐湮灭。教师需要真正的"有我"在场,对自我的课程生活进行反思,通过课程叙事与行动进行自我实现,从而走向完备的课程认同。

(一)在与时间的对话中进行课程反思

教师的课程生活,忙碌、烦琐、辛劳、牺牲、克己……,很多时刻甚至充斥着焦虑,日复一日辛苦的生活中,教师自身的存在意义反而被遗忘。人是意义性的存在,对自我意义感的追寻是人的本能,这种追寻意义的意志,需要教师内在精神世界的丰盈和对自我生命意义的警醒与追问。但在田野调研中发现,能够对自身生活状态进行反思的教师并不多,但是"没有反思的人生不值得过",缺乏反思便意味着教师没有机会去感悟自身的生命历程亦无法去规划未来的课程生活。

反思、自省,永远是人之为人、人之为意义觉醒的首要条件,是一种向自身返回的行为。正是人们都意识到了反思的重要性,教师的日常生活便也时时处处与反思脱不开关系:教案的最后一部分要写课后反思;每个月他们要交一次教学反思;每个期末结束他们要交一份专业成长反思;期末考试结束他们要写学情与评价反思;读书任务开启他们要写读书反思;例会结束他们要写会议

---

① 亚伯拉罕·马斯洛.人性能达到的境界[M].曹晓慧,等译.北京:世界图书出版公司北京公司,2014:引言.

反思……教师的生活由各种各样的反思组成,只不过,这些反思并非真正的反思,是没有实质内容的机械过程,也可以说他们被虚假的反思包裹,而没有真正意义上的反思。

真正的反思,需要教师们学会与时间对话。我曾问他们为何不对自我的教学生活进行真正的反思呢?"没有时间"是他们共同的回答。教师的时间,不仅需要外部结构赋予,而且需要教师自我与时间的对话。有着自我实现意识的教师,会在每节课后进行自问:"这节课的目标到底是什么?我的学生在课堂中获得了什么?课堂教学中我的感受是什么?为何我会有如此的感受?"他们也会在每周、每个月、每个学期或者固定的时间节点,对自己某一时段的课程教学进行阶段性的回望。正是在时间的流动中不间断地与自我保持对话,才能对习以为常的课程生活进行警醒或是改变,将看似平凡的生活变得不平凡,让看似重复课程教学变得有意义。

(二)在课程叙事中重构课程认同

叙事是人生活的方式,人,活在故事里,在故事中生活,通过故事去生活,人们在故事中回忆过去、憧憬未来,并借此感知现在。真正的叙事来自真实的生活与处境,来自自我的内部,是在对自身以往生命历程的回顾中确认自己当下位置的过程,所以自20世纪开始,便不断有学者鼓励教师以自传等方式作为反省自身的凭借。但时至今日,真正的叙事对于多数教师而言仍然很少发生,各种汇报、发言、成长计划、专业总结、读书笔记等是学校生活中教师常见的叙事形式,但这些叙事大多流于形式,教师们完成正常的教学任务及各种行政任务已经不易,这些来自官方的叙事要求多数变成了负担。

教师们日常的课程生活中往往缺乏真正进行叙事的机会与意识。被官方要求的叙事几乎每天都在发生,但大多数成为应付性的差事,成为学校制度化管理中的被动产物。而当真正的叙事机会来临,教师们又多数为了自保与安全,选择噤声。当叙事成为一种表演或禁忌,教师便也恰恰失去了对自我课程生活进行反思的动力与时机,对课程的认同意识便也不自觉地泯灭掉。

真正的叙事是倾诉、释放和自我疗愈的过程,能够帮助教师寻找新的生活意义,确定新的发展方向,让自己与周遭的世界达成妥协[①]。教师在讲述自己

---

① 艾沃·古德森,等.叙事学习[M].方玺,译.北京:北京师范大学出版社,2019:2.

的课程故事时,必须首先对以往的历程进行简单的回望,而后从其中挑出重要的事件,再对这些事件重新赋予意义。因此,进行课程叙事的过程,便是教师对课程、对自己与周遭进行再次审视与组织的过程。正是在叙事的过程中,教师对课程的认同被重新建构、对自我的意义与价值被重新定位。田野中能够对自身生活进行规划的教师无一不是有着叙事意识的教师,他们能够对细碎的日常生活进行整理与组织,发现自己当下的处境并规划下一步的行动,也正是在叙事的过程中,他们积极地进行着课程认同的建构,寻找着实现自我价值和课程价值的路径。

(三) 在课程行动中走向自我实现

若说反思和叙事是人走向自我实现的意识的萌芽,那么行动则是人朝向自我实现的实践。人都有进行自我实现的本能,而想要走向自我实现,不仅仅需要人对生活的反思,更需要人在反思后做出改变与实现的行动。马斯洛认为,能够进行自我实现的人,无一例外都是献身于一项身外的事业,他们将这项事业视为天职,他们做这些事情但同时也喜爱这些事情,工作与欢乐之间没有分歧。① 反思与叙事让教师发现琐碎生活的意义与平日课程教学中的问题,而行动则帮助教师解决问题,找到课程生活本该拥有的意义。

行动不仅仅指向做的过程,更指向行动之中包含的反思、发现、调整、建构等一系列的内在改变。教师的课程认同扎根于教师不断改变的课程行动中,正是在此过程中,教师对自我价值和课程价值进行调适形成一种新的价值体系,并以此形成新的课程行动方案。而后在新一轮的行动中践行并验证着原有的课程认同,并对其不断调整建构,使其螺旋上升,使得教师慢慢发现由于常规被打破所带来的惊喜,逐渐找到自我的存在价值与意义。

变革不可避免,但教师如何行动、如何成长却是自己可以选择的,正是在结构、关系、自我的调适与实践中,教师才能步入一个与课程共鸣的宽广空间之中并找到自身的存在意义,如一位学者所言:也许是那些做得最多的人,梦想最多②。

---

① 亚伯拉罕·马斯洛.人性能达到的境界[M].曹晓慧,等译.北京:世界图书出版公司北京公司,2014:40.
② 富兰.变革的力量:透视教育改革[M].中央教育科学研究所,加拿大多伦多国际学院,译.北京:教育科学出版社,2004:158.

结语

"人"的回归

> 要想寻找人迹，就得找到灯光。
>
> ——尼采

　　一项研究如何才算结束？我想这项研究其实根本无法真正结束。研究行进的几年里，国家各项课程政策不断调整，制度文本不断下发，每当一项新政策实施我都急切地想知道教学现场发生了什么改变，教师们有怎样的体验。出乎意料的是，学校的生活却好似始终没有什么太大的变化，教师们的状态与往日并无二致，日子还是照常日复一日。久而久之，我感到沮丧、焦虑，不知道研究到底有没有意义，我是否花了如此大的精力却得到一个人人心中自知却又无法言明的研究结果。

　　课程改革的关键之处在于课程实施，而课程实施的关键之处在于教师。但教师究竟是否真正地认同与自己朝夕相处的课程却是一个并未进入自身意识域的问题，亦或者说应该、已经、必须认同课程早已深藏于教师的潜意识，才会使得他们对自身习以为常的课程生活失去洞察和反思。自上而下的课程改革实为一种教育价值观的变革，且改革本身也会存在问题与矛盾，因此教师对课程的态度不应该是机械地接受与执行，而应是以教师自我为轴心所发出的在自身价值观念与课程价值观念之间进行的对话与交融。正是因为教师不同的自我立场、不同的价值抉择，才会在看似"无意识"的课程认同状态中存在截然不同的认同类型。因此,教师的课程认同建构不仅需要对影响课程实施的外部结构、人际关系发出相应的诉求,而且需要教师内在自我的力量,从而促使教师内在深处的价值体系发生转变,这样才能让改革真正落地生效。

研究的中心议题围绕着"人、自我、价值、存在、意义"等关涉教师之本质的语词,已步入结语阶段的研究又究竟是否如自己所愿真正地澄明了这些问题呢?惶而恐之,不得而知。研究的思路从外至内,又由内至外,从社会现象转向教师自我,接而从教师内在世界转向外部世界,而此转变的原因也正是"人"的复杂性。人不是独立的人,人不可能离开外部他者,当然人也不能完全依附外部而失去自己。人本主义心理学家马斯洛曾言:我们必须记住,认识一个人内在本性的同时也认识了普遍的人性。在一个价值多元、经济生活多样化、一切变得不确定的时代,研究的最终目的在于:无论力所能及与否,只想对教育变革进程中"作为人的教师"之内在心灵多一份关切,亦想呼吁教师能够竭力探求自我,从而回应变革。

一、课程实施中教师的内在心灵需要外部的关切

课程学者麦克尼尔将课程分为两个世界:一个是言辞的世界,这个世界由政府和其他人就应该教什么及怎么教给出答案,课程改革的方案也正是出自这个世界;另一个是经验的世界,在这个世界中,教师和学生实施课程,并在课程实施的过程中,寻找目标与意义。① 前一个世界给了教师身份与回报,但同时也提出了各种要求与框架,于是教师的经验课程世界便需要放弃某些自由,外界将教师的放弃与服从视作理所应当,教师内在世界的纠结便被视而不见。

近些年,心理学中流行一个名词"空心病",是指一种因为找不到人生目标、缺乏生活意义感,从而产生空虚、迷茫、焦虑的心境状态。有学者将此问题转到教育场中,便提出了学生的空心病问题,人们惊然,不明白为何朝气蓬勃的年轻一代会出现如此心理问题,于是将问题的根源投掷于教育。作为教育者的教师自然脱不了干系,但当人们朝他们投掷砖块的时候,又有几人关注教师有没有得"空心病"? 教师有没有变成"空心人"呢? 人失去自我,意味着本

---

① 麦克尼尔.课程:教师的创新:第3版[M].徐斌艳,陈家刚,主译.北京:教育科学出版社,2008:5-8.

真性的沉沦,若教师的自我不存在,也就变成了无特征的常人,"这个谁不是这个人,不是那个人,不是人本身,不是一些人,不是一切人的总和"。人们活在别人口中的世界,活得既肤浅又空虚,因此我们充其量只是"二手货"。① 若教师不再是"人",那么又如何用"人"的眼光去审视课程? 又如何将学生当作"人"呢?

人们都意识到了教育场中"人"的空场,但是关注的目光却在受教育者身上,因此教育中"人的回归"便以学生的生命、精神回归为己任,而教师却总是在被要求改变。于是,人们以关注学生发展为核心,不断地更新课程目标、课程标准、课程内容等,而对教师的关注,便停留在"你需要改变,你需要快速地转变观念,你需要更加用心地付出"等上,教师的内在情感与体验反而被忽视。本书定稿后我曾将相关的文本发给参与者中的教师阅读,得到的回复是"感动又感谢",教师内心的困惑、挣扎需要被倾听,教师的内在心灵需要得到关注。

人们说"教育就是解放心灵""教育者不能无视学生的现实处境和精神状况",但若想让教师关注学生之内在精神,教师自身的现实处境和内在精神以及那些不在场与被遮蔽的东西更应被关注。教育不过是人对人之间的灵肉交流活动,教师却是这场交流活动的发起者,若教师的内在心灵被忽视,若教师仅被当作某种精神、理念、目标达成的工具,若教师被异化为一个没有灵魂的空心人,教育又怎能变成一种灵肉交流活动? 因此,教育场中的"人"之回归,更应指向作为灵魂之塑造者的教师,要将教师看作一个普通的人,关注其生存与发展的困境,倾听其内在情感与体验,助力其内在精神之建设,帮助其走向自我实现,而不是让其仅仅作为课程实施的工具。

人之所以为人,其能辨也,人通过不断的反思、辨明,最终找寻的不过是自我存在的意义,而当人失去意义的引导,成为"无意义的存在",那便与动物别无二致。② 教师,更应去寻找自身存在的意义,外界也更应该帮助教师去寻找其自身存在的意义。本研究正是基于此种立场,力求人们将目光转向课程实施现场的教师内在世界,呼唤人们关注教师的精神世界与内在心灵,并希望自己能在田野现场给教师们带来一点点微弱的帮助。

---

① 克里希那穆提.重新认识你自己[M].若水,译.北京:群言出版社,2004:14.
② 高清海.人就是"人"[M].沈阳:辽宁人民出版社,2001:213.

二、教师的内在心灵需要自我的唤醒

想要让自己成为真正的人,不能仅仅依赖外部力量,教师自身更应该转向自我的内部世界,与自己内心深处的声音进行对话,"换句话说,我们不能为了适应当前的现实而压抑那些一直是生命本根的需求,不能为了适应现实而使自己陷入精神的单一、枯竭、分裂和破碎"①。

教师内在自我的回归是其把握自身存在意义的源泉,若教师失去自我,自己对自己的精神进行放逐,甚至把它视为物质的奴婢、肉体的附庸,虚无感和焦虑便会蜂拥而至。古希腊哲学家第欧根尼在晴朗的白天打着灯笼在城里四处寻觅张望,人们询问他要找什么,他说:"光天化日,竟然打着灯笼也找不到一个真正的人。"人们听闻纷纷指向自己,他拿起树枝驱赶喊叫:"我要找的是真正的人。"②何为真正的人?人不仅是自然生成的人,而且是力图自我塑造的人。朋友跟我说,一个老校长告诉他,"关于课程改革,一个学校里面,有80%的老师,只需要告诉他们怎么做就可以了,让剩下那20%的老师去思考和引领"。这两个百分比的划分及老师们的分类,老校长心里自然有数,但我所不解的是,这80%的老师为何只去执行别人的想法,而那20%的老师又为何可以进行引领,他们各自内心深处有着怎样的想法,是什么造就了他们如此的想法?教师的自我在制度面前总是显得可怜、微弱,但即便如此,却仍然有人(暂且用老校长所称的20%)可以在制度与自我之间进行调适,为何有人总是冷漠、机械、不假思索、不做反思。

外部结构的积极建设会给人提供强有力的工具,但只有外部的东西而没有终极价值的引导,人们就会在关键时候不知所措。③ 心理学家弗兰克尔在纳粹集中营的苦难经历中发现,"即便在苦难中,一个人仍然可以保持勇敢、自尊、无私,也可能为了自我保护在激烈的斗争中丧失了人的尊严而无异于低等动物",他认为在苦难面前,像前者一样活着的只有少数人,但哪怕只有一个

---

① 冯川.荣格的精神[M].海口:海南出版社,2006:序言.
② 转引自:马克斯·范梅南.生活体验研究:人文科学视野中的教育学[M].宋广文,等译.李树英,校.北京:教育科学出版社,2003:6.
③ 翟振明.价值理性的恢复[J].哲学研究,2002(5):15-21.

人,也"足以证明——人的内在力量是可以改变其外在命运的"。① 教师自我指向教师个体的内在世界,包含了教师对自身进行定义的信仰、态度以及价值观②,当教师与课程互动的过程中失去自我,便意味着教师价值感和尊严感的丧失,意味着教师异化在课程环境和他者关系中无所适从,自己成为自己的局外人。最终,教师不仅不能作为自我思想和偏好的能动者,而且更难以将课程中的各种价值观念进行内心认同,从而以各种虚假、消极、机械等行动方式来抵抗课程改革。

结构的使动性是教师课程认同建构的外部动力,而教师的自我能动性却是认同建构的内在力量,"我为何做一名教师?""我如何理解课程?""我为何如此教学?"日复一日的日常生活难道没有反思的价值吗?教师需要的不仅仅是外部制度的支持、物质的保障,更需要的是内在心灵的唤醒。马克思将人的世界分为物质世界和精神世界,两种世界的完整才是一个完整的人的世界,这种完整世界的建构需要教师自我的力量以及转向自我内部的勇气,而不是仅将自己的价值停留在物质世界的满足中。

但在近一年的田野调研中我发现,想要让外部关注教师的内在心灵是困难的,让教师审视内在自我同样也是困难的。教师们被各种烦琐的事务包裹着,来自外部的要求希望他们能又快又好地完成各项工作,教师们如同上了发条的钟表紧张忙碌地完成一个又一个任务。外部给教师限定了"忙"的生活,教师又用"忙"作为托词来抵抗反思需要花费的时间和精力,因此,想要从外部或内部去关注教师的内在心灵这一企图,结果是沮丧的。但"没有自我的世界是死的",若教师失去自我,又何来真正的改革?若教师不是"人",又何来真正的教育?因此,即便转向教师的内在自我是困难的,却是必需的,也是从政府到学者、从大众到教师自己都一定要做的。

书稿临近定稿之时,《义务教育课程方案和课程标准(2022年版)》业已发布,但是,无论各科课程标准如何修订,课程结构如何变化,作为课程实施者的教师对课程的认同体验都永远无法忽视。自上而下的课程改革只有被在教室里捧着教材、朝着学生的教师真正认同,新的课程才有可能被真正实施,否则

---

① 弗兰克尔.活出生命的意义[M].吕娜,译.北京:华夏出版社,2010:前言3.
② 玛丽莲·科克伦-史密斯,等.教师教育研究手册:变革世界中的永恒问题:第3版:下册[M].范国睿,等译.上海:华东师范大学出版社,2017:749.

课程方案、政策、教材等便只是一堆堆没有生命的文本,是一番无法落地的空谈。也因此,本研究其实并没有结束反而又迎来了一个新的起点,新一轮的课改浪潮中教师们又会发生怎样的课程故事,又会产生怎样的课程认同体验,又会有着怎样的喜怒哀乐?课程改革的宏大叙事由教师们的课程生活构筑而成,教师在课程实施中的认同体验不仅仅是个人性的更是社会性的,那些微不足道的感受恰恰代表着课程实施最真实的境遇。因此,需要更多的课程研究者、政策制定者从摇椅中走出来,走进真实学校现场去关注和倾听教师们被烦琐日常遮蔽的情感与体验,尽一切可能去为"作为人的教师"的内在世界的丰盈而努力,亦是为了课程的真正发展而努力。

附录 A

观察提纲

一、教师课程认同发生的环境观察

(一)学校的物质环境,课程实施的物质环境

(二)学校的文化环境,学校课程文化建设情况

(三)学校的制度环境,学校课程实施的相关制度

(四)学校的心理环境,教师课程实施的心理氛围

二、教师们日常的课程生活状态观察

(一)备课的形式

(二)集体教研的讨论话题

(三)日常的课堂教学(教学目标、教学方法、师生互动、教学评价、突发事件处理等)

(四)日常的办公室生活

三、具体的关注点

(一)对学科课程标准的理解

(二)对学科价值的理解

(三)对教材价值的理解与解读

(四)对各种课程政策的看法

(五)对学校课程实施安排的看法

(六)教案、反思、计划等反思性文本的撰写

(七)对学生的理解

(八)课堂教学中对学生的关注与评价

(九)课程教学中的行动

四、教师对自我价值与课程价值的定位

(一)对当下课程实施困境的反思

(二)对自我课程生活状态的反思

(三)对自我价值的定位

(四)对自我的未来期望

附录 B

参与研究邀请信

尊敬的××老师：

您好，我叫付维维。现在是南京师范大学教育科学学院的一名博士研究生，也是咱们本市某师范院校的教师。我有两个孩子，其中一个正在上小学，另一个马上也要成为一名小学生，正是这样的生活背景，促使我想要走进一线的小学校园，感受一下教师们的真实生活。

我的研究困惑也同样来自自己的生活史，作为一名学生和教师教育者，我每天所关注是国家的各种教育改革政策以及对教育理想的憧憬；而作为一位母亲，每天面对的却是真实的教育现实。两者之间的冲突，让我始终不明白，"为何新课程改革所提出的某些目标没有实现？究竟是什么原因造成了理想与现实之间的落差？作为课程实施主体力量的教师在课程教学过程中有着怎样的经历与体验？"

带着这样的疑问我走进了 X 小学，感谢胡校长和各位老师能够真诚地接纳我，让我融入这个大家庭。我已经在学校待了一段时间，听了一些老师的课，参与了一些教研室的会议，甚至亲自上了一些课，也跟一些老师聊了很多。刚来的时候，我的目的是想体验大家的真实生活，想经历你们的经历，从而得到和你们一样的体验和情绪。但是后来我发现，这是不可能的，就像世上没有相同的树叶，哪怕在同一个环境中面对同样的事情，也不会有两个人产生完全一致的感受，而这些不一样的感受，除了每个人先天的个性，还有每个人以往的生活历程。

所以,这段时间希望能够和各位老师聊一聊以往在课程教学中遇到的困难、困惑,听一听您个人专业成长历程中一些难忘的故事,希望您能接纳我的邀请。这样的对话过程,对您的个人成长同样有益,多个学科领域的研究都表明叙事对人的成长有着重要的意义,人们在讲述自己故事的过程中,会通过与自我的内部谈话来辨明自己的处境,从而决定行动的方案,能够更为深刻地理解自我及反思人生。因此,希望您能够接受我的邀请。

两个人在交谈的过程中,很多情感会不自觉地流露,这些流动的情绪转瞬即逝,所以我希望我们的谈话过程可以录音。我保证,录音资料绝对不会对外公开,而是仅仅为了弥补我有限的记忆。如果您想要听一听录音,可以直接告诉我,我一定会满足您的要求。但如果您非常反感录音,您也可以提出拒绝,我亦同样会尊重您的意见和感受。

如果您不想接受公开的访谈,动笔把您的一些困惑、感受写下来那实在是太好不过了。韩玫、叶兰她们说,真正的反思需要安静和时间,我知道大家都很忙,属于自己的私人时间少之又少,但是"没有反思的人生不值得过"。我们每天究竟为何而忙?我们究竟忙些什么?我们忙的目的又是什么?日复一日的课堂教学中,我们存在的意义又是什么?只有学会自我反思,才能让自己对日常生活的价值和自我存在的价值有所感悟并用以规划、调控自我未来的生活。所以,真诚地希望您能够在百忙之中,抽出些许的时间真正地留给自己。

最后,说一下保密问题。请您放心,您和我所谈的所有内容和资料,都不会以任何可以辨别您真实身份的方式发表出来,您也可以告诉我,您希望我怎样保密。

我们的谈话可能有很多次,如果中途您有不适感或其他想法,都可以向我表明。我无限感激您的参与和配合,敬佩您有这样进行自我反思和与他者对话的勇气。

此致
敬礼!

付维维
2021 年 4 月 10 日

附录 C

知情同意书

  我已经仔细阅读过研究者付维维递交的《参与研究邀请信》,基本了解"教师的课程认同研究"的内容和方式,同意其以被研究者的身份参与这项研究。

  特此证明!

签字:×××
2021 年 4 月 10 日

附录 D

教师访谈提纲

您好,此次访谈的目的旨在了解您的日常教学生活以及您对课程价值与自我价值的理解,访谈会严格遵守研究伦理,不会给您的工作造成任何影响,因此请您不必有任何心理负担。感谢您的支持与合作。

(注:访谈形式为半结构式访谈,即访谈过程中我们可以调整问题的先后顺序,您可以对访谈提纲中的问题质疑或回避,也可以在访谈过程中提出与主题相关的其他问题。)

一、日常工作

1. 您每天花费多长时间备课?您是如何备课的?
2. 如果本节的教学任务没有完成,您如何处理?
3. 您根据什么来设计学生的作业?您每天花费多长时间批改作业?
4. 您觉得当下工作中最大的困难是什么?
5. 一天中属于您私人的时间大概有多长?这些时间您会做些什么?
6. 课余或者空闲时间您写教学反思或札记吗?您写反思的目的是什么?

二、课程价值的理解及实现

1. 您所任教学科的课程目标是什么?这些目标能够通过平日的课堂教学实现吗?如果没有,您觉得原因有哪些?如果实现了,您是如何做到的?

2. 您自己是如何理解所任教的学科？您认为任教学科的真正价值是什么？

3. 对学科教材您如何评价？备课或授课时您如何处理教材？

4. 如果来自上级的要求与您对课程价值的理解发生冲突，您会如何处理？

三、学生价值的理解及实现

1. 您觉得学生的身心发展与学业成绩哪个更重要？为什么？

2. 您觉得当下的教学是否能够对两者进行平衡？

3. 您觉得当下影响学生发展的因素有哪些？

4. 当下教学中，对于学生成长您觉得最大的困难是什么？

四、自我价值的理解及实现

1. 您觉得在课程的实施过程中，教师的作用和价值是什么？

2. 您如何定位自我的价值？当下的教学工作和日常生活中，您觉得自我的价值实现了吗？如果没有，原因是什么？如果有，您觉得是在哪些方面得到体现的？

4. 如果用一个表示自我感受的关键词（如欣慰、喜悦、失落等）来表达每天的教学生活，您觉得出现频率最高的词可能会是哪个？

5. 工作的状态是否会对您的私人生活产生影响？

6. 您觉得影响自我专业成长的因素有哪些？

注：在田野现场进行访谈时，并没有拘泥于此访谈提纲中的问题与顺序，而是根据当时教师们的工作状态、情绪状况随机进行，并且用贴合当时语境的话语来询问，但此提纲仍然是田野中进行资料收集的重要参考。由于教师们都很忙，没有办法接受长时间的访谈，为了获得更多的信息，后期将此访谈提纲改为开放式的问卷，在X小学、R小学、Z小学、S小学通过朋友进行发放，共回收有效问卷21份。

附录 E

班主任工作问卷调查

性别：　　　　　年龄：　　　　　教龄（学校教学）：

任教学科：　　　学生所在年级：

1. 从教至今您担任班主任大概多久？（可累计）

_____

2. 您当班主任以来最大的感受是什么？

_____

3. 每天处理学生琐事大概会占据您多长时间？

_____

4. 您平均每天上几节课？

_____

5. 您每天花费多长时间备课？

_____

6. 学科教学和班主任工作能否很好地兼顾？您有怎样的心得或者体会？

_____

7. 您觉得当下工作中遇到的困难有哪些？

_____

_____

附录 F

实物资料一览表

教师	教学反思（份）	专业发展总结（份）	教学设计/教案（份）	教学笔记、随笔、反思日记、读书笔记（本）	微信聊天记录	其他
韩玫	7 [FS-HM-(01-07)]	2 [ZJ-HM-(01-02)]	5 [JA-HM-(01-05)]	2 [BJ-HM-(01-02)]	WX-HM-(0426-1229)	
叶兰	7 [FS-YL-(01-07)]	2 [ZJ-YL-(01-02)]	3 [JA-YL-(01-03)]	1 [BJ-YL-(01-02)]	WX-YL-(0413-1229)	
马凌	6 [FS-ML-(01-06)]	2 [ZJ-ML-(01-02)]	3 [JA-ML-(01-03)]		WX-YL-(0517-1223)	作业设计经验交流及评价量表
索薇	6 [FS-SW-(01-06)]	2 [ZJ-SW-(01-02)]	3 [JA-SW-(01-03)]		WX-SW-(0517-1223)	
张颖	8 [FS-ZY-(01-08)]	3 [ZJ-ZY-(01-03)]	2 [JA-ZY-(01-02)]			
辛斐	7 [FS-XF-(01-07)]	3 [ZJ-XF-(01-03)]	3 [JA-XF-(01-03)]	3 [BJ-XF-(01-03)]	WX-XF-(0714-1223)	
肖琳	7(2份反思卡、5份反思札记) [FS-XL-(01-07)]	4 [ZJ-XL-(01-04)]	3 [JA-XL-(01-03)]	3 [BJ-XL-(01-03)]	WX-XL-(0602-1129)	

注：教师教学反思、专业发展总结、教案及其他相关文本资料的时间跨度为2019—2021年。韩玫的教学反思日记时间跨度为2006—2011年、2018—

2020年;叶兰读书笔记的时间跨度为2019—2021年;辛斐的教学笔记时间跨度为2015—2021年;肖琳的教学笔记时间跨度为2018—2021年。微信聊天记录的时间跨度为2021年1月至12月底(微信聊天记录的编码都按照日期进行,如2021年4月26日我与韩玫的微信聊天记录编码为WX-HM-0426)。除了表中出现的教师,A市S小学的王老师、Z小学的小李老师、重庆市区某小学的袁老师、上海市区某小学的顾老师、南京市区某小学的吕老师等都与我经常进行微信及电话沟通,成文过程中亦用到了与他们之间的交流内容,在此不再一一列举编码序列。

参考文献

一、中文著作

1. 车文博.人本主义心理学[M].杭州:浙江教育出版社,2003.
2. 陈美如.课程理解:教师取向之研究[M].台北:五南图书出版有限公司,2007.
3. 陈向明.质的研究方法与社会科学研究[M].北京:教育科学出版社,2000.
4. 陈桂生.普通教育学纲要[M].上海:华东师范大学出版社,2008.
5. 张华,石伟平,马庆发.课程流派研究[M].济南:山东教育出版社,2000.
6. 丁钢.声音与经验:教育叙事探究[M].北京:教育科学出版社,2008.
7. 丁念金.课程论[M].福州:福建教育出版社,2007.
8. 冯川.荣格的精神[M].海口:海南出版社,2006.
9. 傅佩荣.自我的意义[M].北京:北京理工大学出版社,2011.
10. 高德胜.时代精神与道德教育[M].北京:教育科学出版社,2013.
11. 高清海.人就是"人"[M].沈阳:辽宁人民出版社,2001.
12. 高宣扬.利科的反思诠释学[M].上海:同济大学出版社,2004.
13. 胡春光.规训与抗拒:教育社会学视野中的学校生活[M].武汉:华中师范大学出版社,2017.
14. 胡德海.教育学原理[M].3版.北京:人民教育出版社,2013.

15. 胡适.个人进步与社会自由[M].北京:北京大学出版社,2013.

16. 教育部基础教育司.走进新课程:与课程实施者对话[M].北京:北京师范大学出版社,2002.

17. 金生鈜.规训与教化[M].北京:教育科学出版社,2004.

18. 李金霞.马克思自由时间理论[M].北京:当代世界出版社,2011.

19. 梁丽萍.中国人的宗教心理:宗教认同的理论分析与实证研究[M].北京:社会科学文献出版社,2004.

20. 刘良华.教育研究方法[M].3版.上海:华东师范大学出版社,2021.

21. 刘云杉.学校生活社会学[M].南京:南京师范大学出版社,2001.

22. 吕立杰.教师课程发展理论与实践[M].长春:东北师范大学出版社,2015.

23. 马凤岐.自由与教育[M].北京:北京师范大学出版社,2006.

24. 马一波,钟华.叙事心理学[M].上海:上海教育出版社,2006.

25. 施良方.课程理论:课程的基础原理与问题[M].北京:教育科学出版社,1996.

26. 孙惠柱.社会表演学[M].北京:商务印书馆,2009.

27. 王成兵.现代性语境中的当代认同危机:在人学的视野中[M].北京:北京理工大学出版社,2017.

28. 吴康宁.教育改革的"中国问题"[M].南京:南京师范大学出版社,2015.

29. 吴康宁.教育社会学[M].北京:人民教育出版社,2005.

30. 吴康宁.课程社会学研究[M].南京:江苏教育出版社,2003.

31. 项飙,吴琦.把自己作为方法:与项飙谈话[M].上海:上海文艺出版社,2020.

32. 徐继存.教学论导论[M].兰州:甘肃教育出版社,2001.

33. 杨钧.焦虑:西方哲学与心理学视域中的焦虑话语[M].北京:北京大学出版社,2013.

34. 叶澜,等.教师角色与教师发展新探[M].北京:教育科学出版社,2001.

35. 叶澜.回归突破:"生命·实践"教育学论纲[M].上海:华东师范大学

出版社,2015.

36. 叶澜,等.基础教育改革与中国教育学理论重建研究[M].北京:经济科学出版社,2009.

37. 张楚廷.课程与教学哲学[M].北京:人民教育出版社,2003.

38. 张海涛.澄明与遮蔽:海德格尔主体间性美学思想研究[M].北京:人民出版社,2013.

39. 张华.课程与教学论[M].上海:上海教育出版社,2000.

40. 张容南.叙事的自我:我们如何以叙事的方式理解自身[M].上海:华东师范大学出版社,2020.

41. 赵汀阳.思维迷宫[M].北京:中国人民大学出版社,2010.

42. 赵汀阳.论可能生活[M].2版.北京:中国人民大学出版社,2009.

43. 钟启泉.国外课程改革透视[M].西安:陕西人民教育出版社,1993.

44. 钟启泉.现代课程论[M].上海:上海教育出版社,2006.

45. 周淑卿.课程发展与教师专业[M].北京:九州出版社,2006.

二、中译本著作

1. 西格蒙德·弗洛伊德.自我与本我[M].林尘,等译.上海:上海译文出版社,2011.

2. 斯丹纳·苛费尔,斯文·布林克曼.质性研究访谈[M].范丽恒,译.北京:世界图书出版公司北京公司,2013.

3. 克尔凯郭尔.畏惧与颤栗 恐惧的概念 致死的疾病[M].京不特,译.北京:中国社会科学出版社,2013.

4. M.海德格尔.诗·语言·思[M].彭富春,译.戴晖,校.北京:文化艺术出版社,1991.

5. 海德格尔.林中路[M].孙周兴,译.北京:商务印书馆,2017.

6. 海德格尔.人,诗意地安居:海德格尔语要[M].郜元宝,译.桂林:广西师范大学出版社,2000.

7. 马克斯·舍勒.人在宇宙中的地位[M].李伯杰,译.贵阳:贵州人民出版社,2018.

8. 尼采.作为教育家的叔本华[M].周国平,译.南京:译林出版社,2014.

9. 舍勒.伦理学中的形式主义与质料的价值伦理学[M].倪梁康,译.北京:商务印书馆,2011.

10. 孙志文.现代人的焦虑和希望[M].陈永禹,译.北京:生活·读书·新知三联书店,1994.

11. 乌尔里希·贝克,伊丽莎白·贝克-格恩斯海姆.个体化[M].李荣山,范譞,张惠强,译.北京:北京大学出版社,2011.

12. 保罗·利科.作为一个他者的自身[M].佘碧平,译.北京:商务印书馆,2013.

13. 勒庞.乌合之众:大众心理研究[M].冯克利,译.桂林:广西师范大学出版社,2007.

14. 克兰迪宁,康纳利.叙事探究:质的研究中的经验和故事[M].张园,译.北京:北京大学出版社,2008.

15. 康纳利,等.教师成为课程研究者:经验叙事[M].刘良华,等译.杭州:浙江教育出版社,2004.

16. 查尔斯·泰勒.自我的根源:现代认同的形成[M].韩震,等译.南京:译林出版社,2012.

17. FULLAN M.教育变革的新意义[M].武云斐,译.上海:华东师范大学出版社,2010.

18. 富兰.变革的力量:透视教育改革[M].中央教育科学研究所,加拿大多伦多国际学院,译.北京:教育科学出版社,2004.

19. 富兰.变革的力量:深度变革[M].中央教育科学研究所,加拿大多伦多国际学院,译.北京:教育科学出版社,2004.

20. 马克斯·范梅南.生活体验研究:人文科学视野中的教育学[M].宋广文,等译.李树英,校.北京:教育科学出版社,2003.

21. A.J.赫舍尔.人是谁[M].隗仁莲,安希孟,译.贵阳:贵州人民出版社,2019.

22. 克兰迪宁.进行叙事探究[M].徐泉,李易,译.重庆:重庆大学出版社,2015.

23. 瑾·克兰迪宁.叙事探究:原理、技术与实例[M].鞠玉翠,等译.丁钢,审校.北京:北京师范大学出版社,2012.

24. DENZIN N K.解释性交往行动主义:个人经历的叙事、倾听与理解[M].周勇,译.重庆:重庆大学出版社,2004.

25. E.弗洛姆.健全的社会[M].孙恺祥,译.贵阳:贵州人民出版社,1994.

26. E.佛洛姆.逃避自由[M].陈学明,译.周洪林,校.哈尔滨:北方文艺出版社,1987.

27. 埃里希·弗洛姆.在幻想锁链的彼岸:我所理解的马克思和弗洛伊德[M].张燕,译.长沙:湖南人民出版社,1986.

28. 艾里希·佛洛姆.论不服从[M].叶安宁,译.上海:上海译文出版社,2017.

29. 埃里克森.同一性:青少年与危机[M].孙名之,译.北京:中央编译出版社,2015.

30. 埃默森,弗雷兹,肖.如何做田野笔记[M].符裕,何珉,译.上海:上海译文出版社,2012.

31. 大卫·费特曼.民族志:步步深入[M].龚建华,译.重庆:重庆大学出版社,2013.

32. 丹尼尔·坦纳,劳雷尔·坦纳.学校课程史[M].崔允漷,等译.北京:教育科学出版社.2006.

33. 杜威.我的教育信条:杜威论教育[M].彭正梅,译.上海:上海人民出版社,2013.

34. 杜威.我们怎样思维·经验与教育[M].姜文闵,译.北京:人民教育出版社,1991.

35. 菲利普·W.杰克逊.课堂生活[M].丁道勇,译.北京:北京师范大学出版社,2021.

36. 弗兰克尔.活出生命的意义[M].吕娜,译.北京:华夏出版社,2010.

37. 施皮格伯格.现象学运动[M].王炳文,张金言,译.北京:商务印书馆,2011.

38. 卡尔文·S.霍尔,沃农·J.诺德拜.荣格心理学纲要[M].张月,译.李小江,校.郑州:黄河文艺出版社,1987.

39. 罗洛·梅.爱与意志[M].冯川,译.北京:国际文化出版公司,1998.

40. 罗洛·梅.焦虑的意义[M].朱侃如,译.桂林:漓江出版社,2016.

41. 罗洛·梅.人寻找自己[M].冯川,陈刚,译.冯川,校.贵阳:贵州人民出版社,1991.

42. 玛丽莲·科克伦-史密斯,等.教师教育研究手册:变革世界中的永恒问题:第3版:下册[M].范国睿,等译.上海:华东师范大学出版社,2017.

43. 迈尔斯,休伯曼.质性资料的分析:方法与实践[M].张芬芬,译.重庆:重庆大学出版社,2008.

44. 麦克尼尔.课程:教师的创新:第3版[M].徐斌艳,陈家刚,主译.北京:教育科学出版社,2008.

45. 梅瑞迪斯·高尔,乔伊斯·高尔,沃尔特·博格.教育研究方法:第6版[M].徐文彬,侯定凯,范皑皑,等译.北京:北京大学出版社,2016.

46. 米尔斯.社会学的想象力[M].陈强,张永强,译.2版.北京:生活·读书·新知三联书店,2005.

47. 诺曼K.邓津,伊冯娜S.林肯.质性研究手册.方法论基础[M].朱志勇,等译.重庆:重庆大学出版社,2018.

48. 诺曼K.邓津,伊冯娜S.林肯.质性研究手册:资料收集与分析方法[M].朱志勇,董轩,张华军,等译.重庆:重庆大学出版社,2018.

49. 邓津,林肯.定性研究:第3卷:经验资料收集与分析的方法[M].风笑天,等译.重庆:重庆大学出版社,2007.

50. 帕克·帕尔默.教学勇气:漫步教师心灵[M].吴国珍,译.上海:华东师范大学出版社,2014.

51. 乔金森.参与观察法[M].张小山,龙筱红,译.重庆:重庆大学出版社,2015.

52. 米德.心灵、自我和社会[M].霍桂桓,译.北京:北京联合出版公司,2013.

53. 多尔.后现代课程观[M].王红宇,译.2版.北京:教育科学出版社,2015.

54. 多尔,高夫.课程愿景[M].张文军,等译.北京:教育科学出版社,2004.

55. 亚伯拉罕·马斯洛.人性能达到的境界[M].曹晓慧,等译.北京:世界图书出版公司北京公司,2014.

56. 维斯伯特里,威尔科夫.科学、课程与通识教育:施瓦布选集[M].北京:中国轻工业出版社,2008.

57. 小原国芳.小原国芳教育论著选:上卷[M].由其民,刘剑乔,吴光威,译.由其民,吴光威,校.北京:人民教育出版社,1993.

58. 佐藤学.课程与教师[M].钟启泉,译.北京:教育科学出版社,2003.

59. C.G.荣格.自我与自性[M].赵翔,译.北京:世界图书出版公司北京公司,2014.

60. 卡尔·古斯塔夫·荣格.原型与集体无意识:珍藏限量版[M].徐德林,译.北京:国际文化出版公司,2011.

61. 卡斯特.依然故我[M].刘沁卉,译.北京:国际文化出版公司,2008.

62. 阿格妮丝·赫勒.日常生活[M].衣俊卿,译.重庆:重庆出版社,2010.

63. 艾米娅·利布里奇,等.叙事研究:阅读、分析和诠释[M].王红艳,主译.释觉舫,审校.重庆:重庆大学出版社,2008.

64. 克里希那穆提.心灵自由之路[M].廖世德,译.北京:九州出版社,2005.

65. 克里希那穆提.重新认识你自己[M].若水,译.北京:群言出版社,2004.

66. 艾沃·古德森,等.叙事学习[M].方玺,译.北京:北京师范大学出版社,2019.

67. 安东尼·古德森.课程与学校教育的政治学:历史的视角[M].黄力,等译.北京:教育科学出版社,2013.

68. 安东尼·吉登斯.社会学:批判的导论[M].郭忠华,译.上海:上海译文出版社,2013.

69. 安东尼·吉登斯.社会的构成:结构化理论纲要[M].李康,李猛,译.北京:生活·读书·新知三联书店,1998.

70. 安东尼·吉登斯.现代性与自我认同:晚期现代中的自我与社会[M].夏璐,译.北京:中国人民大学出版社,2016.

71. 鲍曼.共同体[M].欧阳景根,译.南京:江苏人民出版社,2003.

72. 古德森.教师生活与工作的质性研究[M].蔡碧莲,等译.北京:教育科学出版社,2013.

73. 麦奎根.文化研究方法论[M].李朝阳,译.北京:北京大学出版社,2011.

74. 帕特里克·贝尔特.时间、自我与社会[M].陈生梅,摆玉萍,译.北京:北京师范大学出版社,2009.

三、工具书

1. 菲利普斯.教育大百科全书:教育哲学[Z].石中英,等译.重庆:西南师范大学出版社,2011.

2. 許慎.說文解字 附音序、筆畫檢字[Z].徐鉉,校定.北京:中華書局,2013.

3. 迪伦·埃文斯.拉康精神分析介绍性辞典[Z].李新雨,译.重庆:西南师范大学出版社,2021.

4. 方克立.中国哲学大辞典[Z].北京:中国社会科学出版社,1994.

5. 谷衍奎.汉字源流字典[Z].北京:语文出版社,2008.

6. 顾明远.教育大辞典(简编本)[Z].上海:上海教育出版社,1999.

7. 弗莱克斯纳.蓝登书屋韦氏英汉大学词典[Z].北京:商务印书馆,1997.

8. 李德顺.价值学大词典[Z].北京:中国人民大学出版社,1994.

9. 林崇德,杨治良,黄希庭.心理学大辞典[Z].上海:上海教育出版社,2004.

四、中文学位论文

1. 高伟.生存论教育哲学发凡——生存本体论教育哲学论纲[D].南京:南京师范大学,2003.

2. 高晓文.教师的"平庸之恶"[D].长春:东北师范大学,2016.

3. 郭晓明.课程知识与个体精神自由[D].南京:南京师范大学,2003.

4. 黄笑冰.从新手教师到课程领导[D].上海:华东师范大学,2012.

5. 金美福.教师自主发展论[D].长春:东北师范大学,2003.

6. 李茂森.自我的寻求[D].上海:华东师范大学,2010.

7. 李政涛.教育生活中的表演[D].上海:华东师范大学,2003.

8. 刘桂辉.走向自主:教师教学行为转变研究[D].武汉:华中师范大学,2018.

9. 龙斌.人的自我论[D].北京:中国人民大学,1998.

10. 马晓凤.西北民族地区农村教师对新课程改革适应性研究[D].西安:陕西师范大学,2015.

11. 宋维玉.教师是怎样理解课程的[D].长春:东北师范大学,2017.

12. 苏强.教师的课程观研究[D].重庆:西南大学,2011.

13. 孙彩霞.课程变革下教师情绪地理的建构[D].重庆:西南大学,2015.

14. 孙宽宁.教师课程理解中的自我关怀[D].济南:山东师范大学,2009.

15. 孙平.课程实施中的教师主体性及其发展研究[D].武汉:华中科技大学,2007.

16. 孙世梅.小学语文教师教学价值取向研究[D].长春:东北师范大学,2018.

17. 汤利军.我国基础教育新体育课程实施效果研究[D].上海:华东师范大学,2012.

18. 王昊.课程改革背景下的中学英语课堂教学研究:社会认知主义视角[D].长春:东北师范大学,2018.

19. 王宪平.课程改革视野下教师教学能力发展研究[D].上海:华东师范大学,2006.

20. 吴国平.新课程行动中的教师成长[D].上海:华东师范大学,2008.

21. 熊进.论马克思的时间概念[D].武汉:武汉大学,2010.

22. 杨明全.论教师参与课程变革[D].上海:华东师范大学,2003.

23. 姚志敏.课程改革背景下的教师课程执行力研究[D].上海:上海师范大学,2011.

24. 叶菊艳.中国教育中的教师身份构建[D].香港:香港中文大学,2011.

25. 张释元.教师价值取向:学教育变革之"基"[D].重庆:西南大学,2013.

26. 张新海.新课程实施中的教师阻抗研究[D].甘肃:西北师范大

学,2008.

27. 赵虹元.基础教育教师课程权力研究[D].重庆:西南大学,2008.

28. 郑志辉.课程实施中的教师培训研究[D].重庆:西南大学,2010.

五、中文学术期刊论文

1. 安富海.新课程改革与"穿新鞋走老路":教师视角[J].中国教育学刊,2011(12):36-40.

2. 巴战龙.教育民族志:含义.特点.类型[J].湖南师范大学教育科学学报,2008(03):10-13.

3. 操太圣,卢乃桂.论学校组织变革中的教师认同[J].华东师范大学学报(教育科学版),2005(3):43-48.

4. 操太圣,乔雪峰.能动性与教师本体性安全[J].全球教育展望,2011,40(5):45-49.

5. 陈向明.文化主位的限度与研究结果的"真实"[J].社会学研究,2001(2):1-11.

6. 邓晓芒.什么是自由?[J].哲学研究,2012(7):64-71;129.

7. 翟振明.价值理性的恢复[J].哲学研究,2002(05):15-21.

8. 樊秀丽.教育民族志方法的探讨[J].教育学报,2008(3):80-84.

9. 风笑天.论参与观察者的角色[J].华中师范大学学报(人文社会科学版),2009,48(3):39-44.

10. 冯帆.教师课程权力认同的问题审视及其改进[J].教学与管理,2019(21):11-14.

11. 傅敏,田慧生.教育叙事研究:本质.特征与方法[J].教育研究,2008(5):36-40.

12. 高丙中.民族志发展的三个时代[J].广西民族学院学报(哲学社会科学版),2006(3):58-63.

13. 郭本禹,崔光辉.现象学心理学的两种研究取向初探[J].南京师大学报(社会科学版),2004(6):86-90.

14. 郭华.新课改与"穿新鞋走老路"[J].课程·教材·教法,2010,30(1):3-11.

15. 郭金山,车文博.自我同一性与相关概念的辨析[J].心理科学,2004(5):1266-1267;1250.

16. 胡波.合作:新课程对教师的新要求[J].课程·教材·教法,2004,24(7):79-83.

17. 黄显涵,李子建,罗厚辉.课程改革中教师挑战与困境:中国大陆教师的个案分析[J].教师教育研究,2017,29(4):92-97;114.

18. 解月光.高中信息技术课程实施阶段的教师课程认同研究[J].中国电化教育,2006(1):20-24.

19. 靳玉乐,张良.我国新课改以来课程理论的发展及其影响[J].中国教育科学(中英文),2019,2(5):77-87.

20. 靳玉乐,尹弘飚.课程改革中教师的适应性探讨[J].全球教育展望,2008(9):37-42;59.

21. 靳玉乐,于泽元.文化—个人视角下教师对新课程改革的适应性探讨[J].西南大学学报(社会科学版),2009,35(2):128-133.

22. 李德顺."价值"与"人的价值"辨析:兼论两种不同的价值思维方式[J].天津社会科学,1994(6):29-36.

23. 李茂森.新课程改革背景下教师的身份认同危机:表现与实质[J].当代教育科学,2011(24):16-19.

24. 李玉栋.教师人生价值及其实现的经济学分析[J].教育理论与实践,2016,36(25):34-38.

25. 林泰.正确理解"价值"、"个人的社会价值"、"自我价值"概念的科学内涵[J].思想理论教育导刊,2003(9):57-59;73.

26. 刘良华.从"现象学"到"叙事研究"[J].全球教育展望,2006,35(7):40-43.

27. 刘良华.教育叙事研究:是什么与怎么做[J].教育研究,2007(7):84-88.

28. 刘庆丰.人之"忙"的哲学揭秘:读《1844年经济学哲学手稿》中关于人的相关论述[J].广西师范大学学报(哲学社会科学版),2012,48(6):46-50.

29. 刘云,宋乃庆.高中数学教师对教科书中探究内容的认同感与关注阶段实证研究[J].课程.教材.教法,2016,36(1):66-72.

30. 罗增让,余巧.课程改革中教师身份认同及教师情绪的研究[J].教学与管理,2016(6):8-11.

31. 马捷莎.对人的自我价值观的辨误[J].四川大学学报(哲学社会科学版),2004(1):16-20.

32. 马腾嶽.论现代与后现代民族志的客观性.主观性与反身性[J].思想战线,2016,42(3):7-14.

33. 马新英,程良宏.试论教师在课程改革中的虚假认同及其改善[J].教师教育研究,2010,22(3):32-36.

34. 潘威.扎根理论与解释现象学分析的比较研究[J].西华大学学报(哲学社会科学版),2010,29(3):112-116.

35. 帅飞飞,李臣之.中学教师对新课改认同感的调查研究[J].全球教育展望,2009,38(5):8-14.

36. 宋萑,魏鑫.教师课改认同感与教师专业学习社群的关系研究[J].教育发展研究,2011,33(10):69-73.

37. 孙小华,初颖.认同理论视野下的教师课程权力[J].中小学教师培训,2016(12):42-46.

38. 唐志强.谈教师教学适应性的提升:元认知的视角[J].教学与管理,2014(27):121-124.

39. 佟婧.高中教师对新课程改革认同感的调查分析[J].教育学术月刊,2011(3):74-77.

40. 汪凤炎,郑红.论中西方自我的差异[J].西南大学学报(人文社会科学版),2007(1):11-16.

41. 王策三.对"新课程理念"介入课程改革的基本认识:"穿新鞋走老路"议论引发的思考[J].教育科学研究,2012(2):5-15.

42. 王海明.论自由概念:上[J].华侨大学学报(哲学社会科学版),2006(3):1-9.

43. 王洪才.教育失败、教育焦虑与教育治理[J].探索与争鸣,2012(2):65-70.

44. 王嘉毅,赵志纯.西北农村地区新课程适应性的纵向研究:基于2003

年与2011年调查的实证分析[J].课程·教材·教法,2012,32(1):3-11.

45. 王利.我国中小学教师新课程适应性的调查研究[J].现代教育管理,2010(6):64-67.

46. 王牧华,全晓洁.论教师促进学校课程改革内源发展的机制与策略[J].课程·教材·教法,2015,35(7):29-36.

47. 王世鹏.比较心灵哲学视野中的自我观[J].华中师范大学学报(人文社会科学版),2015,54(1):88-94.

48. 王文岚,尹弘飚.简析课程改革中的教师认同感[J].上海教育科研,2007(2):28-29;7.

49. 王小章.论焦虑:不确定性时代的一种基本社会心态[J].浙江学刊,2015(1):183-193.

50. 王晓芸.教师课程执行力的构成.障碍及提升途径[J].教育探索,2014(11):94-95.

51. 王益明,金瑜.两种自我(ego和self)的概念关系探析[J].心理科学,2001(3):363-364.

52. 王玉樑.论人的价值[J].理论导刊,2009(4):28-31;41.

53. 维之.论"自我"问题的哲学地位[J].南京社会科学,1994(7):33-41.

54. 吴康宁.何种教育理论？如何联系教育实践？:"教育理论联系教育实践"问题再审思[J].南京师大学报(社会科学版),2019(1):5-15.

55. 吴康宁.个案究竟是什么:兼谈个案研究不能承受之重[J].教育研究,2020,41(11):4-10.

56. 吴康宁.无条件的道德要求与有条件的道德行为:学校道德教育的一种内在紧张[J].教育理论与实践,2006(9):56-60.

57. 吴永军,宁婷婷.我国基础教育新课程改革理论基础研究述评[J].教育理论与实践,2008,28(35):25-27.

58. 吴永军,钱佩芹.关于我国基础教育新课改问题研究的反思[J].教育发展研究,2008(18):52-56.

59. 吴永军,徐华丽.新课改中教师主体地位的社会学审视[J].教育发展研究,2009,29(6):51-53.

60. 吴永军.课程改革需要遵循三大思维[J].课程·教材·教法,2020,40(5):71-78.

61. 吴永军.论新课改的可为与不可为[J].教育研究与实验,2010(5):49-54.

62. 吴永军.试论深化新课改的社会学方略[J].教育研究与实验,2012(4):52-56.

63. 吴永军.为新课程辩护[J].教育研究与实验,2008(5):57-61.

64. 吴永军.我国新课改反思:成绩.局限.展望[J].课程·教材·教法,2009,29(7):17-24;36.

65. 吴永军.我们究竟需要什么样的基础:新课程理念下创新之基础新探[J].课程·教材·教法,2006(5):3-8.

66. 吴永军.再论后现代主义对于我国课程改革的价值[J].教育发展研究,2010,30(18):34-37.

67. 吴永军.正确认识新课程改革的理论基础及其价值取向[J].教育科学研究,2010(8):5-8.

68. 吴刚.奔走在迷津中的课程改革[J].北京大学教育评论,2013,11(4):20-50;185-186.

69. 夏心军.课改急功近利倾向的反思与应对[J].教学与管理,2016(10):34-37.

70. 辛继湘,唐泽霞.柏格森"生命哲学"视域中的教师时间审视与重建[J].教育科学,2021,37(5):49-55.

71. 徐继存.课程理解的意义之维[J].教育研究,2012,33(12):71-76.

72. 徐继存.教师生活重塑与基础教育课程改革[J].教育研究,2002(9):73-74.

73. 杨九诠.1978—2018年:中国课程改革当代史[J].课程·教材·教法,2018,38(10):11-19.

74. 杨君.回溯与批判:个体化理论的逻辑考察[J].中南大学学报(社会科学版),2020,26(3):144-156.

75. 杨莉娟,项纯,李铁安.我国教师适应新一轮课程改革现状的调查研究[J].课程·教材·教法,2012,32(2):32-40.

76. 杨秀玉,杨秀梅.教师职业倦怠解析[J].外国教育研究,2002,29(2):56-60.

77. 叶晓玲,李艺."方法"还是"方法论"?:现象学与质性研究的关系辨析[J].教育研究与实验,2018(4):15-22.

78. 尹弘飚,操太圣.课程改革中教师的身份认同:制度变迁与自我重构[J].教育发展研究,2008(2):35-40.

79. 尹弘飚,靳玉乐,马云鹏.教师认同感的结构方程模型[J].教育研究与实验,2008(3):62-66.

80. 尹弘飚,李子建,靳玉乐.中小学教师对新课程改革认同感的个案分析:来自重庆市北碚实验区两所学校的调查报告[J].比较教育研究,2003(10):24-29.

81. 尹弘飚,李子建.基础教育新课程实施的影响因素分析:重庆北碚实验区的个案调查[J].南京师大学报(社会科学版),2004(2):62-70.

82. 尹弘飚,李子建.课程实施与教师心理变化[J].全球教育展望,2006,35(10):20-25;77.

83. 尹弘飚,李子建.论课程改革中的教师改变[J].教育研究,2007(3):23-29.

84. 尹弘飚.课程改革一定要"核心素养"吗?:兼评全球化时代的香港课程改革[J].全球教育展望,2017,46(10):73-80.

85. 尹弘飚.全球化时代的中国课程改革[J].高等教育研究,2011,32(3):69-75.

86. 于泽元,靳玉乐.课程实施研究:理论转向与研究焦点[J].全球教育展望,2007(1):63-68;39.

87. 袁罗牙.个体无意识·集体无意识·社会无意识[J].山西高等学校社会科学学报,2009,21(4):67-70.

88. 张德胜,金耀基,陈海文,等.论中庸理性:工具理性、价值理性和沟通理性之外[J].社会学研究,2001(2):33-48.

89. 张芳.教师专业发展问题系列研究之二:课程改革:概念认同与行为错位:上[J].中小学管理,2007(8):16-19.

90. 张芳.教师专业发展问题系列研究之二:课程改革:概念认同与行为

错位:下[J].中小学管理,2007(9):26-27.

91. 张廷国.现象学不是什么是什么[J].江海学刊,2009(5):5-9.

92. 张希希.教育叙事研究是什么[J].教育研究,2006(2):54-59.

93. 赵丹,宋萑.安徽省中学体育教师课程改革认同感现状调查[J].课程·教材·教法,2011,31(6):92-95.

94. 赵志纯,安静.西北地区农村中小学教师课程改革认同特点:基于甘青宁三省(区)样本的实证[J].教育学术月刊,2014(2):96-104.

95. 周勇.教育叙事研究的理论追求:华东师范大学丁钢教授访谈[J].教育发展研究,2004(9):56-60.

96. 朱文辉.新课程改革:从"深水区"到"新常态":由"穿新鞋走老路"引发的思考[J].教育发展研究,2016,36(2):19-23.

六、英文著作

1. DAVIES C A. Reflexive Ethnography: a guide to researching selves and others[M]. London and New York: Routledge, 1999.

2. GOODSON I F, WALKER R. Biography, identity, and schooling: Episodes in educational research[M]. London: The Falmer Press, 1991.

3. GOODSON I F. Learning, curriculum and life politics: the selected works of Ivor F. Goodson[M]. London and New York: Routledge, Taylor & Francis, 2005.

4. GOODSON I F. Studying teachers' lives[M]. London: Routledge, 1992.

5. MARCIA J E, et al. Ego identity: a handbook for psychosocial research[M]. New York: Springer-Verlag, 1993.

6. JACKSON P W. Handbook of research on curriculum: a project of the American Educational Research Association[M]. New York: Macmillan Publishing Company, 1992.

7. JENKINS R. Social Identity[M]. London and New York: Routledge, Taylor & Francis, 1996.

8. SMITH J A, FLOWERS P, LARKIN M. Interpretative Phenomenological Analysis: Theory, Method and Research[M]. London: SAGE Publications Ltd.,

2009.

9. JUNG C G. Modern Man in Search of a Soul[M]. London and New York: Routledge, 2001.

10. ETHERINGTON K. Becoming a reflexive researcher: using our selves in research[M]. London and Philadelphia: Jessica Kingsley Publishers, 2004.

11. SCHUTZ P A, ZEMBYLAS M. Advances in Teacher Emotion Research: The Impact on Teachers' Lives[M]. New York: Springer, 2009.

12. STRYKER S, OWENS T J, WHITE R W. Self, identity, and social movements[M]. Minneapolis: The University of Minnesota Press, 2000.

13. YEUNG, et al. Curriculum Change and Innovation[M]. HK: Hong Kong University Press, 2012.

14. DENGY Z Y. Knowledge, Content, Curriculum and Didaktik: Beyond Social Realism[M]. London and New York: Routledge, Taylor & Francis Group, 2020.

15. ZHAO K. Learning, Identity and Narrative in the Late Modern Age: Towards a Theory of Reflexive Learning[M]. Hangzhou: Zhejiang University Press, 2014.

16. DALE C M. Teacher identity: Its formation and reformation across the lifespan[M]. Michigan: Michigan State University, 1999.

七、英文学术论文

1. ACHINSTEIN B. Conflict amid Community: The Micro-politics of Teacher Collaboration[J]. Teachers College Record, 2002, 104(3): 421-455.

2. ALLEN T D, et al. Consequences associated with work-to-family conflict: A review and agenda for future research[J]. Journal of Occupational Health Psychology, 2000, 5(2):278-308.

3. BEIJAARD D, MEIJER P C, VERLOOP N. Reconsidering research on teachers' professional identity[J]. Teaching & Teacher Education, 2004, 20(2):107-128.

4. BEIJAARD D, VERLOOP N, VERMUNT J D. Teachers' perceptions of professional identity: An exploratory study from a personal knowledge perspective[J]. Teaching and Teacher Education, 2000, 16(7):749-764.

5. COLDRON J, SMITH R. Active location in teachers' construction of their professional identities[J]. Journal of Curriculum Studies, 1999, 31(6):711-726.

6. COLLINS P R, WAUGH R F. Teachers' receptivity to a proposed system-wide educational change[J]. Journal of Educational Administration, 1998, 36(2):183-199.

7. BERNIER D. A study of coping: Successful recovery from severe burnout and other reactions to severe work-related stress[J]. Work & Stress, 1998, 12(1): 50-65.

8. KORTHAGEN F A J. In search of the essence of a good teacher: towards a more holistic approach in teacher education[J]. Teaching and Teacher Education, 2004, 20(1):77-97.

9. GEE J P. Identity as an Analytic Lens for Research in Education[J]. Review of Research in Education, 2000(25):99-125.

10. GOODSON I F, RUDD T. Reform and Refraction: Complexities of Response to Imposed Social Change[J]. Educational Practice and Theory, 2016, 38(2):5-21.

11. HARGREAVES A. Emotional Geographies of Teaching[J]. Teachers College Record, 2001, 103(6):1056-1080.

12. HARRIS D L, ANTHONY H M. Collegiality and Its Role in Teacher Development: Perspectives from Veteran and Novice Teachers[J]. Teacher Development, 2001, 5(3):371-390.

13. JAZABKOWSKI L M. The Social Dimensions of Teacher Collegiality[J]. Journal of Educational Enquiry, 2002, 3(2):1-20.

14. TRENT J. Teacher identity construction across the curriculum: promoting cross-curriculum collaboration in English-medium schools[J]. Asia Pacific Journal of Education, 2010, 30(2):167-183.

15. LEE C K, et al. Teacher Empowerment and Receptivity in Curriculum Reform in China[J]. Chinese Education and Society, 2011, 44(4):64-81.

16. LEE C K J. Teacher receptivity to curriculum change in the implementation stage: The case of environmental educational in Hong Kong [J]. Journal of Curriculum Studies, 2000, 32(1):95-115.

17. LINLEY P A, et al. Measuring happiness: The higher order factor structure of subjective and psychological well-being measures[J]. Personality and Individual Differences, 2009, 47(8):878-884.

18. MOROZ R, WAUGH R F. Teacher receptivity to system-wide educational change[J]. Journal of Educational Administration, 2000, 38(2):159-178.

19. SFARD A, PRUSAK A. Telling Identities: In Search of an Analytic Tool for Investigating Learning as a Culturally Shaped Activity[J]. Educational Researcher, 2005, 34(4):14-22.

20. WAUNGH R F, GODFREY J. Teacher Receptivity to System-wide Change in the Implementation Stage[J]. British Education Research Journal, 1993, 19(5):565-578.

21. WAUGH R F. Towards a model of teacher receptivity to planned system-wide educational change in a centrally controlled system[J]. Journal of Educational Administration, 2000, 38(4):350-367.

22. WINOGRAD K. The Functions of Teacher Emotions: The Good, the Bad, and the Ugly[J]. Teachers College Record, 2003, 105(9):1641-1673.

23. ZEMBYLAS M. Emotions and Teacher Identity: A poststructural perspective[J]. Teachers and Teaching, 2003, 9(3):213-238.

24. ZEMBYLAS M. "Structures of Feeling" In Curriculum and Teaching: Theorizing the Emotional Rules[J]. Educational Theory, 2002, 52(2):187-208.

八、英文学位论文

1. SEIFERT R L. A Portrait of a Practicing Teacher:Exploring Teacher Identity[D]. Ohio:Kent State University,2019.

后记

做研究是为了什么？

你的良知在说什么？"你要成为你自己。"①

——尼采

尼采曾列举了学者的十三个特征，其中"没有爱和热情"被他列在头条，学者也是人又岂会没有爱和热情，只是学术研究总需将理性和逻辑放在首要位置，像爱之类的情感则通常不允许出现，这也许是做学术研究的一种悲哀。学术研究通常只言他人他事，很少能言自己，因此，后记，便被多数在做学术研究却仍然饱含热情的人，当作一片安放自己灵魂的精神家园。后记这片唯一属于自己的地方，到底如何去写？一篇短短的后记，写了又删删了又写，后记到底要记些什么？思来想去，学术研究的后记或许最应该记的是"我们做研究到底是为了什么？"但这是一个难以回答的问题，因为每个研究者所处的立场和境遇都不相同，因此，将自身研究历程与过往故事在此叙述，或许您也能从中读出自己的故事。

一、学术研究是与自身以往经历的和解

从理科到文科的转换，我用了近二十年的时间。

---

① 尼采.快乐的知识[M].余鸿荣，译.哈尔滨:哈尔滨出版社,2016:148.

高考结束,成绩不理想,深感羞愧的我听话地服从父母和老师的意愿,选了一个热门的理工学科专业。"听话"所付出的代价是惨痛的,一个连买东西要找给自己多少钱都算不太清的人却终日要与公式和数字打交道,以至于回顾自己的学业生涯,除了义务教育阶段,其他的时光都是晦涩和暗淡的。高数考试成为一个无法摆脱的噩梦,每每压力大的时候它就会在深夜上演,又让自己在一身冷汗中惊醒。

来到随园是人生的转折点。我拉着行李箱从大草坪经过,穿过德丰园的时候,此前所遭遇的困境终于在那一刻得到了释然。在西山图书馆看书,终于可以有机会光明正大地看尼采、看叔本华、看克尔凯郭尔、看后现代主义、看现象学、看人类学……看一切与"人"和"情感"有关的文字。看到那些让自己感动的文字时,一种难以言表的心情总会涌上心头;我对自己的"听话"感到气愤,又庆幸自己的执着;我对自己的无知感到懊恼,又对在某时能够与先者的观点产生共鸣而感到惊喜。尽管很多书都艰涩难懂让人头晕目眩,但终归是在读自己喜欢的文字,做自己喜欢的事情,因此读书的这几年我并不觉得苦,反而觉得是人生中最幸福的时光。

我喜欢有情感的文字,因此看书的时候总是忍不住选择饱含情感的书,这种无意识的偏好也渗透在自己学术研究的方方面面,特别是在行文方式上。没有浓烈的情绪我便写不出字来,因此很多时候也会质疑自己到底是否适合做学术研究,但看到将学术研究与个体生活紧密相连的先者们的故事又会重新建立信心,打消疑虑。研究本身就是研究者自己的自传,思想与生活本就该紧密地交织,如福柯所言,"每次当我试图去进行一项理论工作时,这项工作的基础总是来自我个人的经验,它总是和我在我的周围看到的那些事情有关……它实际上是一部自传的几个片段"[①]。

走过的路与读过的书,就像一段段散落的线头,当有某个关键事件将它们串联并提拉起来时,便如同一张沉在鱼塘里多年的网慢慢地浮出水面。确定研究方向、研究问题、研究方法,甚至成文的过程,就是这张渔网织就并浮现的过程,正是源自对自身以往受教育经历的失望,我将目光投注于当下教育的现实困境,而在确定研究问题之后,又义无反顾地选择用人与人之间的情感交流

---

① 杨善华.当代西方社会学理论[M].北京:北京大学出版社,1999:368.

去寻找答案。而此扎根于生命深处所产生的情绪与勇气,促使我的研究一步步得以进行至现在,如同那张渔网,尽管它并不完美,甚至有很多瑕疵,甚至浮出水面时带着水草和淤泥,却是自身理解与感受周遭世界的过程,是与自身以往经历和解的过程,亦是让自己更好地融入世界的过程。

二、学术研究是与相遇之人共行的旅程

能够将研究进行至现在,要感谢的人太多太多,正是那些在我生命中出现的人,让我成为"我",如同帕尔默所说:"我的基因组成、赋予我生命的父母的性格、我成长的文化环境、支持过我的人、伤害过我的人、我所做过的有益或无益的事情,爱的体验和痛苦的感受,还有很多很多汇聚在一起,进而形成神秘的自我。"①个体行动产生于自我与他者之间持续不断的关系之中,因此研究行进的过程,实为与相遇之人共行的一段旅程。

这段旅程能够开启,首先要感谢的人是我的导师吴永军教授,是导师给了我重新观照人生的机会与视角,让我在书籍和师友之情中看到另一种人生,是他在我的只言片语中发现我的不足与可取之处,鞭策并鼓励我完成研究;感谢冯建军老师,我资质平庸也无过人之处,唯一敢言自己具备的不过是真诚,感念冯老师对我这个无名之辈的指点与关照,一次次在人生重大转折的十字路口给予我帮助;感谢徐文彬老师、李如密老师、李星云老师、张华老师、魏善春老师、吴晓玲老师,他们从来没有吝啬过对才疏学浅的我的鼓励和指导;感谢齐学红老师、谭顶良老师、叶晓玲老师在百忙之中仍然欣然接受我的叨扰;感谢我的同门盼盼、方涛、东亚、芫泽等,感谢我的同窗莹莹、丽娜、李妍、静霞、刘梅等,正是在与他们一次次的讨论中,研究选题和方向才得以一点点明朗;感谢我的硕士导师王锢老师和同门刘宁对我默默的关切和爱护,十年的情谊,她们甚至已经成为我的亲人;感谢我的领导和朋友们在我需要帮助时对我的支持和鼓励;感谢田野中那群真诚的人,没有他们对我的信任和友谊,研究也无法得以顺利进行。

在书稿的修改过程中,黄伟老师提出了诸多宝贵意见。黄老师工作很忙,

---

① 帕克·帕尔默.教学勇气:漫步教师心灵:十周年纪念版[M].吴国珍,等译.上海:华东师范大学出版社,2014:05.

面对我的求教却从不推脱,一次次帮我在各种杂乱无章中厘清思路,用心倾听我那些并不成熟的想法,不断提醒我要从读者的角度出发注意文本的表达方式,感谢老师给予的这份亦师亦友般的情谊。同样要感谢河南大学出版社各位老师为本书的顺利出版所做的工作。

这段旅程中能够行至现在,除了要感谢师友更要感谢自己的亲人。感谢父母、爱人和手足永远做我坚强的后盾,感谢孩子给我世界上最纯净的爱,感谢公婆帮我照顾孩子。

马丁·布伯曾说:"伟大的关系可以突破孤独的障碍,压制它的严厉规则,在不同个体的自我之间架起一座桥梁,跨越对世界的恐惧深渊。"[①]研究者的学术世界与生活世界无法分割,正是不同关系世界中的相遇之人才让自我的生命得以完整,并让自己发现自我所处的位置和可以言说的对象,从而使得平淡的时光变得饱满又充满温情。

三、学术研究是自我寻求的过程

人真是一种奇妙的存在,我们想要寻找自我,却发现自我的存在离不开他者,我们想要追寻未来,却发现未来诞生于过往之中。也正是在对自我的追寻和与他者的缠绕之中,在朝向未来的不断的"行"中,在生活的艰辛不易中,"自我"得以慢慢浮现。

白天在田野调研,晚上辅导完大儿子的作业,哄睡小的孩子,在床上趴着眯一会儿挣扎着起来整理资料、看书、写论文。孩子们有时能执行我的安排,更多的时候会挑战我的极限,特别累的时候我无法控制自己的情绪,甚至会忍不住崩溃大哭。孩子们被我吓坏乖乖入睡,他们睡着以后,我又开始后悔自己情绪的失控,后悔自己没有尽到一个母亲的职责。琐碎的生活、养家糊口的工作、堆积如山的田野资料和怎么也建构不起来的理论,缠绕在一起,让人难以喘息。但也正是亲历生活的困顿,反而使得自己更易体察参与者们的处境与情绪,更易与他们共情,也触发了自己对那些艰深理论的理解。

正是在现实与理想的碰撞之中,对自我的定位也一点点明晰。我们究竟为什么而活着?年少时从不曾想过这个问题,而立之年陡然想起之时,自己已

[①] 欧文·D. 亚隆.存在主义心理治疗[M].黄峥,张怡玲,沈东郁,译.北京:商务印书馆,2015:382.

成为一名母亲,生活的一切好像都只为了孩子,为了活着而活着。至此,我才恍然明白,失去自我是人生遭遇困境的根源所在,不知道自我是可贵的和无法替代的。我想,我们应该为自己而活,为自己的人生而生活。人生,不仅是人的生存,更是人的存在,是人生而为人的意义。生活的困顿并不代表精神的贫乏,同样精神的丰满亦无法用物质来填满,追求生存的意义是人的天性,只不过人们对自我存在意义的追问都被泯灭在无穷尽的物质争夺、利益追逐中去了。陋室之中也能看见光亮,为着生计的忙碌并不能成为我们无视自身存在意义的借口,愈是在深渊之中,愈要仰望光明。

"自我"的逐渐坚定带来的是内心世界的敞亮和生活状态的变化。孩子们渐渐长大,在我的影响下他们知道了读书是最幸福的事情,每天晚上三个人一起安静地学习或阅读成为我们最温暖的时光,而同时我看待自己以及周遭世界的心境与眼光也变得更为坚定和平和。因此,虽然四年的学习及研究历程困难重重、一波三折,但于我而言实为一个蜕变与享受的过程,也正是因为如此才会到结尾之时恋恋不舍。

一项倾注着心血的学术研究,是研究者自我寻求的旅程,我们的情感与热血、困惑与纠结都无声地渗透在这段旅程之中。或许未来再没有如此纯粹又执着的时光,每想到此便懊恼自己为何不再投入得更多一些,但人生终没有无尽圆满之事,遗憾或许也正意味着此刻的未完结与未来的新起点。

谨以此"后记",纪念这段美好的时光。

付维维
2022 年 5 月于随园